增长长2飞轮

老魏 著

跨境电商
亚马逊爆款打造50讲

电子工业出版社·
Publishing House of Electronics Industry
北京·BEIJING

U0559370

内 容 简 介

本书作者老魏长期专注亚马逊跨境电商运营，在行业拥有众多企业级学员。已出版的《增长飞轮：亚马逊跨境电商运营精要》《亚马逊跨境电商运营宝典》两本书，印量近90000册，在业界有良好的口碑。

本书结合作者多年的运营实践和在亚马逊运营中打造爆款的经历，系统讲解了在亚马逊平台打造爆款的模型、方法、细节、节奏，并提供了大量的实操打造案例，是不可多得的一本运营实操书。

本书内容针对性强，讲解的方法易于学习和实操，是值得跨境电商从业者认真研读的运营指导书。同时，本书也可以作为各高校跨境电商专业学生和跨境电商公司员工的运营培训教材。

图书在版编目（CIP）数据

增长飞轮 . 2，跨境电商亚马逊爆款打造 50 讲 / 老魏著 . —北京：电子工业出版社，2023.12（2025.9重印）
ISBN 978-7-121-46983-1

Ⅰ . ①增… Ⅱ . ①老… Ⅲ . ①电子商务—商业企业管理—经验—美国 Ⅳ . ① F737.124.6

中国国家版本馆 CIP 数据核字（2023）第 251851 号

责任编辑：张彦红
印　　刷：三河市君旺印务有限公司
装　　订：三河市君旺印务有限公司
出版发行：电子工业出版社
　　　　　北京市海淀区万寿路 173 信箱　邮编：100036
开　　本：787×980　1/16　印张：16.5　字数：277 千字
版　　次：2023 年 12 月第 1 版
印　　次：2025 年 9 月第10次印刷
定　　价：79.00 元

凡所购买电子工业出版社图书有缺损问题，请向购买书店调换。若书店售缺，请与本社发行部联系，联系及邮购电话：（010）88254888，88258888。

质量投诉请发邮件至 zlts@phei.com.cn，盗版侵权举报请发邮件至 dbqq@phei.com.cn。
本书咨询联系方式：faq@phei.com.cn。

序言

PREAMBLE

期望在运营中打造出一两个爆款一直是很多卖家的追求，但总有太多的卖家因为缺少思路而难得爆款打造的要领。

在过去几年里，结合自己的运营实践，我总结出一套相对成熟且完善的爆款打造方法，并将其取名为"螺旋式爆款打造法"。这套方法帮助我们团队打造出几十个爆款产品，推动了运营业绩的增长。我把这套方法作为线下孵化营课程的重要模块讲解，帮助很多学员从新手到熟手，实现了通过亚马逊平台赚钱的目标。借助第三方工具，我们可以看到，BSR上有太多产品的销售走势就是对螺旋式爆款打造法的完美诠释。

螺旋式爆款打造法被总结出来之后，一直影响着很多卖家，也曾经在行业内引起过争议，但最终还是在很多卖家的运营中得到验证，其合规、低成本、高效等特点得到了很多卖家的认可。

这几年，虽然亚马逊平台的规则和玩法时有更新，但螺旋式爆款打造法依然是一套满足于当下亚马逊卖家运营使用的行之有效的方法。

虽然之前我曾通过线下线上分享、博客文章等从不同侧面讲述过螺旋式爆款打造法，但每次都因时间或篇幅所限，没有把螺旋式爆款打造的精髓和细节逐一展现，而现在摆在您面前的这本书，将全面系统地讲解螺旋式爆款打造的模型、细节、节奏、案例、提醒等，为您呈现一套完整的方法。

运营是一个系统工程，螺旋式爆款打造法的完美实践需要包括方法和细节，也要讲究逻辑和心法，所有相关的内容都将在本书中一一为您揭晓。

接下来，让我们一起，开始这趟爆款打造之旅吧！

魏家波（赢商荟–老魏）

2023年11月

目录

CONTENTS

···· 第 1 讲 ····

亚马逊运营的典型特征:
无爆款，不运营

"无爆款，不运营"，这是几乎每个亚马逊卖家都耳熟能详的一句话。

爆款打造是亚马逊运营的一个典型特征，也是众多卖家在运营中的核心目标。一款被打造成为爆款的产品，几乎无须增加太多的运营手段，只要做好"守"的动作，就可以实现每天相对稳定的出单和较高且稳定的盈利。

很多卖家在运营和市场调研中看到一款长期稳定在排名靠前的爆款产品，总忍不住感叹：如果这是我的，那该是多么幸福的事！甚至有卖家开玩笑：亚马逊的爆款是可以传给儿子来继承的。虽然是玩笑话，但也在一定程度上反映了爆款产品的稳定性和持久性。

爆款对卖家来说很重要，既是期望，也是追求。那么该如何来定义爆款呢？

有卖家以出单数量来定义，比如日出千单。出单数量当然是爆款的一个重要特征，确实，也只有出单数量多的产品才能被称为爆款。但出单数量并不能作为爆款的唯一特征。除了出单数量，一条Listing（商品）在销量排行榜（Best Sellers Rank，BSR）中的排名也是衡量其是否是爆款的重要参量，只有一条在BSR中排名靠前的Listing才能被称为爆款。

综上所述，日常运营中的爆款就是指销量冲到并相对稳定地维持在某个类目节点下的BSR排名第一或名次靠前的产品。

其典型特征有两个：一是销量相对稳定；二是BSR排名相对靠前。

按照亚马逊的规则，BSR以最近的销量为参考来进行频繁更新，一条Listing的BSR排名反映的是该Listing在最近一段时间内在该类目下的销量表现（如图1-1所示）。销量好，BSR排名上升；销量差，BSR排名下降。如果销量高且稳定，就可以稳定在BSR靠前的位置。我们把在BSR排名第一的Listing称为Best Seller（最热卖爆款），同时，对于BSR排名靠前的Listing，大家也会认为是爆款。

图1-1

从这个意义上说，所谓的爆款打造，其核心就是充分考虑各种因素，运用各种操作手法，把一款产品推到BSR排名足够靠前的位置。在给孵化营的学员上课时，我反复强调一句话："如果把亚马逊的运营汇总成一句话，就是把BSR排名推到足够高。"这是我多年在亚马逊运营中的切身体会。对于亚马逊卖家来说，爆款就是一切。爆款几乎是每个卖家所追求的目标，也是每一个赚钱大卖家的财富密码。也正因为此，我在本书中将围绕这个目标以及如何实现这个目标展开介绍。

很多卖家在借助第三方工具进行销量分析时会惊讶地发现，除前几名销量很好之外，排名靠后的Listing其销量往往是断崖式下降的。这在亚马逊平台是常态，也刚好契合了我们经常讲到的"马太效应"——强者恒强，强者更强。借用本书的主题，在"增长飞轮"的推动下，只有表现好，才能带动后续的表现越来越好。

在运营过程中，只有冲到头部才能生存，只要把一款产品打造成爆款，就可以获得最大的利润。这也正是作为卖家要把爆款打造作为自己运营核心的原因。

除此之外，亚马逊平台的另一个典型特征是"重产品，轻店铺"。在亚马逊店铺属性和权重尚且不强的情况下，卖家在运营中能够展现的就是一条条独立的Listing，亚马逊系统会通过算法，将不同卖家的同类产品Listing关联起来，形成平台内的流量闭环，但对于单个卖家来说，很难通过店铺内的产品关联为自己的产品彼此导流，消费者也很少会因为买了某个店铺的一个产品而进入该店铺查看并购买其他产品。亚马逊平台的这一特征要求我们在运营中必须努力打造每一个产品，一个一个来，一个接着一个推到BSR的头部。对于卖家来说，运营就要"重产品，轻店铺；重爆款，轻铺货"。

而这些，也正是本书将要讲述的内容。

02

在卖家群体中普遍失效
的打造逻辑

日常接触的很多卖家都在抱怨，亚马逊运营太难了，自己费尽心思做出的选品，Listing优化做得也很好，品牌备案了，A+页面也做了，还投放了广告，甚至设置了很高的竞价把搜索结果首页顶部的坑位抢了下来，但现实却把脸打得生痛，自然流量很少，广告转化很差，销量不多，广告是亏损的，整体也是亏损的。一番操作下来，感觉越来越迷茫了。

在市场调研的过程中，我刚好看到这样的一个案例，在此和大家做拆解分析，正在做运营的读者可以代入自己的运营现状，看是否能够找到自己的影子。

如图2-1所示，是我在用关键词Kitchen Timer搜索时看到的搜索结果第一页第一行的广告位。虽然我们无法知道这些卖家的广告竞价，但稍有运营经验的卖家都知道，要想展示在这个位置，竞价是比较高的。

点击打开图2-1中圈出的Listing，进入产品详情页，如图2-2所示。

作为一个有多年经验的亚马逊卖家，通过该Listing的产品图片和A+页面，我能够感受到这个卖家的用心，但在其标题和文案中，我也观察到这个卖家的基本功薄弱。比如图2-2中圈出的标题，标点符号不规范，标题结构和用词没有吸引力，缺少冲击力。我接着查看了其店铺的详细情况，发现店铺里有3条

Listing，店铺累计Feedback（店铺反馈）只有3个，说明这是一个新卖家的新店铺。

图2-1

图2-2

基于上述信息，我们来做一个推演。

一个新卖家，通过身边一些有赚钱效应的卖家案例了解到亚马逊这个市场，于是满怀信心地注册了店铺，选出几款产品，做好了Listing优化，发货到FBA仓库，然后，开始打造了。因为听说运营需要投放广告，而且最好把竞价设置得高一点儿，冲到首页头部的广告位（对于这种观点，我是反对的。我的观点是，广告要以投入产出比高为目标，我在本书后面的章节中会讲到），这个卖家也这么操作了。如我们所见，他的广告也确实展示在头部了。请问，这样的运营操作会成功吗？

以我多年的经验来看，这个卖家大概率是要失败的。

在看到这条Listing时，它的小类目BSR排名是180，基于我对Kitchen Timer市场的了解，这么靠后的排名，每天出单不会超过5个。广告都已经出现在顶部了，Listing图片也做到了足够有质感，为什么还只有这么少的订单呢？一个关键因素是，产品售价太高了。在图2-2中，我们可以看到其售价是$15.99，而对于Kitchen Timer这款产品来说，同行卖家的售价普遍低于$10.00。鲜明的对比是，他的产品售价太高了。

也许你会说，不同的产品成本不同，这款产品有可能是质量更好，成本偏高！我不否认这种可能性。但对于在亚马逊上卖货的卖家来说，我们必须意识到一点，就是在没有品牌背书的情况下，售价过高必然导致转化率低、销量少。在本书后面的章节中，我会讲到卖家应该如何既要有全局观又要关注每一个细节来把控成本，以确保在售价上有竞争力。售价没有竞争力，打造爆款几乎是痴心妄想。

这个卖家的现状应该是广告花费很高，订单很少，广告带来的直接产出是亏损的，整个运营也同样不可能实现盈利。我能够想象到，如果这个卖家不改变运营策略，经过一段时间的亏损之后，他的信心会被消耗殆尽，开始质疑亚马逊是否真能赚到钱，最后，他会选择弃亚马逊而去。当他离开时，他得出了一个结论：亚马逊的广告费用太高了，亚马逊是无法实现赚钱的。

这不是一个孤立的案例。

很多卖家都是乘兴而来，败兴而归，在这一来一归之间，浪费了时间，损失了金钱，丧失了信心。

在过去近十年里，我一边带着团队做运营，一边写文章、做分享和培训。我为自己的团队能够打造出一个又一个爆款而开心，也因为有了团队业绩的稳定增长和持续盈利作为基本盘，我在创业的路上才能始终保持着淡然的心态，不纠结，不急躁，持续前进。但与此同时，我也看到了很多卖家在运营中的失败，一款产品打造失败，损失的是金钱，多款产品打造失败后，信心就没了。每次看到这样的案例，我总是很痛心。运营是有方法的，这些卖家不是因为不努力而失败，他们只是因为没有掌握好的方法才失败的，实在不应该。

我把自己这么多年的运营经验和方法总结出来，呈现在本书中，希望能够真实地帮到每一位读者。我也相信，大家在阅读中必然受益。

现在，请记住我刚刚所举的那个卖家案例，要有一个基本的理念——在售价和同行卖家对比没有明显的优势甚至更高的情况下，仅靠疯狂的无节制的广告投放，是没有办法实现盈利的。同时，也请复盘你自己之前的运营动作，如果有类似于上文案例中那个卖家的经历，那么，在接下来的章节中，我将带你一起剥茧抽丝，逐一破解那些造成很多卖家打造产品失败的路障。

03

"螺旋式爆款打造法"的
起因

诚如我在前文中讲到的那样，爆款制胜是亚马逊卖家成功的典型特征，而爆款打造之法几乎是所有卖家在日常运营中钻研和讨论的对象。用怎样的方式和方法推动一款产品的运营，推动其销量增长、排名上升，最终成为爆款，每个卖家都各有思路。

我看到的状况是，有的方法虽然高效，但涉嫌违反平台规则，如果在打造过程中没有被平台抓住，成为漏网之鱼，则确实可以快速成为爆款，但一旦被平台抓到，轻则导致Listing被降权、被删除，重则导致账号被移除销售权限，损失惨重，得不偿失；有的方法虽然遵守平台规则，就像前文所举的例子中的那个卖家，但因为过度依赖站内广告，广告花费高，广告成本居高不下，即使能够带来销量，也无法实现盈利，投入产出比不高，往往是中途夭折，无果而终；有的方法依赖站内或站外的秒杀折扣活动，参加活动时销量上升，活动结束销量就下降，过山车式的打法会带来备货难、权重不易积累沉淀等后遗症，效果也不太好。

针对上述各种方法的利弊，结合运营中的实操经验，我总结了一套兼具高速、高效和普适性的方法，其核心就是"价格从低到高，销量从小到大，排名逐步上升"，因为打造的整个过程像一个螺旋，呈现出"高低波动，螺旋上升"

（如图3-1所示）的特点，遂将其命名为"螺旋式爆款打造法"。

"螺旋式爆款打造法"契合了哪些底层商业和人性逻辑？它是如何遵守平台规则的？其细节有哪些？打造节奏该如何把握？如此等等的问题，我都将在接下来的章节中一一详解。但在开始讲解之前，我想先讲一讲"螺旋式爆款打造法"的前世今生，即它是如何产生的，以及在当下的运营环境中它的适用性怎样。

图3-1

在总结出一套高效方法之前，大多数卖家都是一样的。2017年初，我也和大多数卖家一样，带领团队采用普通打法做着普通业绩，店铺虽然有销量和利润，但鲜有爆款。某天，一位学员倾诉选品太难，几个月的忙碌也没能确定下来一款产品，我就好为人师地随手推荐了一款我们自己店铺刚上架的产品。因为我参与了该产品的整个选品过程，清楚地知道该产品的市场机会和利润，将其推荐给学员，既是对产品有信心，也是希望学员能够借此产品快速往前迈一步。在我的认知里，面对一个市场，多一个或少一个卖家对打造一款产品的影响是微乎其微的。

推荐之后，我就没再跟进这位学员的进展。4个月后的一天，这位学员又向我请教他在运营中遇到的问题，我随口问了一句，"你当前做得怎么样？"学员答复："挺好的，开始逐步上路了，最近一个月有7万多块钱的利润。"我内心暗暗一震，对于一个新卖家来说，这确实是一个不错的成绩。我查看了这位学员的店铺，查看之下，就更震惊了，在4个月的时间里，这位学员把我推荐给他的这款产品打造到了BSR第7名。粗略评估，一天可以出100单左右，因为店铺里没有其他产品，他的利润都来自该产品。

当时，我们自己的运营状况是，产品售价$7.99，每天广告预算$10.00，每天总订单数量是5单左右，销量少，排名低，虽然单价中有利润，但扣除广告费用，几乎没有利润。

简单对比，优劣分明，当时我内心的落差可想而知。但同时，这位学员的成功也给了我启发，我和团队同事定下目标：要把该Listing打造成Best Seller（第1名）。

我和负责该产品的同事讨论，定向调整该产品的打造策略，也正是这次调整，成了"螺旋式爆款打造法"诞生的契机。

我们之前的打造方法，基本上就是按照自己的成本加上预期利润，核算出一个售价，然后再配合一定的广告，如果出单，开心；如果不出单，无奈，同时会觉得是市场不行。

从多年跨境电商运营经验中我学到的一个重要点，就是价格的高低往往会直接影响销量的多少。在做运营计划时，我首先想到要从价格入手。和同行卖家对比，我们当时的价格适中，不是最高的，也不是最低的，但在众多卖家的Listing中，也没有明显的吸引力。参考自己的成本，我决定一步到位，将价格调低到盈亏平衡点的$4.99，这样一来，和当时同行卖家$7.99上下的价格相比，我们在价格上有了明显的竞争优势。接着，为了快速获得多一些流量，我把广告预算提高至每天$30.00。

当时，在这番调整的背后，我的思考是，因为原本出单不多，价格降下来无非有两个结果：要么，和之前一样，依然不怎么出单；要么，出单量出现上升，这是我期望和乐见的。如果不怎么出单，和之前相比只是少了一点点利润，无足轻重；如果订单数量上升，则一定会带动排名上升，而排名上升了，必然会带来更多的自然流量，如此一来，固然在出单中没有利润，但也没有亏损，却收获了更高的排名、更多的流量、更高的权重，这也是一笔划算的买卖。至于广告投入，我的观点一直就是任何一款产品的打造都应该有广告预算，现在每天$30.00的广告投放，也是在预算之内的。

在接下来的一段时间里，广告为Listing导入了流量，而有竞争力的价格也有效地提高了转化率，拉升了订单数量。订单数量逐步上升，BSR排名也随之逐步上升。中途，曾因为销量上涨、库存不足而导致断货，也曾收到过差评而导致销量下滑，但每一次遭遇都是一次成长的机会。一路坎坷中，大概用了4个月，我们把这款产品打造成了Best Seller，日出300单左右，目标达成。

在对这次打造复盘时，我把这套方法总结出来，并将其应用于随后几乎每一款产品的打造中，很多款产品也都成功进入销量排行榜的头部。

因为我的博客文章一直是对日常运营的记录，我把这些打造的经历和心得写成文章，发布在公众号"跨境电商赢商荟"上，不少卖家循着文章中的讲解，在运营中实践，也都取得了不错的成绩。

2017年底，我开始做一个亚马逊创业孵化类课程——亚马逊精英卖家孵化营，在3个月的课程设置里，"螺旋式爆款打造法"逐步被系统化梳理成为核心课程模块，学员用3个月的时间来学习和运用，大多数学员都取得了比同行卖家更好的运营成绩，部分学员甚至在毕业前就已经打造出爆款，稳定实现盈利。

经过大量实操运营案例的验证，我看到了这套方法的可行性和普适性，可以这么说，如果你阅读完本书，熟悉了"螺旋式爆款打造法"的模型、节奏和细节，借助第三方工具和实践观察，则会震惊地发现，在当前的亚马逊平台上，在绝大多数类目的Best Seller销量排行榜中，都可以看到很多螺旋式爆款打造的踪迹。

之前，在我的博客文章中，因为受篇幅所限及当时关注点的不同，爆款打造的内容总是显得略有零散，很多卖家在阅读中也只能窥见一斑。为了让大家对螺旋式爆款打造有一个清晰、系统的理解，在接下来的章节中，我将从螺旋式爆款打造的思路、逻辑、细节、节奏等维度一一详细讲解，给大家呈现一个全局的、系统的螺旋式爆款打造法。

04

···· 第 4 讲 ····

螺旋式爆款打造的启动：广告
导入流量，低价带动转化

了解了"螺旋式爆款打造法"的起因，接下来我们详细看一下它的具体操作过程。

假设我们通过市场调研选出一款产品，现在开始运营（如图4-1所示）。该产品在BSR前几名的售价为$11.99，按照当前亚马逊卖家的运营现状，行业内该产品的盈亏平衡点价格在$8.00上下。

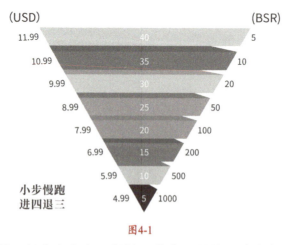

图4-1

针对上述情况，很多卖家会习惯性地将自己的价格确定在$10.99，其理由是：第一，作为新品，Listing缺少权重积累，我要比Best Seller价格低一点，以显得有竞争力；第二，我要有利润才行，毕竟，老祖宗说过，"杀头的生意有人做，亏本的买卖没人干"。

虽然上述思考在逻辑上完全说得通，但现实是残酷的。很多卖家在实际运营时才发现，类似于$10.99这样的定价根本就不出单，或者偶尔零星地产生两三个订单，根本满足不了自己打造爆款的期望。

眼看着别人卖得很好的产品，自己却怎么也卖不动，该怎么办呢？

一部分卖家，可能因为无知无畏或者被人蛊惑，开始做一些刷单、测评、黑科技等操作，饮鸩止渴，虽然偶有短时间内看着Listing排名快速上升的情况，但这样违规操作，成本高，风险也大，当亚马逊秋后算账时，要么Listing被降权，要么账号被移除销售权限，前期的投入顷刻之间化为乌有。

另一部分卖家，能够意识到违规操作的风险，当他们因为不出单而焦虑时，往往会把出单的希望寄托在站内广告上，想通过高竞价、高预算的广告投放来拉动订单数量。像前文所举例的那个卖家一样，我见过很多卖家针对一款售价$15.00左右的产品，每天投放超过$200.00的广告预算。广告的效果如何呢？每天可以出5~10单，如此算下来，投入产出比惨不忍睹。

以竞品售价为$11.99，而自己设置为$10.99的卖家为例，如果完全不投放广告，或者仅仅设置了很低的广告预算（比如每天$5.00），可以说，几乎不会产生订单。这类卖家在经过一段时间的煎熬之后，基本上就会淡出亚马逊了。而另一些卖家，为了做出效果，会对产品投放大量的广告，比如每天投放$50.00，将竞价设为$1.00，效果会怎么样呢？比较乐观的估计是，50次点击，可以带来5个左右的订单，10%的转化率，已经算是不错的了。

对于这类卖家来说，第一天产生5个订单是开心的，第二天产生5个订单是可以接受的，但一周或者更长时间之后，如果持续维持每天$50.00的广告投放产生5个订单的状况，他们绝对开心不起来。因为通过简单核算就知道，他们每天得亏损$35.00左右。

而现实是，如果维持每天$50.00的广告投放，每天的订单数量也很难稳定在

5个，它会偶有上升，但在大多数情况下，订单数量会在波动中越来越少。原因很简单。在这样的运营中，因为价格没有明显的优势，订单转化率会低于同行卖家，进而导致Listing权重和广告权重也会逐步下降，一步步地，广告的表现会变得越来越差，订单数量在不稳定中变得越来越少。

这样的卖家，针对一款产品的打造，大概会有一个月的耐心。一个月下来，亏损在$1000.00左右，这时候，他得出了一个结论：这款产品不靠谱。第二个月，他会转入第二款产品的打造，用同样的逻辑和方法，第二个月结束，他会得出同样的一个结论：第二款产品不靠谱。如果这个卖家足够勤奋，一年下来，他大概可以进行10款产品的打造，经历差不多10次同样的失败，这时候，他终于得出一个新结论：亚马逊不靠谱。他痛下决心，决定不再做亚马逊运营，去寻找新的赛道了。

上述场景看起来像是一个笑话，但它却真实地发生在很多亚马逊卖家身上。

爱因斯坦曾经说过，持续不断地用同样的方法做同样的事情，却期望得到不同的结果，这就是荒谬。很多卖家就是在这种荒谬的逻辑中努力的，但创业和运营的风险都恰恰在于此——无知而勤奋。

在我总结出的螺旋式爆款打造法中，思考的逻辑和观察的视角有所不同。我会从三个角度来思考：平台期望卖家做什么？竞争对手都做了什么？消费者希望得到什么？

平台期望卖家做什么？亚马逊创始人贝佐斯在一次访谈中曾经谈到，"我经常被问到一个问题：未来十年，会有什么样的变化？但很少被问道：未来十年，什么是不变的？我认为第二个问题比第一个问题更重要，因为你需要将你的战略建立在不变的事物上。把所有资源全部投入在不变的事物上，这是多么令人激动的原则。在零售业，我们知道客户想要低价，这一点未来十年不会变。他们想要更快捷的配送，他们想要更多的选择。"第三方卖家作为亚马逊平台面对消费者的窗口，平台期望我们为消费者提供低价的商品。

竞争对手都做了什么？按照图4-1中模型的模拟，很多竞争对手都在固守着"期望的利润率"，然后，靠站内广告引流。但竞争对手面对的痛苦是，"广告投入大，投入产出比不高，有销量，没利润"。

消费者希望得到什么？质优价廉的商品，令人满意的服务，快速便捷的派送。毫无疑问，快速便捷的派送已经由亚马逊FBA物流完成了，令人满意的服务属于平台对卖家的要求和约束，大多数卖家也都在努力去做，而质优价廉的商品呢？大部分卖家都有明确的品质意识，却没有厘清"价廉"该如何实现。在网上购物的过程中，对于消费者来说，最容易的就是比价。同一类商品，在同一个关键词搜索中被展示出来，面对扑面而来的搜索结果，价格比竞品便宜就是"价廉"最直接的体现。

基于上述三个方面的思考，在螺旋式爆款打造的逻辑中，我会直接切中要害，以"适度的广告投放"作为引流手段，以"有竞争力的价格"作为契合平台期望、消费者诉求和超越竞争对手的利器，推动一款产品的销量从无到有、从少到多，推动其BSR排名快速上升，用最短的时间实现打造爆款的目的。

还拿刚刚所举的例子中的那个卖家来讲，$10.99的售价，$50.00的广告投放，每天产生5个订单，整体算下来，这个卖家每天得亏损$35.00，还得面对转化率不高、订单数量不多、Listing权重积累和提升缓慢（甚至会因为转化率低于行业平均水平而造成Listing权重不升反降）等状况。与之相反的是，在螺旋式爆款打造模型中，我会首先将价格设置为盈亏平衡点的$7.99，然后配合每天$30.00~$50.00的广告预算，这样设置之后，观察产品的销量、广告转化率和BSR排名的变化。

在这里，我需要做两点解释。

（1）关于盈亏平衡点。很多卖家在运营中因为订货数量少、订货成本高、头程物流费用高等因素，造成自己的前期成本偏高，所以核算出来的盈亏平衡点价格会很高，这是不合理的。这里说的盈亏平衡点是"在最大可能的成本控制下所形成的最佳盈亏平衡点"，重点包括依据"田忌赛马"的选品策略，选择中等质量"刚刚好"满足消费者对品质的期望的产品，从而确保产品成本相对中等或偏低；在确保运输安全的前提下极简化包装，以节省包装成本；根据仓容、资金、备货周期等要素安排头程物流，以确保头程物流成本足够低；根据产品尺寸、重量等要素，对产品做差异化改造，以实现亚马逊收取的FBA相关费用低于同行卖家等。将这些策略融入从选品到运营的各个环节，既需要卖家有意识地进行把控，也需要卖家对亚马逊的规则足够熟悉，知道怎样操作可以降低成本。通过上述思考、操作和把控，一般来说，我们可以把盈亏平衡点价格控制得比竞品低出一大截，这意味着，从一开始我们就已经具备了成本/价格上的竞争优势。"升维思考，降维打击"，从某种意义上说，这也是一个高维碾压低维的策略。

（2）**广告预算**。很多卖家对亚马逊站内广告理解得不深、不全，总觉得广告活动开启得越多越好、越细越好，于是从一开始就开启多个广告活动。如果每个广告活动都给很高的预算，那么就会造成广告总预算太高，投入产出比不高；如果每个广告活动的预算低，虽然总预算得到了控制，但又会出现每个广告活动都会被快速点爆、广告无法跑整天的情况，广告效果一般也不太好。对于广告，我的建议是，聚焦好于分散。在螺旋式爆款打造的模式下，在打造初期，我们往往只开一个自动型广告，竞价可以参考系统建议，预算一般设置为每天$30.00~$50.00。对于站内广告，由于需要基于对运行数据的分析来做优化调整，在优化的过程中它才会慢慢变好，我还会设置一个广告总预算。对于单个产品，广告总预算一般为$1500.00~$2000.00，按照日预算来计算，广告的总投放周期预计是30~60天。也就是说，对于一款产品，我期望在30~60天内将其打造成爆款。经过30~60天的打造，如果Listing已经被推到BSR的头部，成为爆款，那么在这种情况下，我们会整体核算广告的投入产出比。如果广告本身是盈利的，则维持现状即可；如果广告略有亏损，则可以在竞价和预算上再做调整。而如果一款产品经过60天的打造最终失败了，那么广告自然也就停止了。以上，是我希望大家对广告预算的初步理解。

回到打造中来看，将价格设置为盈亏平衡点的$7.99，同时设置了每天$30.00~$50.00的广告预算，在这种情况下，如果该Listing开始稳定出单并且订单数量呈稳定增长趋势，我们就会从这个价格开始螺旋；但如果此时的价格无法实现稳定出单，我们就会再次进行全方位的竞品分析，之后，根据竞争情况来优化调整Listing，或者调低售价，核心点就是确保自己的Listing页面比同行卖家的好，价格比同行卖家的低。对价格进行调整，我一般采取的策略是，先降$1.00，然后看效果。比如，如果$7.99不出单或者出单少，则会降至$6.99，看销量的变化。

在这里，有些卖家可能会有疑虑：如果$7.99是盈亏平衡点价格，那现在降了

$1.00，不就直接亏损了吗？确实如此。在一款产品刚开始打造的阶段，我们还得具备一个视角：以价换量，即可以牺牲一点因价格而造成的损失来换得更多的订单数量。

我们做一个假设，将产品设置在有利润的价格，但没有产生订单，请问有损失吗？从账面上看，好像没有。但如果加上对时间成本和机会成本的考量，损失同样不小。在没有产生订单的情况下，Listing不会有权重的积累，甚至还会因为没有订单和转化而导致Listing权重下降。在我看来，这不是一个理性卖家会做出的决策。

我们再做一个假设，如果像有的卖家那样，新品上架后先做刷单、测评，暂且不谈其风险，仅成本一项，恐怕也不是我这里的"降低$1.00"的损失所能够抵消得了的。

和上述两种情况相比，即便当前把价格降低到"亏损$1.00"，但如果能够快速产生订单，产生越来越多的订单，这也是一种高效而划算的方案。

在螺旋式爆款打造的第一阶段，我们的目标应该是，让Listing能够快速产生订单，而产生订单需要借助两个方面：低价+广告。所谓的"低价"，首先应以盈亏平衡点价格作为参考，如果发现该价格带动不了销量，不妨"降低$1.00"看看；在站内广告的设置上，选择最简化的自动型广告即可，将每天预算控制在$30.00~$50.00，不要太低，也不要被系统误导而设置太高的广告预算。在日预算之外，我们还要设置广告总预算，$1500.00~$2000.00即可。我对这一策略的总结就是，"广告导入流量，低价带动转化"。

以上，是我希望大家对螺旋式爆款打造启动的理解。

05

···· 第 5 讲 ····

螺旋式爆款打造的
模型与逻辑（一）

结合第4讲中所讲，对于竞品售价为$11.99，同行竞品的普遍盈亏平衡点价格为$7.99的情况，一个用心的卖家可以通过成本把控将盈亏平衡点价格控制在$6.99。在产品打造的初期，首先设置行业盈亏平衡点的价格为$7.99，同步开启每天$30.00~$50.00的站内广告，然后观察其销量情况。如果产生了订单并且订单数量逐步上升，那么就以这个价格作为螺旋式爆款打造的初期价格。但在一些情况下，比如面对竞争激烈的产品和市场，这个价格还不足以促成销量的稳定上升，就再观察3天左右，如果销量变化还不大，我们就把产品价格降低$1.00至自己的盈亏平衡点$6.99，然后，在这一价格下继续观察销量的变化。根据我们对很多产品打造的经验来看，可能会出现这样一种情况：卖家因为对成本把控的力度不够，同时由于该产品的市场竞争太激烈，即便降价至所谓的自认为的盈亏平衡点，销量也没有实现较大幅度的上升。如果出现这种情况，我的建议是，卖家可以参考第4讲中"降价$1.00"时的思考，尝试再降低一点价格。毕竟，不出单或者出单少，都不是我们在打造一款产品时所期望的局面。

对于爆款打造初期价格的设置，我无法给出确切的建议，但每个卖家都需要意识到，无论怎样的价格设置，都是为了激活销量，拉动销量和排名的上升。同时，面对可能的亏损，卖家应该把对成本的精细化把控、时间成本、机会成本等要素考虑进来。固守着不出单的局面，结局就是什么都没有，但是用一个比较低，同时自己也能够承受的价格激活销量，推动销量和排名的上升，成为爆款才成为一种可能。而对于亚马逊卖家来说，只有成为爆款，才能获得最大的利润。

参考图4-1中的模型，假设我选择的是一款竞争特别激烈的产品，在一步步的测试和验证中，发现只有将价格降低到$4.99才能真正地激活销量，于是我会把价格设置为$4.99。在这种情况下，打造的关键动作就是"设置价格为$4.99，广告预算为每天$30.00"。

在这一价格和广告设置下，经过3~7天的观察，如果订单数量出现"今天5单，明天8单，后天10单"等类似于这样的逐日上升态势，则意味着当前的价格可以在激活销量的基础上，实现销量和排名的稳定上升。参考图4-1中的模型，假设过了几天，因为销量的增长，BSR排名已经从最初的1000名上升到了500名（这只是在打造模型中构造的数据，实际的运营数据会好于此）。在这种情况下，我们可以将价格小幅提升，比如从$4.99提升至$5.99，提价之后，继续观察销量和排名的变化。

为什么一款没有评论、权重也很低的产品仅靠价格的优势和不多的广告预算就可以激活并拉升销量呢？原因在于，从消费者心理学的角度来说，大部分消费者都喜欢便宜和追求更便宜。而当前$4.99的价格，与同行竞品相比，足够便宜。说白了，在激活销量这一环节，我们就要凭借足够明显的价格优势来弥补在权重和评论上与竞品的差距。

提价之后，$5.99的价格比同行竞品$11.99的售价依然有优势。所以，我们看到的往往是销量继续上涨，排名继续上升。参考图4-1中模型的数据，经过3~7天的销售，销量从10单逐步增长至15单，BSR排名也上升至200名。在这种情况下，我们再次提价，将价格上调至$6.99，然后，继续观察销量和排名的变化。

还是同样的逻辑，$6.99的价格依然比同行竞品$11.99的售价有优势。所以，和我们期望的一致，销量和排名也都会继续上升。3~7天后，销量增长至20单，排名也上升到100名。然后，继续观察销量和排名的变化。

几乎每个卖家的期望都是最好能够按照如上节奏一口气冲到BSR的头部，实现销量和利润的稳定。但现实往往并不如愿。

在实践中，螺旋式爆款打造法往往需要多轮螺旋推动，才能使产品最终稳定在BSR的头部，也就是成为Best Seller。

我观察到的是，参考上面的节奏，当价格涨到$7.99时，我们期望的是销量继续上涨，排名继续上升，但螺旋却出现下降的态势：销量从20单降至15单，排名从100名掉至200名。我把引起这种情况的价格称为本轮螺旋中的"价格敏感区"。

在第一轮打造进入价格敏感区后，我们要做的是回调价格，再次用价格来拉升销量。

与提价节奏不同的是，单次降价的幅度要大。比如，在图4-1的模型中，我建议可以一次性把价格从$7.99降至$5.99。之所以单次降价的幅度要大，就是为了凭借消费者对价格的敏感性，以及降价之后的价格优势，把销量再次拉升起来。这样调价的结果，往往会突破上一轮同等价格下的销量。

在这里，我想解释一下图4-1中标注的"小步慢跑，进四退三"的含义。

"小步慢跑"适用于螺旋式爆款打造中的提价，"小步"是指单次提价的幅度要小。在图4-1的模型的模拟打造中，每次提价的幅度是$1.00，这样的提价幅度就是"小步"。需要强调的是，在实际运营中，基于产品单价的高低、竞争的激烈程度的不同，每次提价的幅度也不尽相同。对于普遍售价低于$20.00的产品，单次提价的幅度可能是$0.50，也可能是$0.20~$0.30，甚至在某些情况下，单次提价$0.10也未尝不可；而对于售价高于$20.00的产品，单次提价的幅度可以适当略大。"慢跑"则是指每次提价之后要留出一定的时间，观察产品的销量和排名的变化。一般来说，产品处于亏损阶段时，我们可以以3天为一个观察周期，如果销量上涨，3天之后再提价；当产品进入盈利阶段时，我们可以把观察周期适当拉长，以7天为一个观察周期。"慢跑"对应的是"快跑"。不少卖家在采用螺旋式爆款打造的过程中，降价之后，发现销量快速上升，仅仅一天，就匆忙把价格涨上去，但价格上涨之后，销量又没了，于是他们觉得螺旋式爆款打造无效。这是卖家自己的急躁所导致的运营波折。常言道，"三代才能培养出一个贵族"，说的是一个家族发展的必经之路，一个刚出生的孩子，需要二十年左右才能长大成人。对于螺旋式爆款打造中的一款产品来说，卖家同样需要有耐心，给它时间，让它积累和沉淀权重，静观其逐步成长。

"进四退三"是指在螺旋式爆款打造的过程中降价的幅度和节奏。在这里，"四"和"三"都只是一个概数，不特指具体的数字。简单理解就是，经过几次提价之后，到了当前一轮的价格敏感区，销售遇到阻力，销量不再增长，我们打算通过降价来拉升销量，此时，单次降价的幅度要大一些。比如，经过三次提价，价格从$4.99上涨至$7.99，销量出现下滑，我们最好一次性把价格降至$5.99甚至更低，而不是略微降至$6.99。运营的实践告诉我们，小幅度地降价无法激活销量的大幅度上升。

还需要提醒的是，在运营常态下，如果销量和排名都在按预期发展，我们就按正常的"小步慢跑"的方式提价；但如果遇到以下两种情况，则需要把"小步慢跑"变成"小步快跑"：①销量超预期，出现爆单态势，比如原本期望出20单，不承想降价之后，直接飙升至单日出100单甚至200单，此时，要立刻涨价；②遭遇库存断货前，既然库存已经不多，而下一批货又衔接不上，那么不妨加快提价的节奏，在断货前赚取超额利润。

每一轮螺旋都会随着价格的提升而导致销量出现下滑。当价格进入价格敏感区后，销量出现下滑，我们要采取的动作是以"进四退三"的方式降价拉升销量。

基于图4-1中模型的模拟和前文的讲述，价格涨到$7.99，销量出现下滑，我的建议是把价格回调至$5.99，开始进入第二轮螺旋式爆款打造中。经过这番操作后，我们会观察到销量开始明显上升，实际出单量会远超上一轮螺旋中同样价格时的销量。这既是我们的追求，也是螺旋式爆款打造能够达成的必然结果。

为什么明明和上一轮同样的价格，却有了比之前好得多的销量？原因就在于通过上一轮的螺旋，低价带来的高于同行的转化率、持续增长的订单数量和持续上升的BSR排名带来的自然流量等要素的汇总加持，Listing的整体权重发生了变化。Listing还是原来的Listing，但其内在的权重变好了。

隐性的权重，我们仅凭肉眼看不到，但经历过螺旋式爆款打造并取得成功的卖家站在高点后总会恍然大悟，"原来如此！我懂了！"一个"懂"字，需要体验、历练以及行动中的反复琢磨。我把这番开悟总结为一个词——"体感"。我会在后面的章节中专门讲到这个话题，但运营的体感，只有亲身经历者才能感受到。

另一个问题是，为什么$7.99会成为第一轮螺旋式爆款打造的价格敏感区？在我看来，在这个价格时，我们遇到了三股力量的竞争：①既然$7.99是行业内普遍的盈亏平衡点价格，那么一定有一些销量更大、议价能力更强的卖家可以把自己的盈亏平衡点价格控制得更低。他们追求的是薄利多销，所以，他们也会以$7.99甚至更低的价格来销售。在这种情况下，我们的$7.99竞争优势不再明显。②类似于前文所举的例子中的那些以$10.99开始打造的卖家，在经过一段时间的打造之后，开始对该产品的市场可能性产生怀疑，他们决定放弃该市场，开始不计成本地低价清货，这时候，他们的价格也可能低于$7.99。③因为市场是开放的，在我们进行螺旋式爆款打造的同时，也会有其他卖家选择了同类产品，并开始了螺旋式爆款打造，他们的价格同样处在偏低的位置。这三批卖家相遇，彼此的Listing权重相差不多，产生了胶着效应，也直接造成了我们能够看到的自己的销量下滑的状态。

进入了价格敏感区，破局点就是降价拉升销量，突破当前的瓶颈。

价格从$7.99降至$5.99，销量上升了。参考图4-1中模型的模拟，销量可能从之前的15单上升到30单，BSR排名上升到20名；稳定3~7天，将价格提到$6.99，销量略有下降，至25单，BSR排名下降到50名；再稳定3~7天，将价格提到$7.99，销量再次下降，至20单。在这个过程中，虽然销量一直在下降，但和上一轮螺旋对比，同样是$7.99的价格，销量却从15单上升到20单，这说明运营状况一切向好的方向发展。

在$7.99的价格下稳定3~7天，然后，试着把价格提高至$8.99。当下的涨价有两个方面的思考：①下一轮螺旋要尽量能够突破上一轮螺旋的上限；②在盈亏平衡点价格下虽然出单，但没有利润，没有利润就无法获得正面反馈，而真正能够给我们的运营带来愉悦感的是正面反馈，我们需要从提价之后的利润中获得正面反馈。

在没有订单时，有订单就是正面反馈；有了订单后，订单数量逐步增长、BSR排名逐步上升就是正面反馈；随着订单数量的逐步稳定，利润（或者逐步增长的利润）才是正面反馈。

将价格提至$8.99，销量出现继续下滑的态势，从20单降至15单，我们无须焦虑，稍有运营常识的人都知道，涨价往往会导致销量下滑，这是生意的必然，也是螺旋式爆款打造过程中的必然。我们应该看到的是，$8.99是有利润的价格，面对利润，我们的心情应该是愉悦的，而整个打造的趋势是向好发展的，这同样让我们开心。

$8.99的价格虽然有利润，但利润不高，我把这个价格称为该产品的"微利区间"。

当价格进入微利区间后，我们要做的是同时关注两个方面：①如果库存足够，那么就要有更长远的眼光，降低调价频率，用7~15天作为随后每次调价之后的观察周期，"给它时间，让它成长"，我们必须意识到权重的积累需要时间和销量的沉淀；②如果库存不多，则要根据当前可用库存数量、在途数量、大概的入仓上架时间、根据当前日销量评估出的库存可售天数等要素来规划调价节奏，把"小步慢跑"变为"小步快跑"，要确保断货之前的销售是有利润的，要实现"断货之前涨价，赚取超额利润"的目的。

那么，如何实现"断货之前涨价，赚取超额利润"呢？核心就是把控提价的节奏和控制断货前的广告。

如前文所讲，断货之前，要把"小步慢跑"变为"小步快跑"，具体操作我们用一个例子来演示。

比如，还以图4-1中的模型为例，假设将价格提至$8.99后，每天出15单，而当前的可用库存只有120个，只能满足8天的销售。因为备货和发货延误，粗略地评估一下，下一批货大概需要15天才能入仓，再考虑到亚马逊的上架时效，等到下一批货入仓上架可售大概得20天。

在这种情况下，如果僵化地按照"给它时间，让它成长"的7~15天调一次价格的节奏，那么很明显，还没来得及提价，已经断货了，所以，我们要加快提价的节奏。一般来说，断货前可以2天提价一次。如果提价之后销量没有被控制住，那么就要把提价的节奏再加快，变成1天提价一次，在销量增长特别猛的情况下，可能需要一天提价2次，甚至3次。

具体来说，在\$8.99的价格下，一天产生15个订单，库存只有120个，能够卖8天，而下一批货需要20天才能上架。我的做法是加快提价的节奏。具体操作是，在\$8.99的价格下观察2天，如果连续每天都是15单，而此时的库存已经只有90个，那么明显不够用，于是涨价，将价格提至\$9.99；涨价之后，销量下滑，观察2天，每天都是12单，减扣之后，库存只有66个，而距离下一批货上架还很遥远，于是继续涨价，将价格提至\$10.99；涨价之后，每天只有10单，连续2天10单之后，库存只有46个了，不够衔接下一批货，于是再涨价，将价格提至\$11.99；销量继续下滑，每天只有8单，2天之后，库存只剩30个了，于是再涨价，将价格提至\$12.99；每天产生5个订单，再过2天，库存只有20个了，再涨价，将价格提至\$13.99；每天产生3个订单，再卖3天左右，库存少于10个了，再次涨价至\$14.99。此时的运营状况是，面临断货，价格已经涨至比同行卖家的高，但还能够零散出单。根据实际打造的经验，我建议涨价的极限是同行卖家售价的1.3~1.4倍即可。如果价格再高，则可能会导致购物车丢失，也可能会造成买在高价的消费者因为不满意价格而留差评。同时，还要预防的是，涨价过高可能会导致亚马逊系统判定你在操纵销量、恶意涨价等，而移除账号的销售权限。

和常态下每次\$0.20、\$0.30或者\$0.50的"小碎步"方式的涨价不同，断货前的单次涨价幅度可以略微放大，比如可以按每次\$0.50、\$1.00甚至\$2.00的"小半步"幅度涨价。但无论怎样的涨价幅度，都要参考两个指标：产品售价和销量。对于低价产品，单次涨价幅度要相对小一点；而对于高价产品，单次涨价幅度可以略微大一点。每次涨价之后还要观察销量的变化，如果销量没有增长，甚至出现下滑，那么就不能单纯僵化地守着时间来提价——"上次提价到现在已经3天了，所以该再次提价了"——这是错误的思维，也往往会导致螺旋式爆款打造的中途夭折。

在上文的例子中，断货之前，我把常态下的提价节奏"3~7天"或"7~15天"变成了"2天"提价一次。需要说明的是，对于不同的产品，面对不同的可用库存数量和当时的销量情况，提价的节奏也不同。如果库存数量少，而当下的销量又太多，这时候，我们可能要把2天一次的提价变成每天提价一次。在实际的打造中，还曾出现过一天提价2次甚至3次的情况，原因都是销量增长太快而库存严重不够。

需要提醒的是，即便一天提价3次，也还是建议每次提价幅度不要太大，可以是"小半步"的节奏，绝对不能"大踏步"地单次大幅涨价。原因有三：①单次涨价幅度太大，容易导致购物车丢失；②短时间内的大幅涨价，容易导致消费者不满意，进而申请退款或者留差评等；③单次或者短时间内涨价幅度过大，容易被亚马逊系统判定为操纵销量和排名，导致账号受限。

孵化营的学员就曾遇到过这种情况。因为库存数量太少，而下一批货上架时间偏长，衔接不上已成必然，于是，这位学员一次性地把价格从$8.99涨到$18.99，库存最终也卖完了，但账号却受限了。这位学员收到的亚马逊通知邮件中给出的受限原因就是"操纵销量"。

另外，在面临断货的最后时刻，在涨到高价的同时，我们一般会在同账号下以自我跟卖的方式，增加一个高单价自发货的跟卖SKU，以避免断货之后Listing被人当作僵尸Listing捡走并进行恶意篡改，从而造成不必要的损失。关于自我跟卖的具体操作、原理及细节，我将在第17讲中详解。

断货之前，在采用"小步快跑"的方式提价的同时，我们还要对广告做调整，通过降低广告竞价和广告预算，达到控制广告花费和节省广告成本的目的。

具体的操作是，参考最近2天的CPC（Cost Per Click，广告单次点击成本）价格，如果CPC价格和广告竞价差距大，则可以以CPC价格作为参考来调低广告竞价。我的建议是，在CPC价格的基础上加$0.03~$0.05作为新一次的广告竞价。调价之后，间隔2天，以同样的逻辑和方式继续下调广告竞价；随着广告竞价的逐步降低，在广告数据中，CPC价格和广告竞价的差距变得越来越小。在这种情况下，如果还想继续控制广告成本，则可以间隔2天，每次降低广告竞价$0.05~$0.10。随着广告竞价的降低，广告预算花不完了，在这种情况下，我们可以根据实际的广告花费，逐步调低广告预算。

举一个例子。比如，在常态下，将广告预算设置为每天$50.00，广告竞价为$1.00，最近2天的CPC价格是$0.80，在遭遇断货前，尝试把广告竞价降低至$0.85；2天之后，查看最近2天的广告数据，如果CPC价格下降为$0.60，则可以尝试把广告竞价降低至$0.65，以此类推。当CPC价格和广告竞价差距很小时，如广告竞价为$0.65，CPC价格是$0.58，我们可以再以每次降低$0.10、每次间隔

2天的方式降低广告竞价。在广告预算方面，$50.00的预算没有花完，只花费了$38.00，则可以把预算降低到$38.00。在广告竞价进一步降低后，广告花费更少了，可以接着降低广告预算。

以上，可以作为我们的第一批货从入仓上架到断货的整个打造过程。

有些读者可能会有疑问：第一批货要备多少数量才合适呢？我的建议是，备货数量的多少要根据自己的预期销量反推，并结合可用资金、头程重量和运费的合理组合来决定。关于这一点，我会在后面的章节中详细解释。

还有些读者可能也会关注：第一批货发货时，因为对产品和市场都不熟悉，打造预期不明朗，可以少量发货进行测款试销吗？很多卖家在运营中会进行测款试销，但我知道很多卖家也都有测款时很成功的产品，第二批货上架之后却卖不动的经历。一个重要原因就是断货对Listing权重的伤害很大，以至于下一批货补上了，权重却恢复不起来。如果在选品过程中能够认真做好竞品的筛选和分析，那么就足以确保自己对市场足够熟悉，对潜在的风险有把控，也就完全可以跳过所谓的测款这一看似合理实则有伤害性的环节了。关于选品中的竞品选择和分析细节，我会在后面的章节中详细讲述。

06

····· 第6讲 ·····

螺旋式爆款打造的
模型与逻辑（二）

新一批货入仓上架后，作战有了弹药，我们将进入下一轮螺旋。

在上一轮螺旋中，因为断货前"小步快跑"方式的涨价，价格已经处于有较高溢价的状态，很多卖家在新一轮的打造中往往不知道该如何调整价格了。

以图4-1中的模型为例，断货前价格涨到了$14.99，新一批货入仓上架后，在$14.99的价格下只有很少的销量，那么价格该降低到多少才合适呢？很多卖家选择降低到$10.99。他们的逻辑是，比竞品的价格低一点，让自己的价格有优势，同时确保自己有利润。这样的调整，和我们前面所举的例子中用$10.99配合高预算广告来打造的失败策略没有什么区别。虽然前期你已经有了一些销量，也经历过排名上冲到BSR靠前位置的高光时刻，但断货导致Listing权重下降，前期短时间的上冲并没有沉淀下来太高的权重，现在看似合理的$10.99并不足以把销量、排名和权重拉升起来。

在实际运营中，我观察到的现象是，很多卖家被困在这个局里，不愿再降价，也难以把销量再冲起来，而新一批货的备货数量往往又比较大，如此一来，就会造成销量和库存的严重不匹配，这也导致很多卖家在这一阶段内心很焦虑。

对于这种不愿降价的状态，我的理解是，这些卖家正处在"锚定效应"和

"损失厌恶"的双重心理状态交织中。他们被断货前的"高售价也可以有销量"所锚定，又因为在前面两轮螺旋中遭受了略微亏损，而想尽快实现（守住）盈利，不愿再降价。但螺旋的真正要义是，用最快的速度推动销量和BSR排名的上升，最终实现长期稳定的盈利。所以，在这种状况下，降价冲销量还是有必要的。

对于补货上架后的第三轮螺旋，我的建议是从微利区间价开始，根据销量表现进行调整。

以图4-1中的模型为例，补货上架之后，我建议把价格从断货前的$14.99回调至微利区间价$8.99，同时把广告的竞价和预算恢复至断货前的设置，然后观察销量的变化。

一般来说，在价格和广告的双重推动下，销量会逐步上升，理想的状态是，销量和排名快速上升至断货前的水平。接下来就按照正常的节奏螺旋，在一个价格下稳定7~15天，然后小幅涨价，继续往前推进。

但很多时候，我们会遇到另一种情况，就是销量并没有按期望发展，而是稳定在某个较少的订单数量水平不动了。比如，价格被设置为$8.99，销量也稳定在每天5单上下。这显然不是我们所期望的。如果遇到这种情况，则说明以当前Listing的权重在这个价格下阻力比较大，无法实现销量的突破。应对方法就是继续降价，试探在当前权重下能够激活销量的那个价格点。

和之前的螺旋式爆款打造中降价要"进四退三"且"一步到位"的方式不同，此时的降价策略是重在试探，在试探中找出能够激活销量的那个价格点。

基于这样的思考，我的建议是，继续下调价格，降低$1.00，从$8.99降至$7.99，然后观察销量的变化，观察周期同样是3~7天。如果在观察周期内销量开始上升，BSR排名也跟着上升，那么就把这个价格作为新一轮螺旋的启动价；如果在$7.99的价格下销量依然没有增长，则需要再降低$1.00看看。

在新一轮螺旋中，我们的目标依然是通过价格来拉升销量，一定不要被"锚定"在之前的高价上。通过一步步地降价，我们会观察到销量上升了，BSR排名上升了，新一轮螺旋也就正式开始了。

让我们惊喜的是，在这新一轮的打造中，虽然需要试探着把价格降低一些，但一般来说，不需要再低至第一轮的启动价了。而且，在新一轮螺旋的低价阶段，销量和排名的增长速度会比上一轮更快。这些变化都得益于在前一阶段的打造中所产生的销量、高于同行卖家的转化率，以及因为销量而自然产生的产品评论所带来的Listing综合权重的提升。

有些东西，肉眼看不见，但置身其中，你能够切实感受到它。Listing权重的变化就是如此。在给孵化营的学员上课时，我总是提醒他们，在运营过程中要学会观察和记录数据的细微变化，要培养运营的"体感"。在每一轮的打造中，节奏的变化、销量的增长等都是运营的体感。我相信，你在实践螺旋式爆款打造法的过程中，也会有同样的感受。

库存补上后，通过试探性调价，我们找到了激活销量的价格点，销量增长了，BSR排名上升了，新一轮螺旋也就开始了。

还以图4-1中的模型为例，假设在$7.99时，销量被激活，开始增长，那么新一轮螺旋就由此开始。因为高于$7.99的价格都是有利润的，又因为新一批货数量大，库存充足，所以每次调价都可以以7~15天作为一个观察周期，在这个周期里，只要销量稳定且稳中有升，就不要急于调价。假设以$7.99的价格，在7~15天的周期里，销量逐步从20单/天上升至30单/天，按照"小步慢跑"的节奏，我们把价格涨至$8.99，然后观察销量的变化。如果销量没有变化或略微下降，或者销量并没有受提价影响而继续上升，那么观察7~15天后，继续提价。更多的情况是，当价格为$7.99时，销量增长至30单/天，提价至$8.99，销量略有下滑，至25单/天。这种下滑是提价后的正常表现，不用紧张，只要销量稳定在25单/天上下就行。7~15天后，继续提价至$9.99，销量也随之下滑至20单/天。

在第5讲中我们讲到，断货之前，当价格涨至$8.99时，销量回落至15单/天。按照时间维度纵向对比就会发现，在这新一轮的打造中，在同样的价格下，销量上升了。此时的$9.99的价格较上一轮也有提升。这就是在螺旋中我们所追求的阶段性成果。新一轮螺旋和上一轮对比，价格会有突破，而在同样的价格下，销量更好了。

在$9.99的价格稳定7~15天后，继续涨价，涨至$10.99，销量下滑至15单/天。销量下滑至上一轮螺旋的水平，而价格已经突破上一轮螺旋的价格，稳定7~15天积累权重，然后把价格降至$8.99，开始新一轮的打造。

随着将价格降低至$8.99，销量也突破了上一轮的最高值，从15单/天增至

35单/天。维持7~15天，既是为了观察其趋势，也是为了沉淀权重。然后，将价格上调至$9.99，销量会略有下滑，至30单/天。

此时，BSR排名已经进入前20名，产品也达到了有利润的水平，在此阶段，运营的焦点应该暂时转移至降低广告成本上。

运营的利润无非来自"开源"和"节流"。我们通过一步步拉升销量和排名来实现"开源"，而广告成本的降低则是为了"节流"。在运营中，只有降低广告成本，逐步减少对广告的依赖，让更多的订单来自自然流量，才能确保利润的长期稳定。

降低广告成本的策略分两步走：先降广告竞价，再降广告预算。

具体的操作是，参考最近3天的CPC价格，如果CPC价格和广告竞价差距大，则在CPC价格的基础上加$0.03~$0.05作为广告的新竞价。调价之后，间隔3天，以同样的逻辑和方式继续下调广告竞价；随着广告竞价的降低，如果CPC价格和广告竞价差距很小，则可以间隔3天，每次降低广告竞价$0.05~$0.10；随着广告竞价的降低，广告预算花不完了，在这种情况下，我们可以根据实际的广告花费，调低广告预算。

比如，在广告预算为每天$50.00、广告竞价为$1.00的设置下，最近3天的CPC价格是$0.80。为了节省广告成本，可以把广告竞价降低至$0.85（CPC价格+$0.05）；3天之后，假设CPC价格下降为$0.60，则可以把广告竞价降低至$0.65，以此类推。当CPC价格和广告竞价差距很小时，如广告竞价为$0.65，CPC价格是$0.58，这时候，则可以以每次降低$0.10、每次间隔3天的方式降低广告竞价。在广告预算方面，随着广告竞价的降低，每天$50.00的广告预算花不完了，比如实际花费只有$38.00，那么就把广告预算降为每天$38.00。广告竞价进一步降低后，广告花费更少了，可以接着降低广告预算。在降低广告竞价和广告预算的过程中，CPC价格越来越低，广告花费越来越少，但即便每天花费只有几美元，我建议也还是要把广告预算设置在不低于每天$20.00。原因是，如果广告预算太低，则可能会导致广告在亚马逊系统中的权重偏低，进而遭到隐性降权，导致自然流量也减少了。

在BSR排名进入头部后，按照上述策略逐步降低广告成本。在调整的过程中，我们又会遇到两种情况：在前一阶段，广告竞价降低而广告预算还没动时，同样的广告预算获得了更多的点击量，订单数量也会略微上升；但在后一阶段，随着广告竞价的降低，广告位开始后移，广告花费虽然减少了，但广告带来的点击量也少了，而且，广告转化率也会因为广告位靠后而下降，导致订单数量减少。订单数量减少，BSR排名也下降了，很多卖家遇到这种情况时会很焦虑，又匆忙去提高广告竞价。这样的操作显然有悖于当前的运营目的。

既然此阶段的目的就是为了降低广告成本，那么就不应该在订单数量减少时去匆忙提高广告竞价。正确的操作是，随着广告竞价的降低，广告订单数量减少了，导致总订单数量减少，BSR排名下降，我们要采取降低产品售价的方式来拉升订单数量。

因为BSR排名已经冲到头部，价格的敏感性更容易发挥作用，"排名越靠前，价格越敏感"，广告竞价降低导致的订单数量减少，完全可以通过降低产品售价来平衡。在运营中，我们的操作往往是降低$1.00，然后看结果。在绝大多数情况下，随着售价的降低，销量上升，排名也再次上升了，有时候，甚至会高于之前的销量和排名。

销量和排名起来后，维持7~15天的观察周期，如果销量和排名都稳定，则回到前面降低广告成本的逻辑中，继续降低广告竞价和广告预算。

通过几轮"广告竞价降低—广告花费减少—订单数量减少—降低产品售价—销量和BSR排名上升—再次降低广告竞价—广告花费再减少—订单数量又减少—再次降低产品售价—销量和排名再次上升"的循环，广告带来的订单数量在总订单数量中的占比减少，甚至少于30%，而广告的ACOS低于30%，70%以上的订单来自自然流量。

这时候，就完成了对广告的调整，摆脱了对广告的依赖，销量稳住了，BSR排名也稳在头部。你核算一下，心情豁然开朗：总利润被放大了！

对于很多卖家来说，广告花费很少，BSR排名到了头部，每天有稳定的销量和利润，打造目标完成了。

但也有一部分卖家，他们期望更好的成绩，Best Seller才是他们的终极追求。那么如何实现从20名到Best Seller？下一讲我们接着讲。

····· 第 7 讲 ·····

螺旋式爆款打造的
模型与逻辑（三）

Listing的排名进入BSR的头部，广告成本也被控制下来，每天有了稳定的利润，但有一些卖家因为担心太靠前而成为别人关注的对象止步于此，也有一些卖家把目标定在Best Seller，非第1名不足以满足自己打造爆款的野心。

从20名上下的头部区到Best Seller的路上，我们既需要运营的策略，又需要从心理学的角度全方位策划并落实。

参考图4-1中的模型，假设现在的运营状况是，售价为$10.99，BSR排名20，每天出30单，广告花费每天不足$10.00且ACOS低于30%。该怎么继续往上冲呢？

首先，对于已经被控制下来的广告成本，原则上是维持不变的。为了冲销量和排名，我们需要回到螺旋式爆款打造中，用价格的敏感性来拉升销量这一重要推动力。在前文中我们提到，"排名越靠前，价格越敏感"，当BSR排名已经稳定在头部时，降价最直接的效果就是快速拉升了销量和排名。

比如，本着单次降价幅度要大的原则，把价格从$10.99降至$8.99，销量会从30单/天增至40单/天，排名也会从20名上升至前10名；稳定3天，小幅度提价至$9.99，销量略微下滑至37单/天，排名12；再过3天，提价至$10.99，销量下滑至

35单/天，排名15。经过这一轮的调整，现在销量上升了，排名也上升了。

在头部区有了进步后，就要留出更长的时间来沉淀权重。在排名15时稳定1个月左右，在确保库存足够的情况下，按照上面的调价逻辑和节奏，再来一轮降价上冲，销量和排名会随之上行，排名稳定在前10名。再用1个月左右来沉淀权重，然后冲击前5名。

按照我们过往打造的经验，冲击前5名的逻辑是一样的，只要库存足够，在价格的上下波动中，销量和排名就会螺旋上升。

最难的是冲击第1名。对于任何一个产品来说，Best Seller往往都是相对稳定的，经过多年的沉淀，它们拥有较多的产品Rating。即便在很多类目中它们的价格比同行卖家的高，但由于长期权重积累的加持，其地位似乎也不可撼动。很多卖家正是因为看到了Best Seller的高利润而选择该产品，但想抢夺下来Best Seller的宝座，技法和心法缺一不可。

在技法上，依然可以参考我在前面讲的通过价格波动，凭借价格的敏感性螺旋上升的方式，但在调价节奏上，要适当加快。

参考图4-1中的模型，假设现在的价格是$10.99，每天出40单，BSR排名第五，广告也已经按照前文所讲的调整策略达到了合理的投入产出比，并且广告订单占比较小。在这种情况下，想推动销量和排名冲到Best Seller，可以通过在短时间内以"进四退三"的方式大幅降价来实现。比如，在$10.99的价格和排名第5名稳定一两个月之后，选定某个时间点，在备足库存的前提下，把价格降至$8.99。"排名越靠前，价格越敏感"，随着价格的降低，销量会快速上升，排名也会跟着上升，当BSR排名变成第一时，快速把价格涨起来。依然采用单次小幅度提价的方式，区别是，到了头部，涨价的节奏要快，可以根据销量和排名的变化，一天提价一次。这种情况下的快速涨价，是为了让自己的价格和Best Seller的价格接近，防止竞争对手通过降价来抢市场，大家进入价格竞争的白热化状态。另外，为了避免被竞争对手察觉，我们一般会把从第五冲击第一的降价放在夜间来做。

可以想象这样一个场景：凌晨2点，某个办公室里，你悄然操作——降价，随后，销售高峰到了，你的产品销量快速增长，2小时左右，你的Listing成为BSR

的第1名，你记录下当日的数据，然后调高价格，带着微笑入睡。第二天上午，竞争对手打开电脑，看到自己的Listing依然是Best Seller，但在统计销售数据时，皱了皱眉头，销量略有下滑。

以上是你第一次冲击Best Seller的情景。第二周，你又利用两个晚上两次冲击Best Seller成功；第三周，你以间隔一天的方式，三次冲上Best Seller。在一次次冲上Best Seller的过程中，你发现每次降价的幅度越来越小，略微的价格优势就已经可以让你的产品登上Best Seller宝座了。此时，你的产品价格已经和原来的Best Seller卖家的相差无几。

我们接下来说说心法。对于一个守在Best Seller的卖家来说，他往往会有天然的心理优势，他既得到了Best Seller带来的丰厚利润，又意识到守住Best Seller对自己的重要性。所以，当Best Seller第一次被其他卖家抢走时，他会紧张，同时也会果决地采取行动。正是因为此，对于进攻方的你来说，在夜间趁着竞争对手休息的时候抢下Best Seller，并且快速提价把Best Seller再让回去是最佳策略。在你一次次冲击Best Seller的过程中，竞争对手的销量会下降，他也会慢慢习惯于销量的下降，他的心态发生了变化。此时，看到你的产品成为Best Seller，而且你们的价格也相差不多，竞争对手虽然内心会有遗憾，还想挣扎，但也开始接受这一现实。

也许有人会说，这该不会是魏老师在凭臆想讲故事吧？对于上述场景，只有打造过Best Seller的卖家才会有切身体会。在给孵化营的学员上课时，我一直在提醒，销售就是心理学。如果不懂心法，不会以己度人地思考，仅仅停留在技法的层面上，则永远不会成为爆款打造的常胜将军。

需要提醒的是，在从排名第五到第一的过程中，除靠价格这单一要素的波动来冲销量和排名之外，我们还可以采取另一种方式：秒杀。

随着螺旋过程中的逐步涨价，当到了BSR的头部时，价格已经有了足够的利润空间，即便参加秒杀活动，Listing也依然会有利润。在这种情况下，如果该Listing刚好符合参加秒杀活动的条件，那么对于不想再降价冲销量的卖家来说，就可以通过秒杀的方式，利用秒杀活动期间的流量优势来拉动销量和排名的上升，直至登顶。和螺旋式爆款打造需要多轮螺旋才能成功一样，通过秒杀的方式登顶同样需要多次的秒杀拾级而上。另外，根据实践经验来看，7天秒杀（7-day Deals）的效果要好于1天秒杀（Lightning Deals）。

你通过上述技法和心法把一款产品打造成为Best Seller，也就验证了螺旋式爆款打造法的有效性。有了成功的经验，我相信，你会把这套方法应用于第二款、第三款，以及每一款产品的打造上。成功的捷径本来如此，总结出一套成功的方法，然后反复使用。

但需要提醒的是，当你成就了Best Seller时，你也就成了众多卖家关注的对象。有卖家选品时会关注到你，你的崛起带给他们想象；有卖家在运营中会反复研究你，你的打造细节会成为他们反复琢磨和品味的参照。当然，也正因为此，你会遇到各种挑战，毕竟，Best Seller的丰厚利润太诱人了。亚马逊运营从来如此，没有谁，也没有哪一条Listing能一直坚守在Best Seller的位置屹立不动。

也许，还有一些思路和方法，可以让我们把Best Seller守得久一点，把一个爆款的利润吃得更多一点。在随后的章节中，我们详细讲讲。

08

···· 第 8 讲 ····

螺旋式爆款打造中的
站内广告投放策略

在前面的章节中我们讲到，螺旋的启动需要"广告导入流量"，螺旋式爆款打造需要站内广告助力，其他任何类型的打法也都绕不开站内广告的配合推动，站内广告越来越成为亚马逊卖家运营中的标配。

面对广告，困扰卖家的是：如果不投放广告，则几乎没有流量；而投放广告后，流量是有了，但也会遭遇广告竞价高、转化差、投入产出比不高等情况，投得越多，亏损越大。

对于站内广告，投还是不投无须争论，但怎么投却是仁者见仁，智者见智。投放太少的，眼看着广告被消耗，订单数量并没有明显的提升，感觉是"钝刀割肉"；而投放太多的，虽然订单数量会有所提升，但每天看着大量的广告被浪费，投入产出比一直不高，心在持续地滴血。

在螺旋式爆款打造的逻辑中，我对站内广告的投放和优化有以下建议。

一、广告要有日预算和总预算

虽然我们可以看到有些卖家在运营中被广告拖累而产生亏损，但在打造一款产品的初期，还是应该把广告看作投资。从"广告是投资"的视角来看，我们需要对广告设置日预算和总预算。

根据过往的运营经验，我的建议是，广告的日预算不要太少，也不要太多。太少的广告日预算不会带来太多的曝光和流量，曝光少、流量少，要么带不来订单，要么只有很少的订单，这和冲销量打造爆款的目标相悖。如果广告的日预算太多，假设前期的广告数据表现太差（实际上，前期的广告数据表现一般都比较差），在投入产出比严重不高的情况下，卖家就会盲目而短视，运营的动作会"变形"，要么因为广告损失大而匆忙停了广告，要么被残酷的经历打击，进入"习得性无助"的状态，畏首畏尾不敢前行。参考我在前面章节中给出的建议，在螺旋式爆款打造的初期，可以把广告的日预算设置为$30.00~$50.00，这样既可以确保有一定的流量，又可以避免前期广告亏损太多。至于后期的广告设置，我们将会根据实际数据进行优化调整。

一般来说，广告最好能够持续投放，广告表现也会在优化调整中逐渐变得越来越好。所以，在一款产品的打造计划中，除了要设置广告日预算，还应该设置广告总预算。我的建议是，一款产品的广告总预算应该被设置为$2000.00~$3000.00。结合广告的日预算，广告的总预算可以确保广告能够持续投放40~60天，而一款产品能否打造起来，也基本上可以在这个周期内见分晓。

二、广告投放要聚焦，简单、有效即可

基于时间、精力、资金、心力和经验的有限性，和运营讲究阶段性聚焦一样，在广告的投放上也要阶段性聚焦。简单理解就是，在一个时间段内，要聚焦于一款产品的广告投放，而在一款产品的广告投放中，最好聚焦于一个广告活动。这样做的好处是，一方面可以确保自己有最大量的时间和精力来分析当前的广告数据，并及时进行优化调整。如果同步开启了多个广告活动，那么对单个广告活动的思考必然有限。而且，如果数据分析不深、不全，广告优化也会浮于表面。另一方面，如果由于自己的运营技能有限，导致广告设置不够好，在一个时间段内只有一个广告活动，则便于控制成本，减少不必要的广告浪费。

除广告投放要聚焦之外，在广告形式上，也没有必要搞得太复杂，简单、有效即可。在孵化营的课程中，我给学员的建议是，如果采用螺旋式爆款打造，那么前期只开启一个自动型广告就可以了。广告运行一段时间后，如果表现不错，销量也达到了预期，则无须增开其他任何广告；如果广告表现不够好，则可以通过

否定关键词和分时段设置竞价来优化广告。如果自己的广告预算多，而当前的销量和BSR排名都没有达到预期，在这种情况下，则可以有针对性地增开手动型广告。

运营讲究算总账，广告投放要遵循简单、有效的原则。很多卖家一味地追求多种形式的广告组合，并且美其名曰"广告漏斗"，但实际运行下来，还真不如只开启一两个广告活动更简单、有效。

三、广告投放不要盲目抢首位，要以投入产出比高为目标

除多开启广告活动之外，有些卖家还会在广告设置细节上费尽心力，比如一定要实现广告关键词上首页等。为此，甚至忽略投入产出比而盲目提高广告竞价，或者在不同的页面加不同的百分比。这样的调整，固然可以实现广告关键词上首页，但也会造成单次点击成本过高，投入产出比严重不高的情况。

在广告投放上，我给孵化营学员的建议是，一定要以投入产出比高为目标。如果广告预算有限或者产品本身竞争激烈，则完全没必要刻意追求广告关键词上首页。追求广告关键词上首页，也许是大卖家和无知卖家的做法，但设置一个合适的广告竞价，广告位也许在第二页或者靠后的任何页面，确保广告的投入产出比高，才是盈利的关键。

四、广告投放是一个动态平衡的过程，要逐步减少对广告的依赖

虽然站内广告已经成为亚马逊卖家运营中的标配，是推动销量增长的关键工具，但在广告投放上，我们应该追求动态平衡。在产品打造的初期，因为缺少自然流量，我们需要设置较高的广告竞价和广告预算，从销售数据来看，大部分订单会来自广告流量的转化；随着订单数量的增长和BSR排名的上升，自然流量也会逐步增多，在这种情况下，我们需要逐步降低广告竞价和广告预算，控制广告花费，尽量实现产品毛利润大于广告花费；当BSR排名进入头部区时，我们一定要进一步控制广告竞价和广告预算，有意识地减少对广告的依赖，让订单主要由自然流量产生，只有这样，才能确保该产品的盈利稳定。

在孵化营的课程中，我给学员的建议是，广告最终要以达成"3个30%"的原则为目标，具体是：产品毛利率大于30%，广告ACOS小于30%，广告带来的销售额占总销售额的30%以内。只有遵循"3个30%"的原则，一款产品的销量和利

润才能稳定且可持续。

在具体的广告策略上，我的建议如下。

策略一：单开一个"高预算+高竞价"的自动型广告。

自动型广告有着更多和更深的流量入口。在我所诊断的诸多广告案例中，总体来说，自动型广告的表现大部分优于手动型广告。也正是基于此，我给孵化营学员的运营建议是，在自己的运营不够熟练且广告预算不多的情况下，优先开启一个自动型广告。

进一步给出的建议是，自动型广告可以采取"高预算+高竞价"的方式。一般来说，对于绝大多数产品，前期都可以设置为"广告日预算$30.00~$50.00，广告竞价$1.00"，先运行1~2周，然后再根据广告数据表现来进行调整。

需要说明的是，虽然自动型广告的表现普遍优于手动型广告，但要想确保广告的效果好，还有两个重要的前提条件：①产品是刚需产品。刚需决定了用户聚焦，整体转化率高，而对于非刚需产品，消费者在购买过程中会进行多维度的比较和权衡，体现在销售数据上就是转化率偏低，对应地，广告数据表现也会偏差。②Listing优化需要做得足够好。我在孵化营的课程中反复提醒，网上销售产品，在消费者从浏览页面到决定购买的过程中，消费者购买的其实是一种基于Listing产品图片、文案、价格、评论等内容所产生的对产品的想象，作为卖家，我们要像造梦师一样，在Listing的细节上做到足够好，包括产品图片要拍出质感且和竞品对比有优势、有卖点、更立体、更突出，类目节点选择要精准以确保Listing基础权重足够高，关键词要覆盖到精准关键词和长尾关键词且恰当分布在标题和文案中，标题、五行特性、产品描述、A+页面等要书写规范且有美感和感染力，产品价格要相对有竞争力，产品评论要维护到4.5星以上等。可以这么说，好的Listing优化是打造成功的一半。

在自动型广告的运行中，我们需要关注的指标包括整体转化率、订单数量和BSR排名，不应该过度关注的指标有单日转化率、短期的ACOS等。如果整体转化率还可以，订单数量也在持续增长，则维持就好；如果整体转化率偏低，则要考虑从Listing优化和产品售价等方面做出调整。

策略二：单开一个核心关键词的手动型广告。

对于想快速实现关键词上首页的卖家，单开一个核心关键词的手动型广告即可，设置的细节主要有：选择5~10个核心关键词进行投放，可以选择广泛匹配或精准匹配的方式，采取"高预算+高竞价"的策略，广告竞价为系统建议竞价的1.2~1.5倍，广告预算以广告能够跑整天为准。

在这种策略下，我们需要关注的指标包括转化率、订单数量和关键词排名。在广告投放过程中，可以随着关键词排名的上升，逐步降低广告竞价。这种策略可以实现关键词快速上首页的目标。

策略三："策略一"+"策略二"的组合推动。

对于广告预算足够多、打造野心足够大，同时有丰富运营经验的卖家，可以采取"策略一"+"策略二"同步推进的方式。这样的组合，优点是可以全方位多渠道地快速获取流量，实现销量、BSR排名、关键词排名等指标的快速上升；缺点是如果前期打造不如预期，则可能会造成较大的广告浪费。

09

····· 第 9 讲 ·····

42 天螺旋式爆款打造实践

在前面的章节中，我们讲解了螺旋式爆款打造的模型、节奏和细节，但所有运营动作的执行最终都需要体现在时间维度上。在孵化营的课程中，为了方便学员在实践中有节奏地推动螺旋式爆款打造的进程，我从时间轴的维度把它细化在42天（6周）里。

具体来说，我把整个爆款打造的过程分为5个阶段，细化在42天的时间里，它们分别是激活销量、维护权重持续上升、排名卡位、微利区间和Top 20（头部区）。如果卖家能够根据自己所处阶段的不同，调整打造节奏和侧重点，就可以快速高效地实现打造出爆款的目标。

接下来，我们就来看看42天螺旋式爆款打造实践是如何规划的。

第1周　运营目标：激活销量

销量方面：实现破零的目标。根据自己选择的产品是否偏冷门，销量也不尽相同。从我们的实践来看，在第1周能够实现平均每天5~10单属于打造的常态。

这里需要提醒的是，能够实现销量破零的目标，你就已经超过了很多卖家。和一些卖家讨论时，我经常被问到类似于"每年新进那么多卖家，竞争岂不是越来越激烈，在这种情况下，亚马逊还有没有得做呢？"这样的问题。每次遇到这种情况，我总是提醒他们，表面上看，亚马逊的卖家确实很多，而实际上，这样的思维是在用宽泛抽象的问题掩盖我们应该具备的具体理性的思考。按照官方的数据，每年亚马逊新开账号确实有几十万个甚至上百万个，但这些账号是否都会成为和我们直接竞争的对手呢？答案是否定的。

　　原因在于：第一，很多账号是一个卖家团队注册作为备用账号来储备的，对于拥有这些账号的卖家来说，备用大于实际使用，他们也没有那么多的时间、精力和人员来推动这些账号的运营。所以，从某种程度上讲，这些账号都有名无实，并不会加剧竞争的激烈程度。第二，还有一批新卖家，因为看好亚马逊平台而进入，但也因为不会做而停下来。他们的账号，没有选品，没有上架产品，或者上架了少许几个产品，但因为不会打造而没有产生订单。这种账号也不会加剧竞争的激烈程度。第三，再进一步，即便是处于真实运营中的账号，你是卖高压锅的，我是卖筷子的，虽然都在厨具这个类目下，但也并不会形成直接的竞争。亚马逊系统按产品划分出了40多个一级类目，具体到产品上，数以亿计，做不同产品的不同卖家并不会形成竞争。第四，即便我们两个卖家都卖筷子，但如果我的产品进入BSR排名的前100名，而你的产品只是零星出单，我们之间也谈不上所谓的直接竞争。

　　我经常提醒孵化营的学员，如果按照我建议的"选品要选偏冷门的"来做，那么你真正的竞争对手既不是上百万个账号，也不是上千个做同一类产品的人，而只是前100名而已。

　　我们试想，如果某款产品是偏冷门的，Best Seller（第1名）一天的出单量是200单，BSR的第100名一天出3单，那么你真的有必要担心这个产品有8万多个搜索结果吗？没必要。因为你的竞争对手只有前100名而已。

　　我很难想象，你一天连3单都没有就夸耀自己对这款产品的打造很成功；而如果每天能够稳定出3单以上，那么你就已经进入前100名了，我也很难想象，稳定在前100名内，你还需要担心和在意那些零星出单的卖家吗？此时，我相信你已经有了答案，你的竞争对手只有这前100名中的部分而已。

　　但为什么总有很多卖家焦虑于"亚马逊卖家增多怎么办"这样的话题？原因

是，有很多人总是喜欢用抽象的问题来掩盖自己的不努力和不成功。罗振宇老师曾经提出过一个概念——苟且红利，他解释说，因为有太多的人不努力，你只要稍微努力，就可以取得成绩，这种成绩不是来自你厉害，而是来自那些不努力的人所留出的红利。亚马逊运营也是如此。很多卖家并没有我们想象的那么努力，所以，在亚马逊平台上，也同样留出了大量"只要你努力就可以取得成绩"的红利空间。在孵化营的课堂上，我经常提醒学员的一句话是：抽象的问题只能得到抽象的答案，具体的问题才能得到具体的答案，而正确的问题往往自带答案。我的建议是，少纠结抽象的问题，多关注具体的和正确的问题。像"亚马逊卖家增多怎么办"这样的问题，显然是不需要在意的抽象问题，而相反的是，当你明白了我反复强调的"竞争对手只有100个"这个观点时，你的运营视线就瞬间清晰了很多。

说了这么多，核心是为了强调，新品上架后（或者老产品采用螺旋式爆款打造启动后），只要能够在第1周实现销量破零，或者像我在前面所讲的，在打造实践中第1周就已达到日出5~10单，你就已经超越了很多卖家。

对应地，我还说过一句话："如果把亚马逊运营总结为一句话，那么就是把BSR排名推到足够高。"运营打造第1周的销量破零就是冲着这个目标前进的第一步。

那怎么样才能解决销量破零甚至平均日出5~10单呢？

我的建议是从三个方面着手。

（1）设置低价。在螺旋式爆款打造模型中，我曾经强调过，低价不是指设置优惠券、会员折扣，而是指直接价格低或优惠价（Sale Price）；也不是指比竞品低$X\%$或者成本价，而是指以盈亏平衡点的价格作为参考，向上或向下略微调整，但核心要确保这个价格可以实现三个"稳定"——稳定出单、订单数量呈稳定增长趋势、BSR排名呈稳定上升趋势。

（2）根据实际情况，可以设置优惠券。这一操作不是必需的，需要根据实际情况来决定。如果你的产品售价偏高，在低价下依然有利润空间，那么不妨增加优惠券的设置；但如果产品售价低，当前设置的价格已经没有利润了，那么这一条可以暂不考虑。设置优惠券，可以让你的Listing多拥有一个独立的流量入口，同时，在搜索结果页，优惠券标识可以提高Listing的点击率和转化率。

（3）以"高竞价+高预算"的方式投放自动型广告。参考我在前面螺旋式爆款打造模型中所讲的内容，这里的"高竞价"和"高预算"同样需要节制，不是无限高，而是在考虑尽量确保投入产出比高前提下的"高"。它要破解的是有些卖家每天的广告预算不足$10.00，广告竞价也很低的"低竞价+低预算"的局面，也是为了预防一些卖家"每天广告预算达$500.00，广告竞价要出到最高"的盲目投放——前者会因为广告竞价和广告预算都太低而没曝光、没流量，后者会因为广告转化差、投入产出比不高、亏损太大而打击了后一步运营的信心。在孵化营的课程中，我反复给学员强调，在广告的设置上，广告预算可以设置为每天"$30.00兜底，$50.00封顶"，而在没有广告竞价和预判的情况下，广告竞价可以设置为$1.00。设置之后，让广告先运行1~2周，然后根据广告的实际数据进行调整。还需要提醒的是，在开启广告时，不需要设置多个广告活动。如果你的运营经验不多，而你的产品又刚好是刚需产品，那么开启一个自动型广告即可；如果你的运营经验丰富，广告预算也多，则可以在开启自动型广告的同时，增开一个手动型关键词定位广告，对核心关键词进行有针对性的投放。

流量方面：在业务报告后台可以看到，Listing每天有 30 个以上的流量。而解决流量的方案来自三个方面：①Listing优化到位，要确保将Listing发布在精准的类目节点下，Listing的标题和详情中要囊括精准关键词与长尾关键词，Listing的图片尤其是主图要有质感和吸引力。关于Listing优化，我们必须清晰明确地认识到，类目节点是Listing的基础权重，如果类目节点选择错误或不精准，Listing无法做到精准匹配，流量就会受到严重制约。对关键词的正确使用是获取精准流量的基础，图片在很大程度上影响着Listing的点击率和转化率。②设置优惠券，以获取优惠券流量。③以"高竞价+高预算"的方式投放自动型广告，通过站内广告为Listing导入流量。

产品评论（产品Review/Rating）：Listing上架后，我们可以通过安全渠道或Vine计划等为产品尽快获取评论。这可以在一定程度上减少消费者在购买前因为没有产品评论而产生的疑虑，提高转化率，也可以预防和化解可能收到的差评给Listing带来的不利影响。需要说明的是，这里说的安全渠道，不是指任何第三方服务商所提供的测评服务（以我的经验来看，任何第三方提供的测评服务都有悖于亚马逊平台规则），而是指社交媒体上你的粉丝、你在其他渠道沉淀的老客户，以及你通过DTC独立站引流所产生的客户。在与客户沟通后，客户同意通过亚马逊平台购买你的产品并做测评，这类客户的评论才是安全的、合规的。Vine计划是亚马逊官方推出的新品测评计划，加入此计划的产品，可以快速获得官方测评人的评论，当前的费用是\$200.00/条，单条Listing最多可以申请30个产品参加Vine计划。加入Vine计划，有利于新品快速获得评论。除通过上述两种方式获得评论之外，在日常运营中，我们还可以通过订单记录联系那些留了五星Feedback（店铺反馈）的客户，邀请他们留评。

总结：第1周的运营目标是激活销量，要本着"接单的意义大于一切"的原则，通过低价、站内广告以及有条件的优惠券设置，让Listing产生订单。在运营中需要关注的指标主要包括流量、销量和BSR排名。

第2周　运营目标：维护权重持续上升

销量方面：有了新品上架第1周的开局破零，第2周及以后能够稳定出单将不再是难事。但仅仅出单不足以实现打造爆款的目标，第2周运营的核心在于，销量和BSR排名都能够持续上升。根据以往我们在实际打造过程中的情况，如果第1周的销量可以实现每天出5~10单，那么第2周的销量高峰可以实现日出15~20单。

需要说明的是，这里说的"持续上升"并不是要求每一天都必须比前一天好，而是指"以周为单位做对比，这一周比上一周的表现好一些"。也就是说，从销售总量上看，这一周的总销量比上一周多一些；从BSR排名上看，这一周的排名比上一周也上升了一些。但与此同时，我们也要接受这一周的某一天销量偶有下降的情况。

虽然这些数据都可以通过卖家中心后台的订单报表或第三方ERP工具来统计和监测，但第三方工具只可以呈现数据，却无法提供感受，而运营动作的调整需要有很强的对细节的感知力。所以，我会建议孵化营的学员在运营中参考"每日销量统计表"来手工记录每一天的运营情况，并在记录的过程中培养自己的运营"体感"。关于运营体感的培养，我在其他的章节中有详细讲述。

冲着销量和BSR排名上升的目标，第2周我们需要做的动作包括：①根据销量和BSR排名的变化，对价格的设置要低中有升，而提价的参考是销量增长、BSR排名上升，以及比当前BSR排名区间内的竞品价格有明显的竞争力；②在优惠券设置方面，如果第1周设置了优惠券，那么第2周可以维持原优惠幅度不动；③继续维持之前开启的"高竞价+高预算"的广告活动，要注意观察广告ACOS数值是否呈现环比持平或下降的态势。

流量方面：在业务报告后台可以看到，Listing每天有50个以上的流量。而解决流量的方案来自三个方面：①经过第1周的运营，如果发现产品有需要优化的细节，包括产品参数错误、类目节点不精准、产品图片和文案不如竞品等情况，则要及时做出调整；②优惠券所带来的流量；③站内广告所带来的流量。

另外，我们能够观察到的现象是，随着第1周的销量破零和逐日增长，以及基于低价所形成的高于同行卖家的转化率，Listing的权重上升了，在随后的运营打造中，自然流量逐步上升，越来越多。这也是一种增长飞轮。

产品评价：和运营第1周的操作思路相同，在通过安全渠道和Vine计划为产品获得评论的同时，随着销量的增长和积累，真实的客户评论在逐步增多。

总结：第2周的运营目标是维护权重持续上升，而对权重的维护有赖于销量的增长和BSR排名的上升。在第2周，BSR排名较前一周有了上升，而随着销量和排名的上升，我们逐步以"小步慢跑"的方式小幅度提价。在价格上涨的过程中，如果前期是亏损的，则单价亏损幅度在缩小；如果新品打造的启动价已经是有利润的，则单价盈利幅度增大了。在运营中需要关注的指标包括流量、销量和BSR排名。

第3周　运营目标：排名卡位

销量方面：销量较前两周继续上升，BSR排名进入Top 100。

有人会有疑问：凭什么确定BSR排名就进入了Top 100呢？原因很简单，在选品上，我的建议是尽量规避热门，尽量选择偏冷门的产品。对于大多数卖家来说，亚马逊运营的首要目标是赚钱，一款偏冷门的产品，看似销量少、利润不大，但可以让很多卖家存活下来，迈出运营成功的第一步。

在讲到选品时，我对偏冷门产品的定义是Best Seller（第1名）日出50~150单，甚至有时候，面对我们看好的一款产品，哪怕Best Seller每天只出30单，也同样可以考虑。有些卖家会觉得这些产品市场容量太小了，做着没意思、没感觉。每次遇到类似的质疑，我总是提醒：假设你的产品可以快速冲到BSR的头部，假设你的产品可以快速实现日出30单，哪怕一单的利润只有10元钱，这款产品一个月也可以为你实现盈利1万元左右。这个利润虽然不大，但如果店铺里有3~5款类似的产品，那么你就已经可以在亚马逊运营上活得很好，已经超越了很多卖家。很多卖家总是高估自己的运营能力，同时喜欢一头扎进热门市场中去，在一片喧嚣中才发现竞争到了白热化，一番忙乎，两手空空，甚至连本金都亏没了，实在太惨。

对于偏冷门的产品，销量虽然不大，但竞争也不激烈，没有大卖家把持，一般卖家稍微用心就可以存活下来，实现盈利。对于运营来说，盈利即信心。

对于偏冷门的产品，能够稳定实现3周左右的销量增长，BSR排名也会进入Top 100区间。销量和排名的上升都是正面反馈，让你对下一步的运营更有信心。

这个阶段的操作动作包括：①一方面，按照"小步慢跑"的节奏，根据销量增长和 BSR 排名上升的情况，逐步小幅度提价，但要确保自己的价格在当前的BSR 排名区间有明显的竞争力；另一方面，如果广告预算足够或者当前售价已经有利润，则价格可以继续维持在低位不动，这样能够更快地推动销量的增长和BSR 排名的上升，更有利于快速打造出爆款。②在优惠券方面，可以在原优惠幅度的基础上适当调低优惠券设置。比如，如果原来的优惠券设置是20%，现在则可以调整为10%。这里需要说明的是，在具体操作上，要遵循"先删除，再创建"的原则，也就是要先删除上一个优惠券活动，然后再创建新的优惠券活动。如果操作失误，忘记删除上一个优惠券活动，就会导致优惠券重叠，可能造成很大的损失。所以，一定要避免这种情况的发生。③继续维持之前开启的"高竞价+高预算"的广告活动，要注意观察广告 ACOS 数值是否呈现环比持平或下降的态势。

流量方面： 在业务报告后台可以看到，Listing每天有 60~100 个流量。而解决流量的方案来自三个方面：①Listing优化所带来的基础流量，经过前两周的调整，Listing维持在优秀状态下不动；②优惠券所带来的流量。优惠幅度有所降低，但依然有优惠，从订单数据中可以看到，有一部分订单使用了优惠券。③站内广告所带来的流量。

产品评论：和运营前两周的操作思路相同，在通过安全渠道和Vine计划为产品获得评论的同时，随着销量的增长和积累，真实的客户评论在逐步增多。

总结：第3周的运营目标是排名上升且进入 Top 100。销量和BSR排名的上升给我们带来了运营上的信心，与此同时，随着销量和排名的上升，我们依然保持着以"小步慢跑"的方式小幅度提价。在价格上涨的过程中，如果前期是亏损的，则单价亏损幅度在缩小；如果新品打造的启动价已经是有利润的，则单价盈利幅度增大了。在运营中需要关注的指标包括流量、销量和BSR排名。

第4~5周　运营目标：微利区间

销量方面：实现平均日出 20 单以上，销量相对稳定，BSR排名进入 Top 20。

解决方案：①按照"小步慢跑"的节奏，根据销量增长和 BSR 排名上升的情况，进一步提高价格，使价格达到盈利水平，但和当前 BSR 排名区间内的竞品相比，价格仍有相当大的竞争优势。②在优惠券方面，设置为10%左右即可，此时的优惠幅度不宜太大。③在站内广告方面，参考最近 7天的 CPC 价格，逐步降低广告竞价和广告预算，确保 ACOS 数值接近产品毛利率。广告竞价的降低策略可以参考我在螺旋式爆款打造模型中讲述的BSR排名进入Top 20后的竞价调整策略。

流量方面：在业务报告后台可以看到，Listing每天有100个以上的流量。而解决流量的方案来自三个方面：①Listing优化所带来的基础流量，经过前几周的调整，Listing维持在优秀状态下不动。②优惠券所带来的流量，将优惠券设置为10%左右。在此阶段，要统计优惠券的使用数量和比例，如果优惠券的使用比例小，那么在接下来的打造过程中维持当前的优惠幅度不变；如果优惠券的使用比例大，那么在下一个阶段可以选择关闭优惠券或进一步降低优惠幅度。③站内广告所带来的流量。此阶段的站内广告要以转化率为重要参考，同时要考虑到节省广告成本。和上一个阶段的广告竞价相比，此阶段的广告竞价要逐步降低，而随着广告竞价的降低，广告预算花不完时，可以逐步减少广告预算。但考虑到广告预算太少对广告权重的影响，建议广告预算不要少于每天$30.00，这样设置可以减少广告预算太少对Listing权重的破坏。另外，针对广告竞价降低所带来的流量减少、转化率下降等情况，要采取通过降低产品价格来提高订单转化率和订单数量的方式平衡订单总量和稳定BSR排名。

产品评论：和上一个阶段的操作思路相同，在通过安全渠道和Vine计划为产品获得评论的同时，随着销量的增长和积累，真实的客户评论在逐步增多。

总结：第4~5周的目标是排名上升且进入Top 20。销量和BSR排名的上升给我们带来了运营上的信心，与此同时，随着销量和排名的上升，我们依然保持着以"小步慢跑"的方式小幅度提价，产品售价已经进入微利区间；也正是因为排名已经进入头部区，我们开始逐步调整广告竞价，有意识地减少对广告的依赖。在运营中需要关注的指标包括流量、销量、BSR排名、广告花费和投入产出比。

第6周及以后 运营目标：Top 20（头部区）

销量方面：实现平均日出 30 单以上，销量相对稳定，BSR 排名稳定在 Top 20（头部区）。

需要说明的是，对头部区的定义会因产品而不同。如果是偏热门的产品，可能在Top 50就已经达到了销量稳定、排名稳定、自己对利润空间满意的效果，那么Top 50就是头部区；而对于偏冷门的产品，可能因为销量少、竞争不激烈，很快就冲进了Top 5，那么你也可以把Top 5称为头部区。总之，稳定在头部区，是指在这个排名区间，该产品可以有相对稳定的销量，利润也达到了让自己满意的效果。

解决方案：①随着销量的增长和 BSR 排名的上升，进一步提高价格，接近或达到预期利润水平，但与排名头部的其他竞品相比，价格仍有竞争优势。②在优惠券方面，设置为10%左右即可。③在站内广告方面，继续参考前两周的广告竞价调整策略，逐步降低广告竞价，确保 ACOS 数值接近产品毛利率。如果 ACOS 数值等于或小于产品毛利率，广告已经处于盈利状态，那么广告竞价可以维持不变。同时要留意，随着上述调整，广告订单数量下降至总订单数量的 30% 左右。在这个调整过程中，如果总订单数量减少了，BSR排名下降了，则要采取通过降低产品价格来提高订单转化率和订单数量的方式平衡订单总量和稳定BSR排名。

流量方面：在业务报告后台可以看到，Listing每天有 100 个以上的流量。而解决流量的方案来自三个方面：①Listing优化所带来的基础流量，经过前几周的调整，Listing维持在优秀状态下不动。②优惠券所带来的流量，将优惠券设置在10%左右。在此阶段，要统计优惠券的使用数量和比例，如果优惠券的使用比例小，那么在接下来的打造过程中维持当前的优惠幅度不变；如果优惠券的使用比例大，那么可以选择关闭优惠券或进一步降低优惠幅度。③站内广告所带来的流量。随着广告竞价的降低，广告花费继续减少，广告接近或达到广告投放的"3个30%"的目标，广告依然会为产品导入流量，但占比减小了。

产品评论：随着销量的增长和积累，真实的客户评论在逐步增多，要注意维持好评数量和好评率。当遭遇差评时，要通过联系客户沟通解决和在短时间内快速降价拉升转化率和权重等方式来减少差评可能产生的不利影响。

总结：第 6 周及以后的运营目标是BSR排名稳定在Top 20（头部区），此时，销量相对稳定，售价也有了可观的利润空间，看到了运营的曙光，一款产品从零开始打造的过程也暂时告一段落。在此阶段及以后的运营中，我们需要关注的指标包括流量、销量、BSR排名、广告花费、投入产出比、竞品表现等。

10

····第 10 讲····

运营中的每日 SOP 清单
事项及执行

在亚马逊运营中，爆款打造是一个卖家运营能力显性的展现，其底层既需要全局观和系统化的思考，又需要把这些思考落实在每天执行的细节中。在孵化营的课程中，我把卖家每天需要做的事项及其中该思考的要素总结为"运营中的每日SOP清单"。

SOP是生产制造业的术语，是Standard Operating/Operation Procedure的缩写，中文意思是"标准操作流程/程序"。虽然亚马逊运营并不能像生产制造一样量化到螺丝拧几圈，但围绕"如何做好运营"这个主题，以下SOP清单事项及其中的思考对每个卖家来说都是非常必要的。

（1）查看销量、销售额情况，关注订单数量和销售金额，以及再进一步细化，关注不同产品的销售数据。如果销售数据出现异常，则要思考该如何做出调整和应对，并把思考落实到执行上。

在这一点上，我们会通过4张图和自己制作的"每日销量统计表"来完成。

如图10-1所示，我们需要关注今天、7天、15天、30天的销量和销售额，同时要能够即时做出对比和思考。比如，"今天"的销售额和往常每日的平均销售情况偏差大，那么就说明当天的销售出现了异常，一定要做进一步核对；与此同时，如果"7天"的销售额和"今天"的销售额对比偏离7倍很远，则反映出最近一周销量波动比较大。如果销量是上升的，自然可喜可贺；但如果销量下滑，则一定要找出原因并及时做出应对。同理，把"30天"和"15天"的销售额做对比，如果它们相差2倍，则反映出销量比较平稳；如果波动大且呈现下滑态势，则同样需要及时做出调整。

图10-1

再看图10-2所示的"每日销量统计表"，通过记录每条Listing的销量、价格、排名的变化，可以清楚地知道每一款产品的表现。如果某款产品出现销量下滑，则要立刻查找原因并做出应对。

序号	品名	Asin	类目	2023.2.20	2023.2.21	2023.2.22	2023.2.23	2023.2.24	2023.2.25	2023.2.26
1	7件套螺丝刀	B0225803TH	大类目排名							
			小类目排名							
			Rating数量							
			Rating星级							
			Review数量							
			售价							
			单个亏损/盈利							
			销量							
			单品当日亏损/盈利总额							
2	万能遥控器	B077862CH	大类目排名							
			小类目排名							
			Rating数量							
			Rating星级							
			Review数量							
			售价							
			单个亏损/盈利							
			销量							
			单品当日亏损/盈利总额							
产品当日盈亏总额										
昨天广告花费										
最近30天广告总额										
最近30天总销售额										

图10-2

（2）如图10-3所示，每天登录账号之后，需要查看并回复"买家消息"，及时解答售前、售中和售后消费者的各种疑问，做好客服工作。同时确保对所有"买家消息"的回复都不要超过24小时，否则会影响店铺绩效表现指标。

图10-3

（3）如图10-3所示，要关注IPI（库存绩效指标）分数的变化。如果IPI分数下降了，则说明当前的库存动销率偏低，要通过广告、促销、低价清仓等方式来处理动销率低的产品，避免店铺库存冗余。如果不处理，则既不利于资金周转，也会导致FBA仓容越来越小，产生额外的超容费。

需要提醒的是，按照亚马逊当前的标准要求，IPI分数不低于400是基本要求。对于低于或接近400的账号，一定要想办法提高动销率来改善IPI指标。

（4）如图10-4所示，要查看账号状况，确保账号健康。如果收到系统的账号绩效通知，则要根据通知中的具体情况，第一时间做出处理。

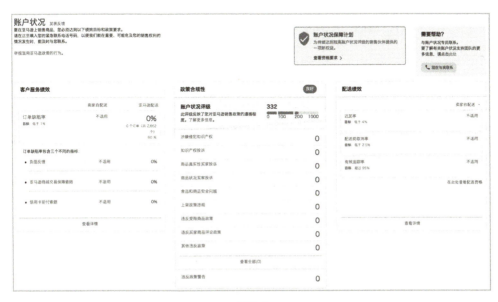

图10-4

（5）每天登录所注册的邮箱，查看是否有顾客的QA（问答）或者其他需要处理的相关事项，如果有，则要及时回复。

我在解答卖家的询问时，总会遇到一些卖家反馈：因为长时间不登录邮箱，忘记了邮箱密码；因为长时间不使用与亚马逊账号绑定的手机号，号码被注销了；因为亚马逊账号在本地电脑上是自动登录的（记住密码），长时间没有输入密码，自己忘了登录密码；某一天更换了电脑、浏览器等，所有的密码都不记得了，也不知道该如何找回账号。为了避免上述情况的发生，在运营中，应该将各种密码都记录在某个特定的地方，并且必须确保与账号绑定的手机号处于正常使用的状态。

（6）通过图10-2所示的"每日销量统计表"的记录，关注每条Listing新增的评论，如果收到差评，则一定要在第一时间做出处理，把差评的影响降到最低。

关于如何应对差评，在其他章节中已有详细的说明。

为了提高留评率和好评数量，在确保产品品质没有问题的前提下，还可以针对客户已留五星Feedback（店铺反馈）的订单，使用亚马逊订单系统自带的邀请评论功能，邀请客户留评。

（7）通过库存页面和前台页面，检查Listing的状态，要确保Listing在前台处于正常在售状态。当遇到Listing变狗、被跟卖、购物车丢失等突发情况时，要及时做出处理。

（8）如图10-5所示，通过库存页面做好库存统计，根据当前销量、当前可用库存数量、在途库存数量、订货周期等信息，做好库存规划，及时安排备货补货，预防后期遭遇断货的情况。同时，还要关注每条Listing的FBA相关费用，如果和对应的重量、尺寸应该产生的费用不符，则要及时核对确认，在必要的情况下，可以开Case找客服协助进行核实。

（9）查看Listing在大小类目下的排名情况。在"每日销量统计表"中记录每一条Listing的排名变化，并思考引起这些变化的可能原因，比如是否做了价格调整，是否进行了Listing优化，是否做了Listing拆分合并，是否收到了差评等。如果发现了销量变化和运营调整之间相互影响与相互作用的关系，则要将这些运营经验和教训记录归档，作为后续运营的参考。

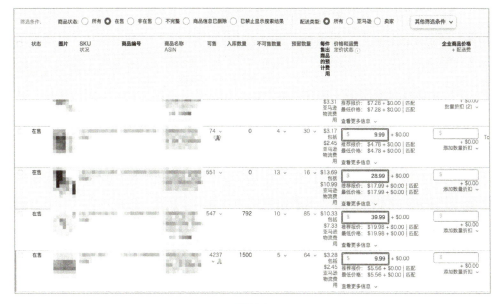

图10-5

（10）在前台对每条Listing（至少要对重点打造的Listing）的主推关键词进行搜索查询，看是否能够搜索到，观察其位置的变化。如果出现关键词排名下降的情况，则要及时做出运营调整，比如针对该关键词进行广告重点投放、降价等操作，拉升关键词的权重和排名。

（11）在卖家中心后台查看业务报告中的相关数据，掌握每一条Listing的流量变化、转化率等情况，如果出现异常，则要及时做出运营调整。

（12）关注广告表现，根据广告报表，针对每个广告关键词进行数据分析和优化。在前台搜索通过广告跑出来的"三高"（高曝光、高点击、高转化）关键词和"二高一低"（高曝光、高点击、低转化/无转化）关键词，查看其广告位以及和我们的产品的相关性。如果广告位下滑和广告表现变差同步出现，则反映出这两种要素具有相关性，要通过提高该关键词的竞价来观察其位置和表现是否变好；如果用某个关键词搜索时前台展示的结果和我们的产品不相关，则要在第一时间对其进行否定来减少广告浪费。同时，要根据广告整体数据的曝光、点击、转化和ACOS表现等情况，有针对性地对广告做出优化调整。

（13）秒杀对在短时间内拉升销量和排名有奇效。在日常运营中，我们要每天查看并申报秒杀活动，对于已经参加的秒杀活动，要记录其表现。

（14）在参加站内其他的活动时，如优惠券、Vine计划、促销、社交媒体折扣等，一定要留意核对，看是否有多个活动叠加的情况，一定要避免因活动叠加而造成损失。

（15）要通过类似于"每日销量统计表"的表格来做好每天的利润核算。如果店铺或者某个单品出现亏损，则一定要分析其原因并及时做出调整，避免销售额虚假繁荣，没有利润甚至亏损严重的情况发生。

（16）针对已发货的FBA货件，要追踪头程物流情况，确保货物在运输途中正常，上架及时无误。对于上架数量异常的货件，要在第一时间和货代、亚马逊客服等对接方核对确认；对于因对方失误而造成的丢货损失，要及时索赔。

（17）要持续关注竞争对手的动态。比如，竞品有没有调价，调价的原因可能是什么；竞品有没有增加变体，目的可能是什么；竞品有没有上新，其看到的市场机会是什么；竞品排名有没有上升，是哪些运营动作促进了上升；有没有新进入者，他们的动作有哪些值得我们学习和借鉴，等等。对竞品的关注和分析，我们可以借助类似于图10-6所示的"竞品统计分析表"来记录。

序号	品牌/品名	Asin	类目	2023.4.25	2023.4.26	2023.4.27
1	ABC蓝色螺丝刀套装	B0784568BH	大类目排名			
			小类目排名			
			Rating数量			
			Rating星级			
			Review数量			
			售价			
			运营观察与记录	记录竞品的调价、差评、促销、秒杀、7天秒杀、优化等情况，以及对这些要素之间的前因后果做推导，找出其运营动作背后的运营思路。		
	整体运营思考与感悟					

图10-6

（18）根据周计划，检查运营事项的落实和推进情况，检查每日工作事项的完成情况，做好复盘和工作日志记录，以方便后期复原运营打造一款产品的全流程，方便运营的标准化和流程化操作。

（19）关注亚马逊卖家中心后台新闻栏目中的各种新政策和新闻，关注行业内重要媒体、自媒体、论坛上的新闻资讯和运营干货内容，保持对行业常识和技巧经验的敏锐度。

（20）选品无止境，要持续关注类目的BSR、新品榜单、优秀的大卖店铺上新、现有竞争对手店铺的新品等，要培养自己见微知著的能力，能够及时把握行业趋势，抓住下一个热销品的机会。

以上20项是我在日常带团队过程中不断总结提炼出来并每日践行的运营团队必做事项，通过这些事项的落实和执行，可以基本确保我们在运营中不重不漏地快速推动运营进展，阶段性有目标，当下行动有力量，希望对你的运营工作有所启发和帮助。

11

····第 11 讲····

中高单价产品的螺旋式
爆款打造策略

有卖家询问：在你讲述的螺旋式爆款打造模型中，你是以$10.00左右的低单价产品来模拟的，那中高单价产品是否也适合螺旋式爆款打造？如果适合，在打造过程中有哪些细节和注意事项？

首先来回答第一个问题，中高单价产品同样适合螺旋式爆款打造。实际上，如果稍有操作经验，熟悉像卖家精灵这样的第三方工具，你就会发现，在BSR中，无论单价高低，很多Listing的销量和BSR排名走势都与螺旋式爆款打造的逻辑相吻合。

也许有卖家会发现，在自己关注的Listing中，虽然产品售价是由低到高的（或者以优惠折扣的方式，前期大折扣，后期小折扣），但其节奏似乎并没有契合我在螺旋式爆款打造模型中讲到的"3~7天调价一次"。确实如此。在本书后面的案例拆解章节中，我会讲解有卖家守着低价持续7个月，直到成为Best Seller之后才开始调价的案例，案例中的卖家同样没有按照我建议的调价节奏来做，但其运营的逻辑依然是前期凭借价格拉升，待销量和排名都稳定后涨价赚取利润。所以，这位卖家的操作依然属于螺旋式爆款打造。

如果能够基于这样的思考来看待BSR中那些热卖的Listing，那么你会更深刻地理解螺旋式爆款打造的普适性。

有人把螺旋式爆款打造当作只适用于低单价产品的方法，这是一种误解；有人把螺旋式爆款打造当作亚马逊独有的运营方法，这也是一种误解。实际上，螺旋式爆款打造是一种商业思维逻辑，不仅仅适用于亚马逊平台上的产品打造，在国内电商行业，也有很多卖家是螺旋式爆款打造的拥趸，并且取得了不错的成果，甚至在线下实体商业领域，采用螺旋式爆款打造来推动一个商业项目的营销策略也随处可见。

最常见的例子是家附近的商超在开业当天往往会有大折扣优惠的促销活动，其中有些优惠活动甚至低至五折。稍有商业常识的人都知道，在这种优惠幅度下，商超是不可能盈利的，那为什么还要这么做？原因很简单，就是首先以低价吸引，把原本不属于自己的人群发展成为顾客，然后在顾客的复购中赚取利润。可以这么说，在商业世界中，除奢侈品之外，几乎所有的产品都或多或少地在用低价螺旋的方式来吸引和抓住客户。

以我所在的深圳为例，一家名为钱大妈的生鲜超市密密麻麻地分布在各个社区。我了解过钱大妈的营销策略：新店开张时，全场五折，凭借着如此大折扣优惠的拉动，几乎每一家钱大妈超市在开张当天都是店里店外熙熙攘攘，人头涌动，通过这一波的促销，钱大妈总能在一个社区一炮而红。有了基本的客户群，得到了消费者的认可，之后，在每天的销售中，钱大妈都用一个"反向螺旋"紧紧地锁住消费者，其策略是：每天从晚上7点开始打折销售当日剩余菜品，如图11-1所示。但实际上，晚上9点左右，钱大妈的菜品已经销售一空，打烊了。

图11-1

与线下实体商业做促销是为了发展和沉淀用户，然后通过顾客的复购实现盈利不同，亚马逊运营中的螺旋式爆款打造是为了让前期的客户为整个运营"抬轿子"。在螺旋式爆款打造中，前期可能利润低甚至没利润，但凭借价格的优势，我们可以获得比同行卖家更高的转化率和更多的订单，高于同行卖家的转化率可以带动Listing权重的上升，而更多的订单可以带来更高的排名，进而带来更多的自然流量，自然流量再被转化为订单，形成订单的增长飞轮。销量增长了，排名上升了，我们再逐步涨价，从后来的顾客身上赚取合理的利润。由此可见，这是商业逻辑，无关产品单价的高低，中高单价的产品同样适合螺旋式爆款打造。

当然，与低单价产品的螺旋式爆款打造不完全相同，在中高单价产品的螺旋式爆款打造中，有我们需要特别关注的细节，具体如下。

第一，中高单价产品的螺旋启动价不要太低，要以"有竞争力且有利润"为准。

与低单价产品的螺旋有可能会因为竞争激烈、利润空间小，而从略亏价启动不同，中高单价的产品因为利润空间比较大，价格调整的空间也比较大，所以根据我的经验，螺旋启动价不要太低，可以以自己的售价"有竞争力且有利润"为启动价制定原则。

原因在于：启动价"有竞争力"是为了让我们能够凭借价格优势快速产生订单，而"有利润"是因为中高单价产品利润空间大，无须把价格降得太低就已经可以实现"有竞争力"的目的。同时，对于卖家来说，"有利润"是更直接的正面反馈，有利润且可以产生订单，足以驱动我们在下一步的打造中更自信。

第二，中高单价产品的打造要以"产品优质+Listing极致优化"为前提。

对于中高单价的产品，因为价格高，消费者对其品质的期望也会相应地提高。所以，对于这类产品，我们必须做好产品品质把控，要确保产品优质才行。如果产品品质太差，即便启动时有销量，后续也会因为客户不满留差评等情况而导致运营受挫。当你选择中高单价的产品时，一定要认真做好品质把控。

在产品品质有保障的同时，中高单价产品要想卖得好，还要求我们必须在Listing优化层面做到尽可能完美。在网上购物的过程中，在收到产品实物之前，尤其是在下单之前，决定消费者购买与否的其实是他们基于Listing图片、文案、价格、评论等对产品所产生的想象。如果Listing内容打动了消费者，那么他们会乐于购买我们的产品；但如果Listing内容讲偏了，没有激发他们想要拥有该产品的欲望，那么我们就错失了消费者。所以，在Listing优化上，我们要学会"讲故事"和"创造想象"，只有这样，才能让消费者在看到Listing之后停留下来，进而下单购买，用金钱和行为为我们投票。而这些的实现，都融合在Listing极致优化的细节中。可以这么说，一个详情页做得很差的中高单价产品，鲜有能够成为爆款的。

第三，对中高单价产品的打造可以适当增加广告形式，我的建议是采取"自动型广告+手动双精准型广告（精准关键词+精准匹配）"策略进行广告投放。

与低单价产品的打造相同，中高单价产品的螺旋式爆款打造同样需要借助站内广告的推动，同样需要遵循"广告导入流量，低价带动转化"的逻辑。与低单价产品在打造过程中要设置相对可控的广告日预算和广告总预算不同，中高单价产品因为利润空间比较大，对广告策略也要适当做出调整。

我的建议是，在广告预算方面要考虑两点：①要设置基本的广告预算，但要比低单价产品"每天$30.00~$50.00"的预算适当多一些。按照我们的经验，在打造一款中高单价产品时，要把广告日预算设置为"每天$50.00~$100.00"。②如果开始打造后稳定出单且有利润，则不妨把该产品当前的每日毛利润作为广告日预算的上限，后期随着销量和排名的上升再逐步进行调整。这样设置的原理是：在产品打造初期，"不亏钱就是赚钱"，将毛利润用于投放广告，让产品有足够的广告预算来运行，每一个订单都可以被理解为是从同行卖家手中抢来的。在这种情况下，自己的市场份额会逐步提升，竞品的市场份额会逐步萎缩，一步步地放大了自己的竞争优势，既可确保自己活下来，又可确保以更快的速度打造出爆款来。

在广告预算足够的前提下，除与低单价产品优先设置（甚至是唯一设置）自动型广告的策略保持一致之外，还可以为中高单价产品增开一个手动型广告活动，我建议此时的手动型广告可以采用"精准关键词+精准匹配"的方式。

在这样的策略下，自动型广告可以让我们尽可能多地获取关联流量，手动型广告则可以让我们在获取精准流量和订单的同时，实现关键词快速上首页。

第四，中高单价产品可以配合优惠券折扣、Prime会员专享折扣和7天秒杀活动来助推爆款打造的速度。

在中高单价产品打造的过程中，即便是低价，也能保留一定的利润空间。因此，在这种情况下，为了全方位充分利用各种流量，我们还可以为Listing设置优惠券折扣和Prime会员专享折扣，这些设置可以让Listing获得更多的流量入口，而流量是爆款打造的基础。这样设置之后，在搜索结果页的展示中，我们的Listing也会有对应的标识，可以提高点击率和转化率。随着运营的推进，当观察到Listing有了参加7天秒杀活动的资格时，我建议也要把它利用起来。在当前的亚马逊运营生态中，7天秒杀活动可以在短时间内为Listing带来远高于平时的流量和转化率，这无疑是爆款打造的助推器。

以上这些，既是对低单价产品螺旋式爆款打造的补充，也是中高单价产品打造的关键细节。如果我们能够将其有效利用起来，那么也就具备了快速高效地打造出中高单价产品爆款的基础。

12

····第 12 讲····

多 SKU 产品的螺旋式
爆款打造建议

有卖家询问：在你的讲述中，一般都是针对单品的打造，如果是多SKU的产品，该如何进行螺旋式爆款打造呢？

我的建议是，如果你还处在选品阶段，因为想选择一些多SKU的产品而关注到这个问题，那么你最好能够暂停这样的思考和探究，调整自己的选品策略。

原因在于："精品化选品，精细化运营，聚焦于打造爆款"是亚马逊平台的典型特征，也是运营好一个店铺的关键。虽然我们可以看到有卖家采取多SKU铺货取得成功的案例，但相对来说，选择刚需功能性产品，聚焦于单品的爆款打造，是一条更容易的路。

在孵化营的课程中，我反复提醒学员，从选品到运营，一定要优先选择"软柿子"来捏，要尽量避免选择"硬骨头"来啃。

什么是选品中的"软柿子"？刚需偏冷门的功能性产品。什么是"硬骨头"？非刚需且竞争激烈的多SKU产品。

虽然选品不能绝对地决定成败，但它在一定程度上会影响打造的节奏和难易度。

当然，如果你既选择了多SKU的产品，又想采用螺旋式爆款打造法来运营，那么我的建议有以下几点。

第一，不要同步平均打造，要阶段性聚焦于单个SKU的打造。在SKU的选择上，要选择最符合大众审美观、销量最好、售价最低或者库存数量最多的SKU来优先打造。原因很简单，只有符合大众审美观的款式、颜色才具备较大的潜在用户基数，也才具备打造成爆款的可能性。对于已经在销售的产品，如果款式、颜色在用户审美上偏差不大，那么就应该以市场数据说话，选择当前卖得好的SKU优先打造；如果一条Listing下的多个SKU在款式、颜色上相差无几，在销量上也都表现平平，那么要选择售价最低的SKU优先打造；如果各个SKU的上述条件都差不多，那么就看库存数量，优先选择库存数量最多的SKU，毕竟，库存充足是爆款打造的基本保障。

第二，采用螺旋式爆款打造的SKU，要确保库存充足，同时要根据当前销量和后续销售预期提前备货。一般来说，备货要保持在当前销量40~60倍的水平。也就是说，根据当前的销量，库存足够销售40~60天。备货太少容易导致库存断货，而热卖SKU的断货会导致Listing的转化率下降，权重下降，也会伤害整条Listing的打造节奏。

第三，在多个SKU之间可以采取高低价搭配的销售方式，即除了重点打造的SKU采取低价螺旋，其他SKU要保持利润合理的高价销售。以低价SKU带动高价SKU的销售，低价SKU负责冲销量、稳排名，高价SKU用来创造利润。

第四，在心态上，要把多个SKU当作单个SKU来看待，聚焦于重点打造的SKU，要相信随着一个SKU的销量和排名被推到头部，必然可以带动其他SKU的销量和总销量的上升。

第五，在打造过程中，如果遇到某个非重点打造的SKU收到差评，导致整体权重和销量下降的情况，则可以把表现差的SKU拆分出去，避免对重点打造的SKU造成不良影响。

第六，当重点打造的SKU被推到BSR排名的头部后，如果还想抢得更大的市场份额，则可以在第二个SKU上采用相同的方法和逻辑继续打造。

13

⋯⋯第 13 讲⋯⋯

要爆款，更要护城河：从单品爆款到多店铺矩阵式布局

一款产品成为爆款是令人开心的，但仅有一款产品成为爆款是不够的，因为护城河还不够宽。正如我在前文中所讲到的，当我们把一款产品打造成Best Seller后，我们也就成了众多卖家关注和研究的对象，而要想在Best Seller的位置守得足够久，就需要做多店铺布局，把单店铺单品爆款这种形单影只的局面变成多店铺布局下的矩阵式作战。

亚马逊运营讲究"精品化选品，精细化运营，聚焦于爆款打造"的整体策略，选出一款好产品是运营成功的关键。我们在经过各种努力把一款产品打造成爆款后，不应该停止，而是应该有更长远的眼光，看到BSR上还有更多的坑位可以占据，这就需要围绕单一产品在多个店铺中进行布局和打造。

根据当前亚马逊卖家群体的现状，一个卖家团队往往会出于安全和发展的需要，拥有多个店铺和品牌。在此前提下，当成功地把一款产品打造成Best Seller后，其最应该做的就是把此产品的成功复制到下一个店铺中。

我们可以选取同一关键词下的同类产品，将其上架到第二个店铺中，重新进行一轮螺旋式爆款打造。如果在第二个店铺中也取得了成功，我们将可以在BSR上占据两个坑位，销量和利润也会相应地增长。以此类推，当第二款产品的销量

和排名稳定后，我们可以继续在第三个店铺中推动第三款产品的打造。当多个店铺中的多款产品都占据了BSR排名靠前的坑位时，我们也就真正构筑了自己在该产品上的护城河，新进的竞争对手将无法撼动。

借助此思路，我们自己的运营团队围绕同一产品在多个店铺布局，取得了不错的成果。也有孵化营的学员在毕业一年后给我反馈，其经过一年的精心布局和打造，在一个细分市场里，用7个店铺占据了BSR前100名中的20多个坑位，实在可喜可贺。

围绕单一产品进行多店铺布局，实现市场容量和利润的最大化。这种想象是美好的，但在实际操作中也有诸多细节需要把握。

第一，单品多店铺布局必须以该产品在某一店铺的成功为基础。

单品在某一店铺的成功是多店铺布局的前提。在打造过程中，我们一定要阶段性聚焦于一款产品在某一店铺的打造，要深刻认识到"二鸟在林，不如一鸟在手"。在没有任何成功的情况下进行多店铺布局，只会导致我们精力分散，顾此失彼，既可能错失良机，又可能造成多个店铺同步亏损的悲惨局面。所以，在打造前期一定不能急，要将精力和心力用在一个店铺的单品打造上，在当前打造的店铺中取得成功之后，再将该产品纳入多店铺布局的范畴。

同时，需要提醒的是，因为受限于亚马逊流量对同一店铺单品流量瓶颈的束缚（按照亚马逊平台的现状，在流量和权重的分配上，对于同一店铺中的同一系列产品，如果产品A的流量多、表现好，那么产品B的流量就会相对较少，权重偏低，我们将此称为亚马逊流量瓶颈），所以我的建议是，除非你是垂直于某一细分产品系列的专业品牌卖家，否则应尽可能避免在同一店铺中上架多款同类产品。

第二，在单品多店铺布局的推动过程中，后一款产品要以不影响前一款产品的成果为基础。

有了第一个店铺中的成功，我们再在第二个店铺中上架该产品。需要注意的是，两个店铺中的同款产品并不是指产品一模一样，而是指在同一个关键词下功能相同或类似的产品。同款产品可以选择不同的颜色、尺码、略有差异的组合、相似但不完全相同的功能等，它们的供应商可以是同一家，当然也可以选择不同的供应商。在不同的店铺中，它们以不同的品牌、图片、文案、价格呈现出来，在外人看来，这些店铺是各自独立的，只有卖家自己知道，这都是他们的店铺。

为什么要在不同的店铺中使用不同的品牌？原因有二：一是防止关联，二是为了突破亚马逊流量瓶颈。

从过往被批量移除销售权限的案例中可以知道，同一品牌进行多店铺授权也是亚马逊系统判定账号关联的要素之一。所以，在多店铺布局的运营策略下，尽量不要在多个店铺之间彼此进行品牌交叉授权。

和前面讲到的同一店铺中的同一系列产品有流量瓶颈相似，对于同一品牌下的多条Listing，同样容易遭遇流量瓶颈。简单理解就是，同一品牌下的两条Listing，同样会出现"A表现好时B表现就会差一点，A出现在靠前的页面上时B就会掉到靠后的页面"的情况。

基于以上两点的考虑，同一款产品被布局于多个店铺时，应尽量选择不同的品牌。

同一款产品被布局于第二个店铺后，在第二个店铺中的打造既要参考在第一个店铺中螺旋式爆款打造的成功经验，又要注意打造的节奏，以不影响第一个店铺中的打造成果为基础。如果在第二个店铺中低价螺旋时没有对第一个店铺中的产品造成冲击，没有导致第一个店铺中的产品的销量和排名下降，那么很好。但如果造成了第一个店铺中的产品的销量和排名下降，那么在第二个店铺中的打造就应该提高价格、放慢节奏。与此同时，把打造转回到第一个店铺中的产品的销量、排名和权重的拉升与恢复上，当观察到产品在第一个店铺中的表现稳定后，再回到第二个店铺中的打造上来。

这样操作，是为了确保运营整体的完整性和利益最大化。只有确保自己的长板足够长、排名足够高，在此基础上去拓展增量市场，抢夺其他竞品的市场份额，才能一步步夯实和扩展该产品的绝对市场体量。

也许有卖家会质疑，如果多个店铺轮番打造，那么岂不成了跷跷板，此上彼下了吗？不尽然。因为我们面对的市场绝对不是只有自己的两个或多个店铺，除了自己的店铺，竞争对手的店铺终究是多数，我们要抢夺的是其他卖家的市场份额。这就要求我们在外部展示其独立性，而在内部，则要利益统一，减少对彼此的不良影响。

第三，当遭遇到有其他竞品进入时，要有轮番上阵打群架的心态和策略。

亚马逊是一个开放的市场，任何卖家都可以进入，并且可以在任何时候针对任何产品进行打造。对于我们正在进行多店铺布局和打造的产品，当遭遇到有其他竞品进入时，该怎么办呢？我的建议是，要有轮番上阵打群架的心态和策略。

具体来说，就是在遇到竞品时，我们要能够从多个店铺中选择一个和对方权重相当的Listing进行对等打造。最直接的是，如果对方也在采取螺旋式爆款打造，那么我们可以让自己的Listing售价持续地比竞品低一点，将广告定位在对方的页面上，对方有任何运营手段，我们都要及时跟进，以同等甚至更大的手笔运营。

也许有卖家会质疑，如此这般打造，岂不是"伤敌一千，自损八百"？从单条Listing来看确实如此，但不要忘了，我们做的是多店铺布局，还有其他店铺的产品在按照原有的节奏进行销售，即便当前和竞品直面竞争的产品不赚钱，其他坑位的盈利也可以弥补当前的亏损。

假设在激烈的竞争中我们和对方都是亏损的，这种亏损必然不会长久。当对方调价时，我们也跟进调价。或者，我们可以主动小幅度提价，观察对方是否跟进；如果对方不跟进，我们不妨把价格降低，继续和对方直面竞争。

这样的竞争虽然看似激烈残酷，但实际上因为每个卖家备货都是有限的，随着竞品的库存被消耗，当竞品遭遇断货、差评等情况时，必然会对策略做出调整，我们也跟进调整即可。

在这样的策略里，我们用一款产品和竞品直面竞争，用另一款产品去实现利润，当对方觉得该产品竞争激烈而选择放弃时，我们就进一步扩大了自己的战果。

第四，在多店铺布局下，要有矩阵式思维，不是全部店铺都冲着第一去，而是有店铺做第一，有店铺守第五。

在单品多店铺布局的策略里，我们还需要具备矩阵式布局的思维，和前面讲的后一款产品的打造要尽量避免影响前一款产品的打造成果的思路一致，多个店铺中的多款产品并不是都以Best Seller为目标的，而是要有节奏地推动，布局在不同的排名位。

一方面，如果当前类目下的Best Seller已经被自己某个店铺的Listing所占据，那么第二个店铺的打造目标就是除Best Seller之外的其他坑位，比如第3名、第5名，以此类推。当我们在多个店铺布局之后，这些Listing也将分布于不同的排名位。这样做的好处是，可以避免自己为了死磕一个排名位而"用己之矛，攻己之盾"。

另一方面，在实现了多个店铺在同一类目下的多个坑位分布之后，如果某个店铺的Listing出现异常，比如收到差评、遭遇断货等而导致其排名下降，权重暂时无法立即恢复，我们则可以通过推动其他Listing的快速上升来抢占市场，弥补该Listing造成的市场份额缩水。

还有一点是，在多店铺、多坑位布局下，我们可以把类似于7天秒杀这样的营销手段应用到极致。按照亚马逊当前的规则，一个店铺一个月最多只有一次报秒杀活动的机会，多店铺、多坑位布局则可以有效化解这一束缚。我们可以合理地申报和排序，让多个店铺依次参加秒杀活动，把这一重要流量入口牢牢抓住。

第五，在完成多个产品的矩阵式分布后，要从供应链资源、产品研发设计、品牌沉淀等方面持续构筑自己的护城河。

在完成矩阵式分布后，我们在单品总销量上已经占有绝对的优势。在这种情况下，我们要继续向纵深发展，巩固自己的护城河。

在供应链上，因为出货量大，我们有了更大的话语权，可以和供应商谈判，争取更低的价格。成本降低了，一方面可以确保我们有更大的利润空间；另一方面，在遭遇激烈竞争时，在价格上也有了更大的腾挪空间。

在产品研发设计上，如果只是单品单店作战，因为缺少对产品和市场的全面深度认知，在进行原创设计、独家私模时则很容易失败。但在多店铺布局之后，卖家具备了更全面的市场认知，在此基础上进行产品研发设计，不但风险降低了，而且成功的概率会高很多。

在品牌沉淀上，当我们能够垂直于单品和细分类目进行打造与深挖时，客观上，会逐步沉淀形成自己的品牌。品牌往往意味着高溢价，可以确保延长增长曲线的周期。

正是基于上述思考，多店铺矩阵式布局也就成了我们在推进爆款打造时必须考虑和落实的关键。

14

····第 14 讲····

从单品爆款到坑位矩阵，一个产品也可以年入千万元

从选品到运营，从工作到人生，大多数人容易犯一个习惯性的错误——既贪新又贪多。

比如，很多卖家总在忙着不停地选新品、注册新账号、开拓新平台等，却鲜有把当前已经上架的产品打造成Best Seller，把当前账号的销售金额再往上冲一步，把当前正在运营的平台店铺打造到足够养家糊口，实现团队的成长和飞跃。

是当前做的已经到了天花板吗？

肯定不是。

在孵化营的课堂上，当聊到一款产品的打造过程时，我经常提到一个隐喻：假设在你的脑门上架着一支枪，如果你不能在三个月内把一款产品打造成Best Seller，则直接枪毙。你觉得能不能打造成功呢？

每次这样询问时，学员都哄堂大笑。

他们笑得酣畅淋漓，但在打造产品的过程中却百般说辞，因为他们知道，并不存在真实的一支枪。

这几乎是我们很多人的习惯性推脱、妥协、逃避。

很多时候，虽然我们需要一些新鲜血液，需要多一点东西，但在成长和成功的路上，专注永远好于分散，阶段性聚焦永远是捷径。

所以，在孵化营毕业前的最后一节课上，我总是提醒学员：课程差不多结束了，运营的大框架和小细节我已经讲清楚了，至于大家是否能够接得住，既需要有基本的商业逻辑，也需要有大量的行动，比如把课程反复听10遍以上。而除了这些，还有一个最重要的关键点，那就是大格局下的单点突破能力。

什么意思呢？就是能否在把一款产品打造起来的同时，纵深布局占领多个坑位。

这可以是一个店铺里有多款同类产品，也可以是多个店铺围绕同一产品的不同款式，实现从单品爆款到多坑位矩阵。

我们曾经反复做过评估和测算，即便把一款产品打造起来，即便已经是Best Seller，在遭遇竞品攻击时，很多时候也还是没有还手之力的。假设店铺里有10款产品，每一款产品都表现不错，但是一旦遇到劲敌，可能瞬间就如落花流水般散去了。

而如果换一种逻辑，首先把一款产品打造到头部，然后在同一店铺（最好是不同店铺、不同品牌）中打造第二款产品。第二款产品和第一款产品是同类，但款式不同、颜色有差异、搭配组合有区别，核心就是关键词一致，满足基本相同的应用场景，用户群体相同或者重叠。在这种情况下，在新款产品的打造中，既可以参考上一款产品打造的经验，又有上一款产品做防护，打造起来会相对容易很多。如果遭遇竞争和攻击，那么应对起来也会更加自如。

第二款产品打造完成后，再来打造第三款、第四款等同类产品。在一个BSR中占的坑位越多，你的进攻和防守能力就越强。最后，你完全有机会构筑别人很难攻破的铜墙铁壁，把一个类目包围得水泄不通，老卖家上不去，新卖家进不来，你就可以固守一方领土、一个类目、一个产品，年利润达到千万元以上不是难事。

当然，这里要提醒的是，在多个店铺中布局一款同类产品，绝对不是指每个店铺都只上这一款产品，而是指每个店铺的品牌、产品各不相同，但其重点打造的产品则要以不同品牌、不同主题、不同图片、不同文案布局于各个店铺中。

假设你有5个店铺,布局如下。

店铺1:品牌A,产品A1、B、C。

店铺2:品牌B,产品A2、D、E。

店铺3:品牌C,产品A3、F、G。

店铺4:品牌D,产品A4、H、I。

店铺5:品牌E,产品A5、J、K。

其中,A1、A2、A3、A4、A5等属于同类不同款产品,在不同的品牌下,以不同的图片、文案、价格区间去占领不同的坑位。

这是我凭空想出来的打造思路吗?还真不是。

如果你足够用心,也许就可以在自己正在打造的产品中找到上述打法的影子,因为这正是很多头部卖家一直在做的事情。

15

····第 15 讲····

在爆款打造过程中，该怎样
核算毛利率

在《增长飞轮：亚马逊跨境电商运营精要》一书中，我在讲解广告数据分析时提到，如果广告的ACOS小于或等于毛利率，那么广告就是盈利的，属于可接受的，可以不做阶段性调整。在螺旋式爆款打造模型中，强调螺旋式爆款打造的启动价是盈亏平衡点的价格。这些都涉及一款产品的成本核算问题。那么，该如何核算一款产品的成本和当前售价下的毛利率呢？

这个问题困扰了不少卖家，最让人痛心的，无疑是那些一直觉得自己的账号是盈利的，不承想一年下来却亏了上百万元的卖家。

为什么会出现这种亏损了却不知道的情况呢？

原因就在于这些卖家既不懂运营，又粗放式管理。

比如，有卖家曾反馈过，因为自己不懂运营，将店铺交给员工打理，每次询问员工是否有利润，员工总是说有的，自己凭直觉也觉得有利润，毕竟拿货成本10元人民币的产品，销售价格是$10.00，这么大的价格差，利润应该不错吧！结果怎么样呢？采取这样的粗放式管理，运营一年之后，做年度核算时才发现，虽然产品售价很高，但账目并没有算到细节里。比如，没留意FBA费用，重一点、大一点的产品产生了很高的FBA费用；时不时有一些订单要采用泛欧计划配送，也产生了不少的额外费用；有些产品动销率低，产生了高额的仓储费、长期仓储费、超容费等；在运营上，主要依赖广告出单，又产生了很高的广告费用等。就这样一年下来，亏损足足超过100万元。

在孵化营的课堂上，我经常提醒学员，要从最简单的角度核算成本和利润。

首先来看毛利率的核算。当一款产品产生订单之后，你一定要查看"数据报告"→"付款"→"交易一览"中该产品的售价、费用和余额结构。以图15-1为例，售价$9.99的产品，亚马逊收取的费用是$5.22，总计（余额）$4.77是卖家在这个订单中真实收到的钱。

商品价格总额	促销返点总额	亚马逊所收费用	其他	总计
US$9.99	US$0.00	-US$5.22	US$0.00	US$4.77

图15-1

$4.77是怎么构成的呢？

它主要包括三部分：拿货成本、头程物流费用、毛利润。

假设拿货成本是10元（人民币），头程物流费用是4元，当前汇率是7，简单核算一下，总成本为$2.00，$4.77-$2.00=$2.77，这是该产品的毛利润。

再用$2.77除以$9.99，就可以算出该产品的毛利率约为27.7%。

这是最基本的毛利润和毛利率的核算方法。

有些卖家可能会认为这样核算不对，因为还有其他成本，比如包装耗材费、人工费用、房租、水电费、退款、提现手续费、广告费、仓储费、长期仓储费等。确实，这些都是运营中产生的费用，但我想说的是，在运营当下，我们暂时抛开这些费用不算入单个订单中。如果上面$4.77的余额尚且不能覆盖拿货成本和头程物流费，那么这个产品在当前的售价下必然是亏损的。但如果像上面核算的那样，毛利率为27.7%，那么再来核算其他成本，看当前的利润空间是否能够覆盖该产品的所有费用并最终达到有利润的目标。

其中，包装耗材费、退款、提现手续费是需要均摊的，当订单数量足够多、销售额足够大时，与它们相关的单位费用自然就低了。通常来说，我们可以以某个百分比作为核算参考，比如，扣除账号总销售额的2%作为这些费用的备用金。当然，你也可以采取另一种核算思路，对每个月的这些硬性支出进行统计汇总，和总销售额对比，看其所占的百分比，然后从中扣除。

至于广告费用，我的建议是对于每款打造的产品，都要像做其他生意一样有投资预算，提前做出广告预算，在预算之内，暂时不要将广告费用均摊在单个订单上。此外，对于广告投放，我们要遵守动态平衡的原则，前期投放广告是为了引流，为了给Listing带来订单。在这个阶段，不要过度解读广告数据，也不要因广告的投入产出比暂时不高而乱了运营的节奏。当运营进入稳定期和盈利期后，我们可以以广告的投入产出比作为参考，如果投入产出比高，那么广告持续；如果投入产出比不高，则可以参考螺旋式爆款打造模型中的建议，逐步降低广告竞价和广告预算，减少对广告的依赖。

但如果像某些卖家那样，在一款产品打造之初就规划出所谓的"每个订单$3.00广告成本"的广告预算，再把广告预算直接加进售价中，则往往会陷入产品定价远高于同行卖家而没有销量的窘境。

对于广告成本的核算，我建议同样看每月的广告花费占该产品当月销售总额的百分比是多少，然后与该产品的毛利率进行对比，如果该百分比小于毛利率，那么该产品当月的销售自然就是盈利的。

比如，一款产品当月销售总额为$30,000.00，而当月的广告花费是$1500，广告费用占5%。假设毛利率是我们前面核算出的27.7%，那么这款产品即便把广告费用算进去也依然是盈利的。

我们再来看仓储费、长期仓储费和超容费。

一个优秀的亚马逊店铺，其仓储费应该很低，长期仓储费应该几乎没有，超容费更不应该产生才行。如果后两项产生了高昂的费用，那么只能说明你的运营规划太烂、运营功力太差。

产品被发到FBA仓库后卖不动怎么办？库存在销售旺季结束前没卖完怎么办？如果你一直被这些问题所困扰，则很明显，说明你在选品时没有进行详细的市场调研，也没有做全面的竞品分析，在运营前没有制订清晰的打造计划（我称之为作战计划），在备货时也没有根据销售计划制订备货计划。如果在选品时不考虑市场和竞品，在运营前不制订打造计划，在发货前不制订发货计划，所有的准备工作都没做，则说明你压根没有准备成功。运营一款产品，如果没有为成功做准备，那么就是在为失败做准备，没有中间选项。

在备货和仓储方面，我对运营团队的要求是，对于一款重点打造的产品，可以根据当前阶段的预期排名和销量，按两三个月的数量来备货，分批发货。当一批货被FBA仓库签收上架后，运营人员必须在三个月内卖完。如果没卖完怎么办呢？超出三个月的库存，直接按月折旧，每月折旧10%。

为什么要这样做？管理学中有一句话：员工未必做你期望的，但一定会做你考核的。在库存管理上，当你的团队有了这一规定之后，身处一线的运营人员会为了避免被折旧影响自己的业绩提成而更关注库存动销率。

为了提高动销率，需要观察、思考、行动、复盘。比如，为什么备货多了？为什么不好卖？为什么卖不动了？超时库存直接折旧引起的连锁反应，会带动运营人员积极主动地面对市场，做出应对和调整。只有提高了动销率，提高了销量，提高了资金周转率，公司才能活得更好。

也正是因为有了这样的规定，我们的仓储费、长期仓储费和超容费都很少。

至于人工费、房租、水电费等，我的建议是，在发展中不要盲目乐观地租用过大、过贵的办公室，不要盲目乐观地在非必要的情况下提前扩张团队，要培养每个员工的节约意识。如果办公室太大暂时用不上，就换个小的；如果员工没干劲、不高效，就精简一些；如果员工没有节约意识，则要么教育引导，要么换人。毕竟，赚钱从来不是容易的事情。

一个看似简单的毛利率核算，却涉及各方面的成本把控。在孵化营的课程中，我总是提醒学员，运营的全局观，需要从每个细节做起。

16

····第 16 讲····

爆款打造中的竞品选择与
竞品分析细节

"竞争对手是最好的老师,凡是你没有做到和没有想到的,竞争对手都替你完成了。"这是我在孵化营的课程中给学员反复强调的一句话。

在运营过程中,竞争对手是最好的老师,做好竞品分析是爆款打造的重要一环。《孙子兵法》中有一句话,"胜兵先胜而后求战,败兵先战而后求胜"。打造出爆款就是让自己在激烈的运营竞争中取胜,而要取胜,首先必须让自己成为"胜兵",也就是先做好准备,做好对竞争对手的全面分析,谋划好自己的成功。

做竞品分析,就是要找出和自己在同一目标市场的那些卖家,对他们的产品优劣、Listing布局与文案,以及打造思路与方法进行全面分析总结,提炼出能够为己所用的操作细节。然后,将方法技巧进行归纳总结,作为自己在打造爆款的过程中可以借鉴和应用的参考。说到底,竞品分析,就是向竞品学习。

只有精准选择竞争对手并对其进行全方位分析、学习和借鉴,只有对竞争环境和竞争对手足够熟悉,博采众长,学习他们的运营细节、方法、技巧和打造策略,才能让自己在打造过程中少走弯路、走得更快。所以,打造任何一款产品,都必须选择一些竞争对手来学习。

那么，该如何选择自己的竞争对手呢？

结合以往的运营经验，我总结出以下几点。

- 竞品不少于20个，要选择和自己的产品风格一致且表现出色的产品作为参考竞品。
- 竞品在热卖榜单（BSR、新品榜单等）上的排名最好分散于各个位置。
- 竞品分布于核心关键词（2~3个）的搜索结果的前7页。
- 竞品分布于前三点收集到的热卖Listing中的广告位。

接下来，我们详细讲解竞品选择的细节。

（1）竞品不少于20个，要选择和自己的产品风格一致且表现出色的产品作为参考竞品。

如果选择的竞品太少，或者只把Best Seller作为自己学习和分析的对象，则往往容易出现偏差。Best Seller固然有值得我们学习的地方，但也可能有我们所不具备的、不可复制的背景要素。只有对足够多的竞品进行分析，才能找到运营打造的共性和规律，才具有可参考性。

同时，在选择竞品时，选择和自己的产品款式、风格一致或类似的产品，能够满足同一应用场景即可，不要局限于同款或同材质。类似的款式可以满足基本相同的用户群体，即用户画像相同，但消费者在购买时往往并没有绝对明晰的款式和材质要求，而是会在相似款式和风格的产品中做取舍。消费者在做出购买决定的过程中，还会把价格、好评等作为参考要素。所以，如果卖家把竞品选择局限于同款、同材质，则缩小了自己的竞争对手范围，对市场的分析也往往会失之偏颇。

举例来说。以Kitchen Timer（厨房计时器）为例，如果打算做一款如图16-1所示的厨房计时器，那么竞品应该包含如图16-2所示的#11、#13、#15三款。这三款虽然和图16-1中的产品款式不完全一样，但风格类似，可以满足相同用户画像群体的需求和诉求。竞品不应该包含如图16-2所示的#12、#18、#19这三款，因为它们在款式、风格上和图16-1中的产品类型明显不同，感兴趣的用户群体也会有差异。

图16-1

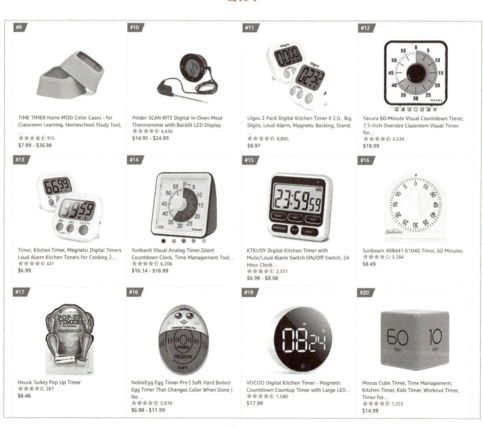

图16-2

在材质方面，有卖家会因为材质差别而缩小了自己的竞争对手范围。比如，曾有学员反馈自己运营的苦恼："我的价格已经是同行最低价了，却还卖不动。"我帮他做诊断，他将Listing发给我，我用关键词简单地搜索一下，在搜索结果页就看到大量和他的产品几乎一模一样，但价格却低很多的Listing。我截图给他，这位学员却义正词严："他们的和我的不一样。"然后他解释："我的产品是304不锈钢材质的，你发来的这些是302不锈钢材质的。"在那一刻，我感觉自己被这位学员打败了。他错误地评估了消费者对产品的理解，缩小了自己的竞品分析范围，也造成了竞品分析数据的不完整。

心理学上有一个现象叫作"知识的诅咒"，简单地解释就是，当你对一个事物足够熟悉时，往往会误以为所有人对它都和你一样熟悉。

如果我们在选择竞品时刻意追求同材质、做工最好、质量更高等所谓的差别，那么就会进入被知识诅咒的状态，容易造成误解消费者对产品的理解能力，从而导致无法做到客观、全面地分析完整的市场竞争状态。

（2）竞品在热卖榜单（BSR、新品榜单等）上的排名最好分散于各个位置。

和不只选择Best Seller作为单一竞品相同，对20个竞品的选择同样不应该局限于BSR的头部，它们应该分布在BSR前100名的各个位置，尽量处于正态分布的状态。

在款式、风格类似的基础上，比如选择第1、5、10、20、50、80、100名等排名位的产品作为竞品，则可以更全面地获得对自己运营打造有帮助的信息。

我把这种选择不同排名位的产品作为竞品的思路叫作"选择目标和路标"。"目标"是指打造这款产品所能够达到的高度，即将该产品打造成Best Seller需要有多少日订单数量；"路标"是指打造到什么阶段可以取得什么样的效果。

确定"目标"和"路标"可以让我们在打造一款产品时方向感更强，能够更好地把握打造的节奏。

比如，在做竞品分析时，我评估出第1名产品的日销量是200单，第5名产品的日销量是50单，第100名产品的日销量是3单，这对于运营打造意味着什么呢？我想进入前100名，至少要日出3单；我想进入前5名，则需要实现日出50单；如果我的目标是把该产品打造成Best Seller，那么就得实现日出200单才行。第1名产品的日出200单是"目标"，而第100名和第5名产品的日销量会成为打造这款产品的"路标"。

关于"目标"和"路标"的重要性，我想在这里分享一个小故事。

有人做过这样一个实验，让导游用不同的表达来带领一个旅游团，看大家的耐心会有什么不同。

第一个导游告知游客："我是你们的导游，今天你们由我来带领，现在大家跟我一起走，出发去目的地。"这个导游没有告诉游客要到哪里以及有多远。这一队游客大概走10分钟，就会焦虑地问导游：还有多远？还得走多久？为什么走了这么久还没到？

第二个导游的表达是："我是你们的导游，今天你们由我来带领，我们的目的地是×××，距离我们现在所在的位置大概5公里，现在大家跟我一起走。"因为导游告知了目的地，这一队游客相对更有耐心地跟着导游往前走，但走30分钟左右，就会有游客抱怨：走了这么久，为什么还没到呢？

第三个导游这样向游客介绍："我是你们的导游，今天你们由我来带领，我们的目的地是×××，距离我们现在所在的位置大概5公里。在我们前往的路上，每公里处都会有路标提醒，现在大家跟我一起走。"第三队游客没有任何抱怨地跟着导游走到了目的地。

做一件事情，只有在目标清晰、路标明确的情况下，才更容易顺利做成。而在选择竞品时，选择BSR的第1名和分布于多个其他排名位的Listing，就是为了获得运营路上的"目标"和"路标"。

此外，选了竞品，有了"目标"和"路标"，它们还直接影响着备货。按50天的安全库存来评估，如果阶段性地想冲到前100名，则至少备货180个；如果想冲进前5名，则要备货2500个左右；而如果铁了心要把Best Seller抢下来，那么总得要备货10000个才行。

如果没有充足的备货，即便有了"目标"和"路标"，也只是空想而已。这里分享一个小故事。

某地方天气干旱，村民们到教堂祈雨，牧师带着大家一起做完祷告，幽幽地说："除了这个小姑娘，你们都是来骗上帝的。"大家震惊：我们诚心诚意来祈雨，你居然说是来骗上帝的。牧师解释："因为在你们当中，只有这个小姑娘一人带着伞。"

运营打造一款产品也是如此，"目标"和"路标"可以让运营有力量，合理地备货能够为运营提供保障。但是有很多卖家在打造的过程中，销量刚刚起来就遭遇了断货，吃了断货的亏，就是因为他们在"骗上帝"。

除选择BSR中不同排名位的Listing作为自己的竞品之外，还要在New Releases榜单、Movers & Shakers榜单、Gift Ideas榜单等进行筛选，选出进入这些榜单且和自己的产品风格一致的Listing作为参考学习的竞品。

（3）竞品分布于核心关键词（2~3个）的搜索结果的前7页。

在运营的过程中，除了要关注BSR，还要留意在关键词排名中表现优秀的Listing。在选择竞品时，我们要关注关键词排名靠前的那些Listing——它们能够出现在搜索结果靠前的页面，在一定程度上就说明这些Listing的打造是成功的，是值得我们学习的。

具体来说，就是用2~3个不同的核心关键词进行搜索，然后查看展示在搜索结果前7页的Listing，选择其中和自己的产品风格一致且满足同一需求的Listing作为参考学习的竞品。

（4）竞品分布于前三点收集到的热卖Listing中的广告位。

通过上述三点的收集，我们已经整理出一批可供参考学习的Listing，但还要更进一步，打开这些Listing的广告位栏，查看和自己的产品风格一致的Listing，选择优秀的Listing作为参考学习的竞品。

比如图16-1所示的竞品，我们可以选择图16-3中所框出来的这些。

图16-3

选择广告位中的同类型产品作为参考学习的竞品，其思考在于：这些卖家之所以为这些产品投放广告，自然是因为他们在一定程上相信这些产品有市场且打造起来能够赚到钱。作为面对同一消费者群体的同行卖家，我们要通过分析这些卖家（尤其是新品上架不久却在持续投放广告的卖家）的广告投放及其Listing的表现，来思考和学习对方的运营思路与方法。还是那句话："竞争对手是最好的老师。"

选择了竞争对手后，接下来要做的就是对竞品Listing进行全方位的分析和学习。只有进行足够全面、细致的分析，了解到竞品打造的策略和细节，才能够对我们运营一款产品起到真正的帮助作用。结合以往的运营经验，我把对竞品分析的维度总结为以下几个方面。

Listing优化相关：电商平台上的销售，卖产品就是卖图片和文案。在亚马逊平台上，卖家需要通过Listing的图片和文案为消费者创造出对产品的美好想象。但有些卖家对产品的认知往往有局限性，如果自己的审美观与消费者的需求和诉求不契合，那么所有的表达也只是自说自话而已。为了避免这种情况的发生，参考竞品Listing的细节更有利于我们的产品在诸多竞品中凸显出来。正是基于此，在打造一款产品前，我们必须全面分析竞品Listing的细节，包括竞品的图片、标题、关键词、五行特性和产品描述等，如竞品图片是怎么拍的，选择的拍摄角度如何，质感怎么样，呈现了哪些产品细节，标题中有哪些关键词和特性词，五行特性的格式和内容有哪些是值得学习和借鉴的，产品描述是怎么写的，等等。如果能够对竞品进行逐一分析，就足以确保自己在Listing的撰写和优化上有了比较清晰的思路和方向，从而确保在Listing展示层面不丢分。Listing优化做得足够好，可以让我们在爆款打造中抢占先机。

销量相关： 不同排名产品的销量是我们打造一款产品的"目标"和"路标"，通过统计并记录竞争对手的日销量，可以让我们有打造的目标感，而关注一条Listing随着销量变化所带来的BSR排名的变化，又可以让我们培养出打造的体感。知道什么样的销量可以达到什么样的排名，什么样的排名需要多少销量支撑，这对于打造一款产品来说至关重要。同时，在统计竞品销量数据的过程中，我们还可以借助第三方工具，比如卖家精灵的销量排名监测插件来观察价格曲线、销量走势和排名变化，从而理解竞品的运营策略和思路。

价格相关： 很多时候，某个竞品的价格如此之低不可能有利润，但试想一下，如果一个产品长期守在某个价格，销量很好，排名很高，怎么可能没利润？在这种情况下，如果能够换位思考，把思考的视角调整为"假设这个价格有利润，那么是如何实现的"，从竞品的价格出发，反向推算各项成本和利润，得出的结论可能让人豁然开朗。总是从以自己为中心的视角来否定一切是典型的固定型思维，面对一个开放竞争的市场，我们更需要从竞品的视角来思考，用成长型思维来看问题。

推广相关： 在做竞品分析的过程中，要留意竞争对手的推广和营销策略。通过核心关键词去搜索，查看竞争对手是否投放了站内广告。如果投放了，还要在每天的不同时间段去搜索，根据广告位的变化来推算竞争对手的广告投放策略，比如是否采用了分时段竞价等。还要关注竞争对手在打造产品的过程中是否设置了促销折扣，是否设置了优惠券，是否参加了秒杀活动等。如果有这些操作，还要记录其参加促销活动前后销量、排名的变化；如果效果好，则可以将其促销策略应用于自己的运营打造中。

客户反馈相关： 包括Listing的Rating和店铺Feedback。在Listing的Rating方

面，我们需要关注Rating的数量变化、星级变化、产品Review的数量变化，以及Review详情所反映出的消费者的真实需求和诉求、关键词和特性词等。同时，通过Review详情和数量的变化，我们还可以在一定程度上知道竞品是否做了测评等情况（比如，竞品Review的增长速度和我们前面评估得到的销量所对应的留评率不一致，同时还发生Review被删除的情况，则说明该卖家有测评行为）。在店铺Feedback方面，我们可以通过该卖家店铺的30天/90天/365天/Lifetime的Feedback数量及趋势，来了解该卖家当前的销量及其销量变化（增长/下滑/稳定）情况。榜样的力量是无穷的，一个标杆店铺的销量变化往往可以为我们打造一款产品、运营一个店铺提供强有力的信心和助推力。

关于产品Review和销量的对比，根据我对美国站多个类目下的统计，产品留评率大概是0.67%，即150个订单大概可以自然地收到一个产品Review。而在店铺Feedback方面，一般来说，最近30天的Feedback数量的10倍左右相当于该店铺当前的日订单数量。

选品相关：我们经常说，选品贯穿于每个卖家运营的全过程，是必不可少的事情。竞品分析也不能只停留在相似产品上，还应该再进一步，关注竞品店铺中的产品布局，发掘新的产品机会。任何一个优秀的店铺都经过了选品、上架、打造、淘汰不好的产品和保留优秀的产品的过程。所以，对于筛选出来的优秀竞品，我们还要关注其店铺中的其他产品，以竞品店铺中的产品作为选品的起点，对这些产品做市场调研，评估其市场机会，以此来做好自己的选品。从单款产品到优秀店铺，再从优秀店铺中发掘出潜在的产品，这才是我们在运营中应该建立的"从选品到运营再到选品"的增长飞轮。

17

····第 17 讲····

在爆款打造中遭遇断货时的
应对策略

在打造一款产品的过程中，随着销量的增长和BSR排名的上升，库存不够了，热卖的产品遭遇断货几乎是每个卖家在运营中都会遇到的情况。

稍有运营经验的卖家都知道，断货对一条Listing的伤害是巨大的。

遭遇断货后，Listing权重会大幅下降，当下一批货入仓上架后，往往卖家会发现销量比断货前差很多，销售节奏被打断了，即使设置了和断货前相同的价格，销量也起不来了，BSR排名也上不去了，站内广告的效果也大不如前。所以，在运营过程中，我们必须考虑如何预防和应对断货情况，以减小断货带来的伤害。

为了降低断货的不良影响，我有两方面建议：①断货前的预防和应对；②新一批货上架后的运营策略。

一、断货前的预防和应对

除在资金能力范围内尽可能备足货之外，在遭遇断货前，我们还必须进行三方面的操作。

第一，断货前，要小幅度、多频次地涨价，以减少断货时间，赚取超额利润。一款产品在遭遇断货前，涨价是必要的，涨价可以抑制销量，减少断货时间，同时可以在一定程度上赚取超额利润，用来弥补断货的损失。

但涨价也要讲究策略，单次大幅度地涨价容易被系统误判为操纵销量和排名，可能导致账号被移除销售权限。我们自己就曾遇到因为把原本售价$7.99的产品直接涨价到$17.99，而导致账号被移除销售权限的情况。所以，在涨价的节奏上，要采取"小幅度、多频次"的涨价策略。

在螺旋式爆款打造模型中，我将其称为从"小步慢跑"变为"小步快跑"（单次提价幅度要小，即为"小步"；每天提一次价或每天提两次价，即为"快跑"）。根据库存数量及当前的每日销量，我们可以每天提价一次；如果提价后销量依然没有得到控制，则也可以一天提价两三次。但需要注意的是，每次提价的幅度要小，可以提价$0.20、$0.50。如果产品单价偏高，则可以每次提价$1.00。

具体操作要根据当时的销量、剩余库存数量以及产品售价来调整，库存数量越少，调价的节奏可以越快；产品单价高，单次涨价的幅度就可以略大。

第二，断货前，可以采用高价自发货跟卖的方式，来避免断货后自己的Listing被无良卖家当作"僵尸Listing"捡走并进行篡改。

具体操作是，断货前，可以在原账号中采用自发货的方式，自我跟卖一条，跟卖SKU的售价可以稍高于FBA发货SKU的售价。这样操作，可以确保在FBA发货SKU断货后，自发货SKU接棒，从而确保Listing一直处于在售状态，避免该Listing出现无主状态，被恶意者当作"僵尸Listing"捡走并进行篡改。

此外，在FBA库存断货期间，如果自发货SKU产生了订单，卖家可以根据自己的实际情况来处理。如果自己自发货操作方便，那么就按平台规定按时发货；如果下一批FBA库存刚好到货了，则可以调用FBA库存采用多渠道配送的方式为客户发货。

之所以要"高价"跟卖，是因为当一个订单采取多渠道配送时，亚马逊系统会收取较高的配送费，跟卖SKU中价格高出的部分就是为了抵扣多渠道配送所产生的费用。

对于跟卖的"高价"，我的建议是，如果是售价$10左右的标准件/小标准件产品，则可以在原FBA价格的基础上加$5.00左右，如果是售价$20.00左右的产品，则可以在原FBA价格的基础上加$8.00左右；其他价格段，自己可以酌情加价。高出的价格可以以该产品多渠道配送时所产生的多渠道配送费为参考。

第三，如果对该Listing正在投放站内广告，那么在断货前要适当降低广告竞价和广告预算来节省广告成本。断货前，省钱等于赚钱。

当然，有卖家可能会有疑惑：这样的断货前涨价、高价自发货跟卖以及降低广告竞价和广告预算都会导致Listing权重的下降啊！

确实如此。但诚如大家能够看到的那样，无论涨价与否，只要遭遇断货，就会导致Listing权重的下降。既然权重下降不可避免，那么多赚取一些利润，在下一批货上架后，我们才有可能再通过"降低售价和加大广告投放"的方式，提高转化率，提高订单数量，推高BSR排名，Listing权重也可以由此得到恢复。

如果没有上述操作，在遭遇断货、遭遇Listing被篡改时，不仅仅权重会下降，甚至一条好好的Listing也被毁了。

二、新一批货上架后的运营策略

热卖Listing遭遇断货是几乎每个卖家都会遇到的情况，但让很多卖家困惑的是，新一批货上架之后，无论怎样调整销量都起不来。这固然和在断货期间Listing的权重下降有关，而更大的影响也和卖家自己的运营策略有关。

很多卖家在新一批货上架后的惯用操作就是保持和断货前同样的价格、同样的广告策略，然后发现广告效果不好、销量没有了，于是感到很焦虑、无助。这样的操作，无助于恢复在断货期间所下降的Listing权重。

为了减少断货导致的不良影响，确保新一批货上架后能够快速地拉升销量，恢复Listing的权重，我的建议是：

第一，适当降价，用价格的敏感性来拉升销量，提高转化率。

补货上架后，最好是把价格降低到比正常售价略低的水平，让产品的售价在竞争中具有明显的竞争力。这样做，利润岂不是下滑了？确实如此。但也不要忘了，断货前，你也曾有涨价赚取超额利润的操作。用断货前赚取的超额利润，补贴此阶段价格下调导致的损失，运营就是在动态调整中达成一种基本的平衡。

价格是运营的利器，在断货导致Listing权重下降的情况下，降价对提高销量会有很大的帮助。降价之后，我们看到的是销量上升，而亚马逊系统会同时记录下该Listing转化率上升了，高于同行，按照A9算法的逻辑，只有转化率高的Listing才会获得更高的权重。所以，通过降价，既可以获取更多的订单，又可以拉升权重，弥补在断货期间所造成的权重下降。

第二，提高广告竞价和广告预算。

在断货之前，为了节省和把控成本，我们调低了广告的竞价和预算，而现在新一批货补上了，就有必要提高广告的竞价和预算来获取更多的曝光机会。配合前一点中的降价，可以形成"广告导入流量，低价带动转化"的增长飞轮局面。在这样的策略下，Listing转化率高对于广告权重的恢复和提升也同样是加分项。

通过上述两方面的操作，断货前赚取超额利润，新一批货上架后用前面赚取的超额利润来补贴后一步的运营打造，如此一来，既可以确保断货后不至于有太大的损失，又可以减少因为断货所造成的Listing权重大幅下降的风险。

在结束这一讲前，需要补充一下关于"僵尸Listing"的解释。僵尸Listing是市面上某些无良卖家对一些有产品Review，但当前断货不可售的Listing的称谓。他们用爬虫软件来爬取这些Listing，然后利用VC（Vendor Central）账号的高权限对其进行篡改，修改类目节点、标题、品牌名、图片等内容，最后将其合并到自己的Listing中，利用原Listing的Review为自己的打造增加权重。Listing一旦被别人当作僵尸Listing捡走并篡改，想要改回来需要大费周折。而采用自发货跟卖的方式，可以避免自己的Listing被软件判断为僵尸Listing，进而避免遭遇后续一系列无良操作的扰乱和破坏。

18

·····第 18 讲·····

新品期 vs 转化率，
哪个意义更大

有学员问：新品期是从什么时候开始算起的？新品期大概有多久呢？

也有学员问：一款产品上架后，采用螺旋式爆款打造的方式启动，卖得很好，但因为备货不足，一周就断货了，现在是重新创建一条Listing发货，然后重新打造，还是在原Listing上补货呢？如果在原Listing上补货，那么是不是就不再有新品期了？

还有学员问：一条老Listing，一直没什么销量，是不是废掉了呢？但FBA库存还有，错过了新品期的打造，该怎么办呢？

类似于上述关于Listing新品期的询问有很多，无外乎对"Listing错过了新品流量扶持该怎么办"的关注，但究竟该怎样看待新品期权重呢？新品期大概有多久呢？作为卖家，究竟该怎样利用新品期呢？如果错过了新品期，又该怎样发力呢？围绕这一系列的问题，我来谈谈自己的感受和看法。

所谓的新品期，是从什么时候开始算起的？

根据实际运营经验，大多数卖家的共识是，对于一条新建的FBA发货的Listing，新品期是从Listing开始可售那一刻算起的。如果是自发货的Listing，那么就从Listing发布之后在前台显示可售那一刻算起。但需要提醒的是，自发货的

Listing在亚马逊系统中的权重偏低，即便有所谓的新品期权重加持，我们也很少能感受到其作用。

一条Listing的新品期一般有多久呢？

这个问题可谓众说纷纭，有卖家说是14天，也有卖家觉得是1个月左右，还有卖家认为是3个月左右，根据我个人的实操经验，我认为新品期大概为3个月。可参照的数据是，一条Listing在上架3个月内，如果销量比较大，那么这条Listing会因为销量进入BSR，同时也会维持在新品榜，而上架3个月后，虽然这条Listing依然卖得好，但在新品榜已经不见了它的踪影。正是基于这一点，在新品上架的前3个月里，如果你能够利用好新品期的权重加持，推动转化率和销量的上升，那么就能够明显地感受到这条Listing的快速上升。

但必须提醒的是，新品流量扶持的是曝光，如果新品上架后没有站内广告引流，即便有扶持，其曝光也会很有限，点击就更少了。如此下来，卖家可能无法明显地感受到新品流量扶持的效果，充其量也就偶有几个订单而已。

卖家要想利用好新品流量扶持，必须在产品上架一开始就利用站内广告来配合，通过站内广告为Listing导入更多的曝光和流量。在此过程中，如果你的点击率、转化率能够高于同行卖家，系统就会因为你的表现好而给你匹配更多的流量。如此一来，你就很好地抓住了新品流量扶持，一条Listing扶摇直上成为可能。

广告投放中的高点击率和高转化率可以放大新品流量扶持的作用，但断货和差评则是新品期的致命伤。

一条Listing上架后，一种情况是，因为备货少而导致刚开始打造就断货，会严重伤害Listing的权重；另一种情况是，虽然库存足够，Listing没有断货，但因为产品质量等因素导致Listing收到了差评，也会让Listing的权重瞬间腰斩。这些对新品来说都是重大伤害，作为卖家，我们一定要尽可能避免其发生。

如果一条Listing上架很久，已经过了新品流量扶持期，那么是否还有打造起来的可能性呢？

答案是肯定的。

如果把在新品期系统给的权重加持看作日常与人交往中的"第一印象分"的话，那么即便错过了新品期，只要我们能够努力做好转化，让自己的Listing的转化率高于同行卖家的，让订单数量逐步上升，进而推动BSR排名的逐步上升，在一步步上升的过程中，一条沉寂的Listing也就可以被盘活。这就好比在与人交往中，虽然我给你留下的第一印象未必太好，但在随后的交往中，我还是可以通过实际表现中的真诚、友善、努力、向上等来改变自己在你心目中的印象。所以，从某种意义上说，在新品期表现好便于我们充分利用"第一印象"，但挽回一条老Listing的权重，要通过转化率、订单数量、BSR排名上升等"第二印象"。

如果你的Listing收到了差评、遭遇了断货，或者长期处于没有销量的状态，那么都可以通过"三步走"的方法来激活销量和权重。

第一，优化Listing。基于自己对产品和竞争的最新理解，对Listing进行优化，比如为Listing匹配最精准的类目节点，拍出比竞品更优秀的图片，编辑出更好的标题，在文案里恰当地埋词等，通过一系列的细节优化，让自己的Listing具备打硬仗的基本功。

第二，横向对比调整价格，让价格比同行卖家、同类竞品更具竞争优势。如果只是基于自己的成本定价，不进行横向对比，甚至把沉没成本都核算进去，其结果就是价格被设置得高高的，那么大概率是打造不起来的。只有确保自己的价格有优势，才有了打造上冲的基础。

第三，投放站内广告为Listing引流。沉寂已久的Listing像一潭死水，想激活Listing必须为其导入更多的流量，而站内广告则是最直接、最高效的导流工具。有了广告的推动，有了更多的流量，随着订单数量的增长，权重也会逐步得以恢复和提升。

通过上述对比不难发现，作为卖家，我们不应该纠结于新品期，而应该用更加开阔的视角去看待运营中的每个问题。当我们具备了运营的全局观时，也就具备了利用好新品流量扶持的可能性，而即便错过了新品期，我们也有办法把一条Listing从沉寂推到活跃上升，一步步将其打造成爆款。

19

····第 19 讲····

影响螺旋式爆款打造模型和
逻辑的那些血泪教训

任何一个好的模型都不是凭空产生的，都是在运营实践中不断叠加的结果，前文讲到的螺旋式爆款打造模型也是如此。从我在前一本书（《增长飞轮：亚马逊跨境电商运营精要》）中用一个章节的内容简单地讲述螺旋式爆款打造，到今天将这个话题沉淀总结形成完整的一本书，也是在这些年的实践中一步步迭代的结果。在螺旋式爆款打造模型和逻辑的章节中，我用了很多专属于这个模型的词语，比如"螺旋启动价""小步慢跑""进四退三""价格敏感区间""微利区间"等，这些都是在一个个实操案例中触发总结出来的。接下来，我将带着大家一起走进这些案例，更深刻地体验螺旋式爆款打造法逐步成长完善的全过程。

案例1：为什么"螺旋启动价要以盈亏平衡点价格上下浮动$1.00为参考"？

这是我们运营团队的一次打造经历。一款产品上架后，运营部的同事在没有考虑自身成本的情况下，直接参考螺旋式爆款打造模型，僵化地将价格定在$4.99。上架第一天，出了2单；第二天，出了3单；第三天，直接爆单，出了195单。首批发货的200个库存被清空了。

断货之后，同事忐忑地告诉我"一个好消息"和"一个坏消息"，好消息是产品卖爆了，坏消息是产品断货了，且单个亏损$4.60。

这样的局面当然不会让人开心，但员工犯的错误，往往要由公司来买单。为了避免此类情况再次发生，我给运营团队强调，以后在打造一款产品时，螺旋启动价必须以盈亏平衡点价格为参考，在上下浮动$1.00的区间里，观察销量的表现。这一点也由此被叠加进螺旋式爆款打造模型中。

案例2：为什么要"小步慢跑"和"小步快跑"？

这还是我们运营团队的一次打造经历。选定一款产品后，运营部的同事按照"小成本试错"的原则，第一批发了200个货到FBA仓库，产品入仓上架后，开始螺旋式爆款打造。因为是低价产品，同行售价在$7.00上下，我们的盈亏平衡点价格大概在$4.80。运营部的同事按照"螺旋启动价为盈亏平衡点价格上下浮动$1.00"的原则，将价格定在$3.99。价格设置后，配合站内广告，第一天出了3单，第二天出了2单，第三天出了175单，成为Best Seller，只剩20个库存了。同事直接将价格从$3.99一次性提价到$13.99，目的是为了抑制销量，尽量避免断货。即便如此大幅度地涨价，剩余的20个库存在3天后还是被卖光，断货了。大概半个月后，我们收到亚马逊系统的绩效通知邮件，因为被系统判定为"操纵销量"，账号的销售权限被移除了。

虽然几经周折，账号被申诉回来，但这次经历又给我们上了一课，刻骨铭心。我在螺旋式爆款打造模型中补充了一条：在遭遇断货前，可以将"小步慢跑"调整为"小步快跑"，但一定要避免"大步前进"。

在给孵化营的学员上课时，我会提醒他们，在打造常态下，"小步慢跑"的"小步"可以被理解为小碎步。对于低价产品，单次提价的幅度一般是$0.20、$0.30或者$0.50；如果单价偏高，则单价调整的幅度可以相对稍大一些。而断货前的"小步快跑"的"小步"，则可以被理解为小半步。比如，每次提价$0.50或者$1.00，对于高单价的产品，甚至可以提价$2.00~$3.00，但一定要避免更大幅度地涨价。在涨价节奏的把握上，在打造常态下，"小步慢跑"的"慢跑"是指每次调价之后要有3~7天的观察周期，如果在此期间销量稳定或者稳中有升，则继续提价。而断货前的"小步快跑"的"快跑"，则是指以较快的速度提价，可以2天提一次价，或者当库存严重不足时，可以1天提一次价，甚至1天提2次价、3次价，提价的节奏要根据销量、库存数量、盈亏等要素来定。但需要谨记的是，任何时候都要避免在短时间内单次涨价幅度过大。

案例3：如何备货才合理？

在前面两个案例中，因为备货不足，导致一款产品刚开始打造就断货了。基于这种情况，我们制订了新的备货计划，从而确保爆款打造更顺畅。我们来看一个案例。

我们的另一款产品凭借价格优势，在上架后的第4天，销量快速冲到643单，成为小类目Best Seller。同事给我汇报"一个好消息"和"一个坏消息"，好消息是出了643单，成了Best Seller，坏消息是该产品当日亏损了大概3000元。我询问：还有库存吗？还有。为了避免断货，首批发货2000个到FBA仓库。整个店铺是赚还是亏呢？是赚的。店铺里其他产品的当日利润大于5000元，覆盖了这个产品的亏损。提价了吗？提了。一天之内提价2次，涨价之后，单品售价有大概8元的利润。经过一段时间的维护，这款产品达到了单品利润8元，排名在BSR 80名上下，每天基本稳定出80单左右。销量稳定、排名稳定、利润稳定，同事对我说："不要再让我冲排名了。"我也同意了。为什么我们对这样的销量和排名就满意了呢？很简单。冲到Best Seller固然可喜，但日出600单将意味着需要备货40000个左右，备货压力大，风险也大，我们不想承担过大的风险；相反，排名在80名，日出80单，我们需要的总备货量为5000个左右，风险小了很多。

结合这个案例，我简单总结一下备货思路。

（1）为了避免打造一开始就断货，备货要充足。可以参考阶段性期望排名位的销量，按30~60天的销量来备货。为了确保发货时效和头程物流成本的平衡，可以分批采取快递、空运、美森快船、慢船等相结合的方式发货。

（2）备货时，要考虑账号的可用仓容数量、自己的可用资金等。

（3）备货时，要充分考虑单次发货的重量/体积能够达到货代的首重单位要求。

（4）在库存数量上，还要考虑资金周转率、产品动销率等。在打造过程中，要根据库存数量和销量情况灵活调价，既要保证销售速度，又要确保利润最大化。

案例4：沙里捡金，在挫败中寻找破局点，88天再成Best Seller。

我们的一个Best Seller被投诉下架了，投诉的理由是"以旧当新"销售。真实的情况可能是产品在运输途中发生碰撞摩擦有划痕引起客户的不满，也可能是竞争对手的恶意中伤，但事情已经发生，我们能够做的就是积极应对和处理。因为是稳定了3年的Best Seller，日出300单左右，Listing被下架时，FBA仓库中的货品还有19000多个。因为是低价产品，当时的库存总成本在8万元左右。我们发了申诉邮件，同时还提交了补开的采购发票，但最终还是因为发票不符合要求而导致申诉失败。

接下来该怎样处理呢？按照常规流程，我们要将FBA仓库中的剩余库存做撤仓处理，找一家海外仓协助检查并换标，然后创建一条新的Listing，重新发货入仓。但在核算撤仓成本的过程中我们发现，面对这8万元成本的货，撤仓、换标、重新发货至FBA仓库的成本大概需要9万元，这就形成了非常尴尬的局面：如果不做撤仓、换标处理而选择直接弃置，还要额外向亚马逊支付一笔弃置费；而如果撤仓、换标，成本也不低，几乎等于重新直接发一批新货了。权衡利弊之后，我们选择了翻新Listing，翻新之后，原本积累的3000多个产品Review没有了，只有一条全新的没有任何产品Review的Listing和19000多个库存。

我提醒同事，要放下包袱，也不要被困在昔日的荣光里，要有归零的心态，不要为丢失了一个Best Seller而伤心，而要为有19000多个现成的库存而开心，用良好的心态来重新打造。

直接说结果吧！88天之后，我们重新将这款产品打造成了Best Seller。截至我写下这个案例，这款产品依然是Best Seller，稳定出单，稳定为店铺带来利润。

回顾两次将这款产品打造成Best Seller的经历，我得出以下结论：

（1）对于店铺中重点打造的热门爆款，一定要定期准备采购发票，以应对不时之需。现在，我们在打造一款产品时，要么开一对一采购完整发票，要么每隔3个月左右专门开一张与平时单次发货数量匹配的发票。

（2）在产品品质的把控上，一定不能放松。一个爆款可以稳定销售多年，但如果产品品质不稳定，总是被投诉，则会对运营打造的持续性造成非常糟糕的影响。

（3）如果有糟糕的情况发生，我们要能够和敢于接受沉没成本，要以归零的心态来应对，而不要陷于消极情绪不能自拔。无论在什么情况下，打造一款产品都需要轻装上阵。

（4）自信加策略才能成就爆款。我们运营团队打造过很多爆款，在运营技术和策略上有成功的经验，但仅靠经验是不够的，打造一个爆款，还要有自信才行。在第二次打造本案例中的这款产品时，我提醒同事，这款产品原本就是Best Seller，这一次的打造，还是要冲着Best Seller来，一定要把Best Seller拿下来。同事也有足够的信心，用88天实现了目标。

通过上述案例可以看出，每一款产品的打造过程都不尽相同，但每一个卖家都是冲着爆款来的，只要牢固掌握螺旋式爆款打造的逻辑、节奏和细节，并且在运营中灵活运用，就一定能够一步步靠近自己期望的目标。

20

·····第 20 讲·····

爆款打造案例（1）：7 个月
沉淀成爆款

在讲述螺旋式爆款打造的模型和节奏时我强调过，在螺旋式爆款打造过程中，调价要以销量增长、排名上升为依据，以3~7天或7~15天作为每一次涨价的节奏参考，但是不是每款产品的打造都要僵化地固守这样的节奏呢？不尽然。

因为把一款产品打造成爆款属于生意、商业的范畴。小到卖煎饼果子的生意，大到开发一个需要数年规划和执行的商业项目，都属于复杂系统，而解决复杂系统的问题没有标准答案和绝对的流程。在很大程度上，我们需要领悟其逻辑，甚至有可能要面对"只可意会，不可言传"的局面。对应地，组装一辆汽车，制造一个飞船，这都属于简单系统，因为在制造的过程中虽然需要成千上万个零件以及几千道工序，但每个零件的应用、每道工序的操作都是有标准的，按照标准完成即可实现预期的效果。而做生意不同，没有标准流程可直接照搬。我讲述的螺旋式爆款打造的模型和节奏也仅仅是给大家提供一个产品打造的参考，每一款产品的打造节奏和结果往往会因为客观条件以及卖家自身的思考和操作而各不相同。

接下来，我们来看一个真实的案例，感受一下看似只是做了简单操作，但结果却极致完美的螺旋式爆款打造过程。

我们孵化营的一位学员，因为执行力强，在我要求学员注册账号时，他一次性准备了4套资料，注册了4个账号；在我要求大家先选50款产品再进行淘汰筛选时，他一次性选了大概400款产品来筛选。因为初选的产品数量多，最终筛选出可做的产品自然也就多了。几番筛选之后，最终他确定下来要做的产品有10款左右，有了这么多产品，自然就要分别发布在不同的店铺里同步运营了。因为时间和精力有限，他对其中一个店铺的运营做了简化处理，只发布了一款产品并发货到FBA仓库。他的想法是，如果这款产品打造成功，那么自然是开心的；如果打造不太成功，哪怕只是陆陆续续地出一些订单，店铺处于持续出单和运营的状态，"养一养店铺也是好的"。

因为选择的是拿货成本只有10元左右的低价产品，而新店铺的可用仓容又被亚马逊系统限定为1000，考虑到成本不高、风险不大，他就直接一次性发了1000个货到FBA仓库。又因为当时他已经有其他店铺的产品在运营中，这个店铺产品的打造就不那么急迫，他选择了最便宜的海运慢船方式发货，这就节省了不少运输成本。还有一点是，在选品阶段，他按照我讲课时强调的"田忌赛马"的选品策略，选择了"刚刚好"的中等质量的产品，而没有刻意追求"最好质量"的产品，这就确保了和同行竞品相比，他在采购成本上占得优势。

发货40天后，货物入仓上架了，开始打造。因为采购成本比同行竞品的低，物流成本也优化到了行业最低，所以他的盈亏平衡点价格就相当低了。同行竞品最低售价为$6.99，Best Seller（第1名）的售价更是高达$9.99，而他卖$5.20就可以做到不亏。因为是新品上架，Listing没有产品评论，也没有权重积累，怎样才能快速出单呢？唯有价格优势才能成为唯一优势。为了形成竞争优势，他按照我在孵化营课程中强调的"将初始售价定在盈亏平衡点价格或上下浮动$1.00"的原则，把价格设置在$4.99；同时，按照我强调的开始打造时要低价并配之以广告，以实现"广告导入流量，低价带动转化"的目的，同步开启了一个自动型广告。因为按照他的想法，这个店铺产品不是他当前重点打造的产品，于是在广告方面也相当保守，仅仅设置了每天$5.00的预算。基于上述打造的思考，产品上架之后呈现的状况是，盈亏平衡点价格为$5.20，而他设置的售价是$4.99，同时开启了一个自动型广告，预算是每天$5.00。

效果如何呢？

　　凭借着价格优势，产品上架第二天就开始出单，随后，订单数量在波动中逐步上升，BSR排名也开始上升。在这个过程中，因为库存数量足够多，他就没有急于涨价；因为广告预算少，他也没有对广告做什么调整，等于维持原状，持续观察。什么动作都没做，销量却在逐步增长，销售到第二个月，因为动销率不错，他的FBA仓容被打开，从1000变成了3000。他开始安排补货，依然选择海运慢船，只不过这次的补货数量既参考了可用仓容数量，又评估了自己的可用资金和下一阶段的预期销量，几方面要素汇总。因为对销量增长有信心，同时在资金方面也没问题，他按照当时的可用仓容数量，直接补货2000多个。他自己的说法是，"因为采购量大了，又和供应商砍了砍价格，同时发货数量多了，物流费用也便宜了，总成本又降低了一点儿"。

　　销售进入第三个月，销量基本稳定在每天50单左右，BSR排名也进入前20名。但到此时，他也仅仅是略提售价，提到$5.49的价格，广告预算依然是每天$5.00。这样算下来，产品已经略有利润了，同时因为价格比同行卖家的低，竞争力依然明显，销量和排名都保持着稳中有升的节奏。

　　直接说结果吧！7个月后，这位学员的Listing已经成为Best Seller（第1名），原来的第1名被挤到了第5名左右。拿到Best Seller之后，他开始分多次涨价，最终把价格稳定在$8.99。成了Best Seller，这款产品的销量基本上稳定在每天出300多单，而在$8.99的售价下，单个产品的利润也在$3.00以上，这款产品每天可以稳定地为其带来$1000.00的利润。

　　这位学员给我分享他打造的成果时，我能感受到他那溢于言表的喜悦。对于我们每个卖家来说，这不正是我们追求的目标吗？

　　复盘这个卖家打造产品的过程，我们能够感受到，他采用的依然是螺旋式爆款打造，只不过他基于自己的实际情况和良好的心态，把整个节奏放慢了。因为节奏上的慢，让低价阶段的价格优势更加明显，也让Listing权重沉淀得更牢固。在长达7个多月的时间里，他凭借"纯低价+长时间"的策略，一步步夯实基础，最终取得了预期的效果。

　　所以，正如我前面所讲，爆款打造是一个完整的生意过程，是一个复杂系统，每个卖家对每款产品的打造都无法完全相同，只有吸收了螺旋式爆款打造的模型和节奏中的内容、要点和细节，再结合不同产品的实际情况，有针对性地制定运营动作，才能真正地把螺旋式爆款打造法用好。

在日常和很多卖家交流的过程中，我了解到有些卖家之所以打造爆款失败，往往败在一个"急"字上。

他们僵化地守着时间——3天，提价，结果是订单量急剧下降，甚至没单了。我虽然在螺旋式爆款打造模型中提到以3天做参考，但如果在这过去的3天里，你的销量没有增长，BSR排名没有上升，Listing权重没有上升，提价的意义何在呢？

还有一些卖家，长期没有销量，参考螺旋式爆款打造模型，把价格调低，效果立竿见影，一天居然出10多单，于是立刻大幅涨价，然后又没单了。他们很困惑：为什么价格这么敏感呢？俗话说"三代才能培养出一个贵族"，凭什么你的Listing可以仅靠一天的销量增长就一路走上快车道？

运营上的"急"，反映的是格局上的"小"。缺少运营的大局观，缺少长远的眼光，运营也必然遭遇重重困难而无法破局。

我经常提醒孵化营的学员，在问题层面上解决问题，问题往往难以得到解决，只有跳出问题看问题，站在更高的层面上看问题，问题才会迎刃而解，也不再是问题了。

这有点儿哲学的意味了。如果我们缺少大局观，缺少站在更高的维度看问题的视角，那么想在运营上有突破，很难。困住我们运营无法突破的，不是竞争对手更低的价格和更猛烈的广告，而是我们对运营的理解太少、太浅，是我们的认知不够深、不够高，是我们只在看似勤奋努力地研究运营的"术"，而缺少对运营的"道"的思考和理解。

如果你也处在这样一种困境里，我希望你能够记住一句话："有道无术，术尚可求也；有术无道，止于术。"

运营的"术"是对运营的技巧、方法、经验的学习和总结，运营的"道"则是对生意和商业的逻辑的思考，对人性的理解和揣摩。当你有了这层意识，开始试着去寻找和探索更高维度的内容时，你的运营大局观就形成了，你所期望的运营效果也自然会出现。

21

·····第 21 讲·····

爆款打造案例（2）：逐步分化竞品
优势，最终抢得 Best Seller

　　如果你在开始打造一款产品时，竞品已经遥遥领先，其长达一年甚至数年稳居BSR第1名，那么该如何打造产品才能抢占其市场和排名呢？

　　方法很简单：多轮螺旋+持久战。

　　我们曾经有过这样一番打造的经历。因为竞品比我们的产品上架早，我们开始打造时，竞品已经稳居BSR第1名，销量和利润都很可观。从我们开始打造的那一刻起，我对这款产品的定位就是要把Best Seller抢下来。起步时，按照螺旋式爆款打造的基本步骤，我们把售价定在比竞品便宜$20.00的位置进行浮动调整。竞品的售价是$80.00，因为产品售价较高，利润空间较大，即便我们的定价比竞品低$20.00，也依然有利润。这样的定价策略，是与高单价产品在螺旋式爆款打造中"售价要有竞争力，同时要有利润"的原则相契合的。

　　产品上架后，我们同步开启了站内广告。因为我对产品的销售预期有信心，又因为产品单价高、利润高，所以在广告的设置上，我们采取了"自动型广告+手动型广告"同步推动的策略，为每个广告活动分别设置了$30.00的预算。为自动型广告设置的广告竞价是$1.20，手动型广告是针对六七个核心关键词进行投放的，广告竞价也在$1.20左右。这样的广告竞价不足以让广告位冲在首页顶部，但我对广告的态度是看数据和转化，而不刻意追求首页的广告位。在我看来，只要广告预算花完，广告的转化率达到10%以上，广告表现就是可接受的。

虽然两个广告活动的目的都是为了获取订单，但我对它们的诉求还是有差异的。自动型广告更常展示在竞品的详情页，因此更便于形成站内关联流量，而手动的关键词定位型广告更便于推高关键词的自然排名，实现关键词上首页，或者关键词自然排名上升到搜索结果靠前的页面。

实践证明，运营的目的达到了。广告转化不错，销量也在"广告导入流量，低价带动转化"的运营策略下逐步上升，一个月左右，BSR排名基本稳定在20名上下，而且在这个过程中，我们还逐步提高了售价。当时的状况是，扣除广告费用，产品已经稳定盈利。

但我的目标是Best Seller，排名稳定在20名上下，每天一点点利润，不足以满足我对这款产品的期望。在运营上，我一直坚持一个观点：没有量的利润，没有价值。所以，我们要继续往上冲。

我们分析了竞争对手的运营策略，在可观察的数据中，我们知道竞争对手主要靠7天秒杀来稳定自己的头部地位。竞品Listing是2个子体组合的变体Listing，竞品除了日常的广告投放，常规运营策略是2个子体轮番参加7天秒杀活动。比如这个月，A子体参加一次7天秒杀活动，下个月，B子体再参加一次7天秒杀活动。而每次竞品参加7天秒杀活动时，我们的Listing都会受到影响，从而导致销量和排名的下滑。

知己知彼，才能百战不殆。针对竞争对手的运营手法，我们有针对性地制定了打造策略：①增加子体，以变体应对变体；②在竞品参加秒杀活动期间，我们拿出一个子体采取低价策略，以比竞品更低的定价来稳定销量，抢夺市场份额；③在竞品秒杀活动结束后的第二周，我们同样拿出一个子体参加7天秒杀活动，以进一步抢夺市场份额。

凭借上述策略，我们观察到的情况是，竞品在参加7天秒杀活动期间，销量受到一定程度的抑制，虽然小类目排名依然是Best Seller，但大类目排名不再像之前那样能够一步步上升了。而在我们自己参加7天秒杀活动期间，我们的产品销量上升了，竞品的销量和排名又有所下降。经过几个月的有针对性的交锋，我们和竞争对手的差距越来越小，半年之后，我们拿下这个类目的Best Seller，竞争对手也接受了自己丢失第1名的事实。

在打造爆款的过程中，我们的产品价格总在时高时低地波动，但一步步接近竞品的售价。当我们的产品成为Best Seller之后，其售价已经和竞品持平了。现在，我们占据了最大的市场份额，产品售价在同行卖家中是相对偏高的，无论是单个产品的利润，还是每天、每月的总利润，都相当可观。

我知道，现在有很多卖家在盯着我们的Listing，在想尽办法抢夺我们的市场份额，但经过多年的运营和竞争，我们已经习惯了。没有哪一款产品的市场是我们无中生有拓荒出来的，我们打造过的每一款产品的市场份额也都是从别的卖家手中抢过来的，我们面对的是一个开放的市场，竞争是常态。不同的卖家，因为运营思路和运营视角的不同，爆款打造方法也千差万别，最终能够打造成功并站在BSR第1名的终究是少数。

走在运营的路上，我们每个卖家都需要不断学习、积累和沉淀，我分享自己的打造思路和案例，对于大家来说，也仅仅作为参考而已。诚如我反复强调的，亚马逊运营是一个复杂体系，每一款产品的打造都可能不同，也不可能有标准答案。但如果你能够通过我分享的打造经验，总结出适合自己的打造方法，并最终在亚马逊上赚到钱，那么你的运营之路会越走越宽广。

22

·····第 22 讲·····

爆款打造案例（3）：专业人做专业事，成就爆款更容易

　　阿正是我们孵化营第26期的学员，作为"95后"的年轻创业者，他有着纯真、腼腆的一面，也有着在自己爱好的领域里执着、专注的特质。他给我留下深刻印象的一幕发生在孵化营开营时学员自我介绍的环节。当时，他的自我介绍是："大家好！我叫阿正，平时喜欢汽车，也喜欢研究汽车，如果哪位同学想对自己的爱车做DIY改装，可以找我。"

　　在3个月的学习期间，阿正课后找我请教的次数并不多，让我印象最深刻的是在选品阶段，他曾经询问过能否只垂直于汽配类目进行选品，我给出了肯定的回答。随后，他的选品和打造也就围绕于此。

　　课程结束之后，在学员群里，我注意到阿正成了活跃分子，每次有学员聊到自己在运营中的困惑和问题时，阿正总能给出一些比较有效的建议，而且很多次在解答其他学员的提问时，他总能引述我在课堂上、直播分享中以及文章中讲过的某些观点，甚至能够做到原话复述，还不忘备注一句"魏老师讲过"。在阿正和其他学员的交流互动中，我感受到了他对课程内容的牢固掌握和灵活运用能力。

　　当然，如果仅仅是会背课文而没有取得运营上的成绩，则还不足以让我将他作为案例写进本书中。我在此讲述他的案例，是缘于他在运营上的成功。截至

2023年6月（我写作本书时），他依然是一个人在运营两个店铺，每个月盈利在15万元上下。

虽然这不是一个大卖家案例，但可以给很多刚进入亚马逊的卖家提供一种发展的可能路径。在阿正的经历和成绩中，有哪些是我们可以学习和参考的呢？通过和他的交流和进行深挖，我总结出以下几点。

一、专业度是一个卖家实现盈利的基础和关键所在

正如前文所讲，阿正因为对汽车的热爱，把汽配行业作为自己的选品方向，自身的专业度也就成了他运营成功的加分项。

做过亚马逊的卖家都知道，亚马逊运营讲究"七分在选品，三分靠运营"，选品的好坏是决定成功与否的关键。也正因为此，卖家在交流时一般不会谈论自己所运营的具体产品。对于普通卖家来说，这是忌讳。但是对于一个专业度足够高的卖家来说，则可能是另外一种局面——即便告诉你我做的产品，你也搞不定。

阿正曾在学员群里分享自己的产品图片，并感慨"又选了一个绝对刚需且偏冷门的好产品"。群里很多学员的反应是，"这是什么？这是做什么用的？"一个摆在普通卖家面前却没有人能看懂的产品，专业度成了门槛。

也许有些卖家读到这里会感慨，自己没有熟悉的类目和产品，该怎么办呢？即便如此，你也无须恐慌。对于一个卖家或者创业者来说，最重要的是培养自己的成长型思维，没有谁对所有事物天生就懂，遇到问题的时候就是自己成长的机会。当我们遇到问题时，必须要有学习并解决问题的心态。现在没有自己熟悉的品类，不要紧，可以选择自己感兴趣的类目去了解和学习。关注一个类目，开始时是陌生的，第一个月是学习期，第二个月应该对其足够熟悉，到了第三个月，就应该成为这个类目的行家里手——要有这样的心态，也要有这样的行动力。进入一个类目，要有舍我其谁的霸气，唯有这样，才能凭借自己的专业度发掘普通卖家看不到的产品和机会。在运营和创业的路上，最忌讳的是在一个领域里混了很多年，却没有一个点是精通的，这类"老而不熟"的卖家注定无法做好需要靠专业度才能赚钱的生意。

培养专业度，就是培养自己赚钱的能力。

二、专注度决定效率，精深好过宽泛，要想赚到钱，就要有"1厘米宽，100公里深"的坚守

专业度是赚钱的关键，专注度则决定着效率，很多卖家在运营中都高估了自己的精力和能力，总想同时多线作战，结果是铺了很多货，却鲜有成功的。就拿阿正的案例来说，从学习之初决定做汽配类目，阿正就一直沉在这个类目里深挖，不被其他看上去很好的机会所诱惑。

因为专注，他对产品、消费者、应用场景和供应链有了深度和全面的思考，在不影响产品质量和使用体验的前提下，他有针对性地对产品做了优化调整，比如把原本铁材质的部件改为合金部件，生产工艺更简单，重量轻了，成本也下降了，在销售端有了更大的竞争力和利润空间。

美团王兴曾说，有些人为了逃避思考，宁愿做任何事。但要想在运营上达到赚钱的目的，你必须足够专注且持续深度思考才行。想喝水，与其挖1000个坑，不如挖1口井；想赚钱，就要坚持在1厘米宽的领域里，深挖100公里。

三、学习力和行动力决定成长速度

在孵化营的学员群里，阿正在热心解答其他学员的提问时最常说的一句话是"魏老师讲过"。是的，每次他这样说时，都在引述我在课堂上讲过的某个观点或操作技巧。那为什么明明我几次三番强调的方法和技巧，却一次又一次地成为困住某些学员运营的难题呢？原因在于学习力。

在课堂上我总是提醒学员，要想学好一门功课或一项技术，你必须反复听、反复学才行。我们总说熟能生巧，那怎样才能达到"熟"？记住它。唯有记住的东西才能真正熟悉，记不住的，你连操作的可能性都没有，又怎么可能在稍纵即逝的机会出现时恰当使用？

我要求每一位学员都应该认认真真地把课程内容听3遍以上，如果够用心，最好把讲到的每一个方法、技巧、案例和思维视角都背诵下来。但能够这般做的学员真不多，阿正算是为数不多的其中一个。我提醒他们，如果你在学习上对自己不够狠，社会对你就会足够狠；如果你在学习和成长上足够狠，社会对你就会

很温柔。有些人听到这些话时甚至都不会打一个激灵。很多人因为缺少学习力，一直陷入那些早已被别人验证过并得出结论的困局里无法自救。

除学习力之外，行动力也至关重要。

阿正是温州人，在孵化营学习之后就回老家创业了。我们再一次见面是他来深圳参观汽配展，顺道来看看我。他说来给领他入门的我汇报一下自己的进展。见到他时，是2023年2月，他说自己刚刚又打造出了两个Best Seller，其中一款产品因为偏冷门，一上架就有盈利，仅仅一周就冲到了Best Seller；另一款产品每天稳定出50多单，单品一个月有5万元左右的利润。他说选品时，自己一直遵守着"刚需、偏冷门"的原则。这是我在课程中反复强调的内容，很多学员学完即忘，阿正却一直在坚守，在实际运营中验证，并且取得了很好的成绩。

为了更好地感知市场，阿正专程从温州到深圳来参观展会。参观完展会之后，他给我发信息，说在展会上，他和其中的一个供应商第一次见面，利用课堂上我讲过的谈判技巧和供应商沟通后，对方同意给他延长账期了。和供应商的谈判技巧压根不是我讲课的重点，只是简单带过而已，说者无心，听者却有意，我又一次被阿正的学习力所震撼。

接触的学员和卖家越多，我的感触就越深。进入一个行业的时间点固然重要，但进入之后，学习力和行动力才是决定一个人成长速度的关键。有些人虽然做亚马逊多年，但一直处于"混"的状态，不学习，不精进，最终把自己熬成了"老而不熟"的亚马逊卖家，浪费了时间，消耗了精力，有的只是满腹抱怨，"一年不如一年"。而对于那些善于学习和行动的卖家，比如阿正来说，必然是芝麻开花节节高，一年好过一年。

爆款打造案例（4）：高单价产品讲策略，同样快速成爆款

我们再来看一个高单价产品采用螺旋式爆款打造的案例。

这个卖家找到我咨询时，其店铺已经由代运营机构操盘了一年多，亏损超过170万元。卖家在气愤中收回了店铺自己运营，但因为没有系统学习过亚马逊运营，缺少系统化思维和全局视角，在运营中也只能停留在东一榔头西一棒槌的简单操作上。每天有很高的广告投入，却只有些许订单，同时，FBA仓库和海外仓滞留的大量库存更加重了他内心的焦虑。下面我们结合几张图来看一下他的详细数据。

从图23-1中可以看到，这个卖家的产品售价偏高，客单价为$106.59。在图中显示的34天（2023/2/1—2023/3/6）里，累计销量为122个，日均只有3.5单。

从图23-2中可以看到，在$12,683.97的销售额中，有$11,080.11来自广告，广告带来的销售占比太高，高达约87%。

从图23-3中可以看到，这个卖家的转化率太低了，只有4.23%。

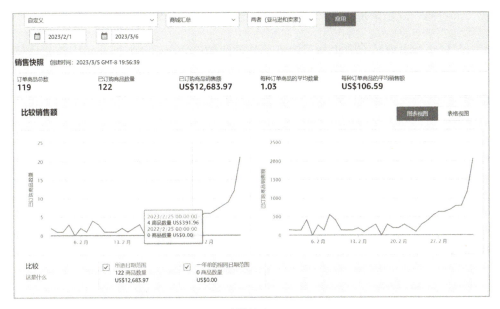

图23-1

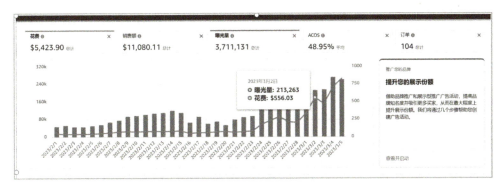

图23-2

单商品的平额	每种订单商品的平均销售额 - B2B	每种订单商品的平均数量	每种订单商品的平均数量 - B2B	平均销售价格	平均销售价格 - B2B	会话次数总计	会话次数总计 - B2B	订单商品会话百分比	订单商品会话百分比 - B2B	平均报价数量
2.29	US$146.98	1.02	1.5	US$110.56	US$97.99	2,565	25	2.5%	8%	8
9.95	US$130.65	1.04	1.33	US$96.45	US$97.99	1,299	17	4.23%	17.65%	6

图23-3

　　我相信，你在通读本书的过程中对运营已经有了几点基本印象：一是一款产品的打造不能太依赖广告，否则将很难实现盈利；二是产品售价高往往是导致销量低、转化率低和订单数量少的关键因素；三是在运营过程中必须具备"算总账"的思维，必须把握价格、广告、销量等要素之间的平衡。

在与这个卖家的交流中我了解到，当前他的FBA仓库和海外仓的库存累计超过4000个，通过核算成本、头程物流费和亚马逊FBA费用等，他的盈亏平衡点价格在$60.00以内。同时，我又搜索查看了同类竞品的价格，发现有几个相对知名的品牌，其同类产品的售价也仅仅在$47.99和$54.99之间。

根据这个卖家提供的信息，同时基于对其销售情况的分析，我谈了对其运营现状的看法，进而提出了几点运营建议。我的看法如图23-4所示。

> 从订单数量和广告来看：
> 日均大概 3 单，广告订单占比过大，转化率太低
> 而对于这类产品，要么是在意品牌，要么是价格敏感型的顾客。所以，很明显，在你的产品品牌还不够有说服力的情况下，就要让自己的价格有说服力，太多的广告投入，然后高售价，等于把消费者当傻子，消费者不会为广告买单，消费者会为便宜而买单。
>
> 广告方面：
> 广告组太多，广告花费太高，广告总预算设置太高，这种设置不太合理；
> 如果是我调整的话，我会选择把广告降低至 200 美金以内，然后，把节省出来的广告预算，直接按照订单数量，平均让渡到单价上，订单数量和转化率就都会起来。随着订单数量起来，再逐步提价，就可以实现销量、利润、投资回报率的提升。

图23-4

在运营上，我提出了三点建议：①网上销售，卖产品就是卖图片和文案，高单价产品尤其如此，必须优化先行。由于当前的图片质感很差，所以要重新拍图，优化好产品图片和文案。②既然盈亏平衡点价格低于$60.00，而当前又没什么销量，那么当前的策略应该以激活和拉升销量为主。在所有的运营策略中，有竞争力的价格是激活销量的最有效手段。所以，应当把价格直接调低至$59.99，然后观察销量的变化。在随后的运营中，根据销量的变化再做调整。③在之前的运营中，广告投入太高，投入产出比又太差，"在错误的方向上，停止前进就是前进"。所以，在广告上要控制，应当把广告预算从每天$750.00直接降低至每天$200.00。

这个卖家根据我的建议做了上述三个方面的调整。同时，为了弥补运营上的不足，他加入了我们的孵化营，全面系统地学习亚马逊运营的方法和技巧。

一个月后，我询问其运营的进展情况，这个卖家很开心地告诉我，每天已经可以出40单左右，稳定实现盈利了。我通过搜索查看，发现他的这条Listing在小

类目节点下的BSR排名为第6名，售价也参考我在螺旋式爆款打造模型中的"小步慢跑"策略逐步涨至$69.00，如图23-5所示。

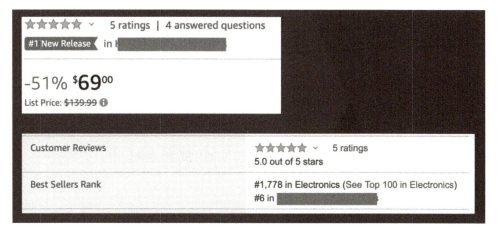

图23-5

在指导这个卖家的过程中，我提醒他做了什么呢？

第一，完善基本功。我在给他的建议中强调要优化Listing，就是要确保在基本功上不拖后腿。对于每一个卖家来说，都应该清晰地意识到，网上销售，卖产品就是卖图片和文案。如果图片没质感、不吸引人，文案不流畅，甚至漏洞百出，即便产品再好，也很难卖得好。

第二，做相对全面的竞品分析。我提醒他要特别关注偏低价的竞品，也要正视自己的价格，要根据自己的成本和竞品的价格来定价。同时，我并没有建议他不计成本地设置为行业最低价，而是考虑"具有相对竞争力"即可。这样的价格设置能否确定地把销量冲起来？还真不能。因为运营是做生意，所有的生意都是一个复杂系统，而对于复杂系统来说，不可能有标准量化的动作和步骤，我们只能从逻辑上推演，然后根据实际进行调整。有竞争力的价格可以在概率上提高消费者下单的可能性，但效果需要以实际表现为准。

第三，用全局观看待运营中的具体问题。在咨询我之前，这个卖家的销售主要来自广告，但太高的售价影响了广告转化率。结果是，虽然广告成本巨大，但并没有产生多少订单。同时，这个卖家也被禁锢在"如果不开启广告或降低广告投入，岂不是更没有订单"的困惑中，只能持续开启广告，进而持续亏损。我的建议，其实是把这个卖家的视角从"广告可以带来流量，有流量才能有订单"的思维提升到了运营全局观，变成了"广告可以带来流量，但如果广告投入产出比不高，则必须要控制广告成本，同时，价格的高低会影响广告转化率、Listing权重和订单数量，相对来说，后者更重要"。该卖家通过对多个要素的综合平衡，实现了订单的飞跃。

在日常运营中，经常有卖家询问高单价产品是否适合螺旋式爆款打造，我总是提醒他们，螺旋式爆款打造是一套商业思维，并不局限于产品单价的高低，只不过每一款产品的打造各有其不同点，需要因产品而异。学习螺旋式爆款打造，核心是要领悟其逻辑和精神，然后，在运营实践中做到灵活运用。

24

······第 24 讲······

一个小卖家样本：单品日出百单，单个盈利 2.4 美元，广告 ACOS 仅仅 6.01%

我收到学员的喜讯，详细内容如图24-1所示。

图24-1

作为一个小成本运营的新卖家，在当前很多人看衰亚马逊的情况下取得这样的业绩，确实可喜可贺，也着实不易。

因为是孵化营刚毕业不久的学员，所以对于他的选品和运营，我还是比较了解的。

在选品上，这位学员基本上遵循着"低价、刚需、轻小"的原则。虽然很多老卖家总会诚挚地建议，"不要做低价产品，因为竞争激烈，没利润"，如此等等，但说实话，让一个刚入行的卖家一开始就选高单价产品、开私模，就好比让一个刚拿到驾照的新手司机开快车，还顺便来一个漂移。这想起来固然美好，但做亏、做残的概率很高。

在孵化营的课堂上，我总是提醒学员，只要是创业，不管是开早餐店，还是做亚马逊卖家，便都存在风险，都要面临九死一生的过程。而无论何时，风险与能力都是成反比的，能力越大，风险则越小。如果当下你的能力有限，则应该选择一个自己有能力掌控的产品或项目，这样就等于变相地放大了自己的能力。

对于一个新（小）卖家来说，能力相对偏弱，在这种情况下，选择低单价的产品去尝试，风险会小很多，成功的概率也会高很多——即便真的失败了，损失也可控。

在运营上，我给大家的建议和要求是要极致地精细化运营。首先要控制好各种成本，在保障质量的前提下，最大可能地把成本降到最低，就可以极大地提高自己成功的概率。我们可以通过和供应商、物流商沟通，想办法优化上游供应链，同时尽量争取延长账期，合理化搭配头程物流渠道等，通过一系列操作来降低成本，确保自己更具成本优势。只有这样，才能确保自己在爆款打造的过程中具有竞争力。然后，用有竞争力的价格，配之以少量的广告推动，确保销量从少到多，一步步上升。

同时，在打造的整个过程中，我们还要时刻关注竞争对手，要把大量的时间和精力放在研究与学习竞争对手这件事上——"要关心你的竞争对手，因为他们会'抢'你的钱"，反过来也成立。如果你对竞争对手的操作足够熟悉，那么自然可以抢得更多的市场份额，自然可以"抢"竞争对手的钱。

一段文字写起来简单，一个运营的思路也可以在几分钟内用几句话讲一个大概，但真正用到实际中，绝对是需要付出大量的心力和努力的。

我很高兴，这位学员按照孵化营课程的内容做了，并且取得了不错的成绩。

在另一个层面，在这位学员发给我的广告数据截图中，可以看到他的广告ACOS只有6.01%（如图24-2所示）。低竞价、低预算、低花费，却获得了很高的转化率、很低的ACOS、很高的投入产出比，不知道要让那些动辄每天上千美元的广告投放，结果却是有销量没利润的卖家多尴尬。

				筛选条件 ∨		隐藏图表	列 ∨	日期范围 - 2022年7月13日 - 2022年7月13日	
曝光量 ⓘ	点击次数 ⓘ	点击率 (CTR) ⓘ	▲ 花费 ⓘ	单次点击成本 (CP(	订单 ⓘ		销售额 ⓘ		ACOS ⓘ
9,659	21	-	$7.20	$0.34	10		$119.85		6.01%
9,659	21	0.22%	$7.20	$0.34	10		$119.85		6.01%

图24-2

也许有人会问，这位学员是怎么实现"有销量、有利润、广告花费少、转化好、投入产出比高"的呢？

其实很简单，选品以市场为导向，确保产品是消费者认可的，有市场容量的，同时要选择偏冷门的产品，不要选择竞争太激烈的红海产品，而且尽量避开和大卖家的正面交锋，降低在运营中遭遇竞争对手恶意攻击的风险。

选品之后，把Listing优化做到位。谨记，网上销售，卖产品就是卖图片和文案。还有一点，就是要做好成本把控，确保自己具备成本竞争优势。

有了上述要素打底，在运营打造中，参考螺旋式爆款打造模型中所讲的，设置有竞争力的价格，配之以适当的广告进行引流，"广告导入流量，低价带动转化"。在订单数量增长的同时，转化率还高于同行竞品，Listing 的权重自然就提升了。在Listing权重提升、销量增长、BSR排名上升的过程中，一个好的运营成果就诞生了。

可惜的是，很多卖家宁可不计成本推广告，也要守着不肯降低一分钱的价格。很多时候我在想，你是把消费者当傻子，还是自己太愚蠢？

25

····第 25 讲····

爆款精品运营的另一种启发:"我把店铺卖了 300 万美元"

有学员把自己的亚马逊店铺卖了,卖了300万美元。带着阶段性成功的喜悦,这位学员过来找我聊天,谈了自己这几年运营的收获和感想。

这位学员是2016年开始接触亚马逊的,2017—2019年基本上是在摸索中前进的,真正稳定上升是在2019年之后。在接下来的三年里,虽然也屡有波折,但整体是稳定上升的。

在出售交割前的12个月里,这位学员大概做到了350万美元的销售额,有超过400万元人民币的利润。这位学员的店铺是一个夫妻店,其中一人负责运营,一人负责采购和品检。有了这样的收入,生活也过得很滋润。

这位学员出售的店铺是什么样的呢?

店铺里有五六个SKU,而真正卖得好的也就一个产品两个款式而已。但也正是这样一个极致精品化的店铺,吸引了资本市场的注意力,经过收购方的全方位评估之后,顺利地成交了。

整个交易过程买卖双方都很满意。收购方对这个标的的优秀感到开心,这位学员通过出售店铺实现了快速变现,回笼了资金,为下一步的继续发展做了一个很好的铺垫。同时,也算是对自己过去几年辛苦的一个回报。

在这几年的运营中，他们夫妻二人虽然忙碌，遇到问题时也会偶有焦虑，但整体来看，这位学员感慨，"最大的感受就是充实而自由"。

是的，这是大多数做精品运营的亚马逊卖家的普遍感受。

在运营中，这位学员没有做过刷单、测评、"黑科技"等任何违规操作，就是踏踏实实一步步向前，遵守亚马逊平台的规则，学习白帽玩法，遇到好的、有效的方法和技巧，就实践应用于自己的运营中；每天关注竞争对手，分析广告数据，优化调整广告设置，根据库存数量、好评差评和成本的变化适时地调整价格等，几乎每个动作都是稍有经验的卖家所知悉的，但他做得更用心一些。也正因为此，他的账号业绩也在一步步上升，最终成为很多收购方关注的标的。

我问这位学员，在运营上最大的感受是什么？

"运营虽然会有很多小挫折，但整体并没有那么难，而最关键的是，相比其他行业，比如传统的外贸行业（这位学员之前是做外贸的）或线下实体，亚马逊运营会更轻松一点儿。"

之后有什么打算呢？

"有了前期的经验和资金，我们已经在做新的选品，并计划重新打造一两个店铺出来。"

对新店铺的打造会有什么不同吗？

"运营的方法和经验自然是要复制的，但我相信在打造新店铺时会比以前更从容。"

是的，人都是在经历之中逐步成长起来的。在经历之前，隔着一层纸也会误以为隔着一座山，而在经历之后，即便隔着一座山，也不会觉得路途遥远。

在和收购方打交道的过程中，最大的感受是什么呢？

"家庭小作坊式经营和标准化团队作战还是有鲜明区别的，在这次谈判交割的过程中，之前自己没有意识到的很多细节，都被收购方指了出来。

"比如，之前在运营中只是做了美国站，而收购方提醒，其实在其他站点和多平台同样大有可为；之前只是关注站内流量，而收购方的筹划是在随后的运营中拓展流量渠道，如自媒体的引流和聚粉；之前是两个人干完所有的活，而收购方是多团队分工作战，如运营是一个团队，采购+品检是一个团队，站内广告投放和数据分析是一个团队，站外引流和聚粉是一个团队，这些团队分工合作，服务于他们收购的多个品牌。如此一来，效率会得到大幅提升，而单位成本也会随之降低。"

这位学员说，通过半年多与收购方的接触、洽谈，到最后交割，自己有了很多新思考，也有了更宽广的运营视野。

这，大概就是成长的意义。

对于每一个卖家来说，我们都要在当下付出足够的努力，才能在成长的路上遇见更好的自己。

26

·····第 26 讲·····

案例思考：做好螺旋式爆款
打造所必需的全局观

关于螺旋式爆款打造，我在本书前面的螺旋式爆款打造的模型和细节中已经讲得很详细了，在日常写的博客文章中，我也从不同的视角做了阐述。在文章和分享中，我一直强调，螺旋式爆款打造不是我的独创，而是普通商业逻辑在亚马逊运营中的一种体现，而我刚好作为一个略有经验的亚马逊卖家将其总结呈现出来，如此而已。

虽然我通过很多文章和分享将其传播出去，并且在很多成功案例上也得到了验证，但还是有很多卖家因为理解的浅薄或者操作的偏差，不得要领，在实践中没有得到理想的结果，因此对此方法颇有质疑。接下来，我们就通过案例拆解，来看看在螺旋式爆款打造中应该注意哪些事项和细节，以及应该具备怎样的系统化思考和运营全局观。

案例情况：一位学员选了一款产品，以6PCS的组合来销售，按照他自己的核算，盈亏平衡点价格大概为$8.00。根据这位学员的记录，他首先设置了$6.99的售价，同步开启了站内广告，运行了两周，每天大概出5单；在广告方面，在这两周里，他根据广告表现，参考CPC价格，逐步降低了广告的竞价和预算，从每天$20.00降低到每天$15.00；经过两周的运营，他发现销量没有提升，于是开始下调售价，调至$5.99，同时把广告预算提高至每天$30.00，订单数量开始上升，达到15单/天；接着，他按照3天调整一次价格的节奏，逐步提价，经过几次提价之后，售价达到$7.29，每天出10单左右。现在，这位学员的产品库存数量是140个。让这位学员困惑的是，之前的打造是亏损的，接下来该怎么做？

针对这位学员打造的全过程，我带着他做了一个完整的复盘。

一、产品组合选择

当听到这位学员说盈亏平衡点价格是$8.00的时候，我很诧异。根据我对亚马逊整个成本结构的了解，他的盈亏平衡点价格应该在$6.00左右。

带着疑问，我和这位学员进行了分析和讨论，得到的结论是，导致盈亏平衡点价格高的原因之一是产品组合有问题。

这位学员选择了6PCS的组合进行销售，而在竞品中，只有2PCS、3PCS、4PCS的组合。数量少的组合，相应地，拿货成本和FBA费用会更低，盈亏平衡点价格也会低一些。

从消费者端来看，按照常规使用，2PCS已经可以满足消费者的日常需求了，6PCS的组合反而显得冗余。

所以，对于这位学员来说，看似用数量组合的方式形成了差异化，但其结果却是自己的成本变高了，失去了竞争优势。

当然，需要提醒的是，不同产品的特性不同，在进行产品分析、市场调研和竞品分析时，分析的细节也不尽相同，但有一点是确定的，那就是一定要采用"田忌赛马"的选品策略和组合策略，让自己占得优势。

二、广告层面

这位学员在前两周的打造中，守着$6.99的价格来回调整广告的竞价和预算等。稍有运营经验的卖家都知道，广告是需要养的，在短时间内高频调整完全没必要，既得不到有效的经验，又会因为反复调整伤害了广告权重的沉淀。

我的运营经验是，在广告数据太少、广告运行时间太短的情况下，不动就是最佳策略。

在孵化营的课堂上，无论是对广告投放还是对爆款打造的过程，我都经常提醒学员，"给它时间，让它成长"，时间的沉淀本身就是力量。但要想领悟这句话的真谛，似乎也需要个人认知的提升和能力的升级。

三、售价方面

在螺旋式爆款打造模型中，我给出的建议是，螺旋启动价应该是"最大可能下的盈亏平衡点价格，或者上下浮动$1.00"。在设置了价格之后，在广告的推动下，观察销量和排名的变化。

在这个价格下，如果销量被激活，开始逐步上升，那么就以这个价格为起点，随着销量和排名的上升，以"小步慢跑"的方式逐步提价；但如果这个价格虽然可以产生订单，但订单数量不多，比如像案例中这位学员的情况，"每天稳定出5单"，这时就要再做一个动作：观察竞品的情况。

如果竞品的价格普遍高于自己的产品价格，则可以试着逐步提价之后再降价，这样操作是为了通过价格震荡来激活权重；但如果有多个竞品的价格低于自己的产品价格，则要反思自己的成本结构，要么适当调低价格，要么观察并记录这些低价竞品的打造逻辑和节奏，把成功的案例复制到自己的打造中。

案例中的这位学员在观察竞品、反思并做出应对的方面有所欠缺。

运营打造爆款的过程，绝对是一个既要"低头拉车"又要"抬头看路"的过程，"低头拉车"看自己，"抬头看路"盯竞品，二者缺一不可。

四、运营中的平衡策略和算总账

谈及运营，我总是强调，卖家一定要学会算总账，把握好运营各要素之间的平衡，但很多卖家并没有意识到这一点的重要性。

我们经常用"只见树木，不见森林"来形容某个人只看到局部而看不到全局的情况，亚马逊运营也是如此。如果缺少全局观和系统化思考，则在局部的努力往往会失效，至少是事倍功半。

算总账思维和平衡思维在这个案例中该如何实践呢？

我跟这位学员讲：现在你的产品售价是$7.29，一天可以产生10个订单，广告花费是每天$30.00，平均每个订单的广告成本是$3.00，那么我们来做一个假设，如果把广告花费减少一部分，比如把广告预算从每天$30.00降低到每天$20.00，把省下来的这$10.00成本让渡到单价上，将售价从$7.29调整成$6.29，有没有可能依然可以产生10个订单或者更多？如果依然可以产生10个订单，那么效果和之前的等同；但如果产生了10个以上的订单，那么从订单数量的角度来看，新方案就比之前的方案优秀。

运营的每一次调整，其实都是在假设的基础上进行的试验。如果验证成功，则继续前行；如果验证失败，则重新调整方案。只有具备这样的思考视角，才算有了算总账的思维。

五、店铺中的产品布局

在给孵化营学员上课的过程中，我反复提醒他们，要利用好这3个月的学习+实操的时间，按照课程要求选出5款产品并发货到FBA仓库。在这5款产品中，即使只有一两款产品打造成功，你的运营也就正式上路了。但如果只有一款产品，还抱着试一试的态度，想着等这款产品打造好之后再推第二款，那么大概率是会失败的，即便成功了，从一款产品中总结和学习到的经验也是有限的。

我这么建议和推动，但仍然有很多学员岿然不动。这和我反复提醒的"面对任何一个领域，如果自己是新手，如果有幸能够找到带自己的老师，那么一定要做到'简单、听话、照着做'"截然相反。

怎么说呢？有些人总是待在自己固有的循环里，既不满意，又不走出来。

27

····第 27 讲····

案例拆解：关于价格、优化和广告的运营建议

有学员过来请教，让我帮忙诊断一下店铺，给一些运营建议。

这位学员的运营状况是，产品上架20天左右，总销量大概是30个，日均不到2单。

我询问：当前的售价和盈亏平衡点价格分别是多少呢？

这位学员说：售价是\$23.99，盈亏平衡点价格大概是\$17.99。

这位学员还说自己设置了20%的优惠券。

我提醒：优惠券没有直接低价有效。

这是我在孵化营的课程中反复提醒的，在本书中也曾多次强调。

为什么需要反复提醒呢？

因为每天在解答各种运营问题时，我遇见过太多这样的卖家，他们设置了很高的价格，然后设置一个优惠券。虽然实际成交的价格确实不高，但都不怎么出单。他们这样设置的思考是，优惠券可以有独立的流量入口和更高的点击率，而使用优惠券之后的价格又确实比竞品的价格低，有竞争力。

这样的思考看似合理，却忽略了基本的商业逻辑。

基本的商业逻辑是什么呢？

在产品销售过程中，要在第一时间给客户传递最直观的不带转弯的关键信息，以此来打动消费者，促成成交。

比如价格便宜的产品，就要在第一时间以最简单的方式呈现价格信息，而不是给出七拐八绕、这样那样的折扣。

以$23.99的售价再加上20%的优惠券，实际成交价格也只有$18.59。根据很多卖家打造的经验来看，直接设置$18.59的价格能够带来更多的订单，产生更高的转化率。

结合上述分析，再参考我在螺旋式爆款打造模型中讲的螺旋启动价可以定在"盈亏平衡点价格或者上下浮动$1.00"的策略，我给这位学员的建议是，直接将价格设置为$17.99，同时关闭优惠券。这样设置的原因是，当前每天的订单太少，还是应该以快速出单、激活销量为首要目标，价格低一点儿，出单的概率会提高，而这样的定价贴近盈亏平衡点，无论出单多少，损失都不会太大。这样设置之后，如果订单数量快速增长，则等于我们以价格优势在较短的时间内换取了更大的销量上升。

给了价格设置的建议后，我接着看了这位学员的Listing。毕竟，网上销售，卖产品就是卖图片和文案。如果对于这些Listing没做好基本功，那么再好的打造预期也可能落空。

为了让学员对Listing优化的重要性有一个较深刻的印象，在孵化营的课程中我还特意强调，消费者在网购的过程中，买的其实是基于产品图片、文案、评论、价格等要素所形成的一种对产品的想象。所以，一个优秀的有主见的卖家，首先要给自己定位为造梦师，要通过Listing文案为消费者创造一种对产品的美好想象，只有这样，才能有更好的成交。

在这位学员的Listing中，我发现了以下几个问题。

第一，作为2PCS批量销售的产品，这位学员把数量词放在了标题中最后的位置。

虽然很多卖家都会有意识地把最核心的关键词放在标题中尽量靠前的位置，但根据多年的运营经验来看，一个好的标题，阅读的体验感和对重要卖点的强调必不可少，而且它们对销售的作用也功不可没。一个批量销售型的产品，最重要的卖点往往就是数量词，在标题的前半部分写出数量词，可以让消费者在第一时间感受到将价格平摊到单个产品上的便宜，能够减少消费者在购买过程中产生的犹豫，有效提高转化率。正是基于此，在孵化营的课程中我反复提醒，对于批量销售型的产品，一定要当仁不让地把数量词放在标题的前半部分。

第二，在标题中，这位学员只使用了产品关键词的复数形式，没有写单数形式。

关于产品关键词，虽然从算法上看单复数形式是等同的，但只要你稍微留心就会发现，使用同一关键词的单数和复数形式搜索出来的结果是不完全相同的。这就意味着，如果在标题中只写了复数形式，而消费者搜索的关键词是单数形式，那么你的Listing就有可能没有被展示出来，或者展示靠后。这对于卖家来说，则意味着错失了一部分潜在客户。也正是基于此，我给学员的建议是，在撰写Listing标题时，尽量单复数形式相结合，将其恰当地分布于标题的不同位置。

第三，美感修饰词靠后，不够明显，对消费者的吸引力和冲击力不够强。

美感修饰词虽然不参与搜索，但会影响成交。美感修饰词可以起到种心锚的作用，影响消费者的阅读体验和直观感受，进而会直接影响成交率的高低。在可能的情况下，一定要在标题中靠前的位置包含美感修饰词。

我接着查看了这位学员的广告数据。

该学员设置了三个广告活动：

- 自动型广告，竞价$0.70，预算$5.00。
- 手动的词组匹配型广告，竞价$1.00，预算$10.00。
- 手动的精准匹配型广告，竞价$2.60，预算$20.00。

从转化率来看，手动的精准匹配型广告的表现是最好的，但它的CPC价格也是最高的，$2.60的单次点击成本很明显和产品售价不太匹配，也没法实现盈利。

我提醒这位学员，这样的广告设置策略，和我上课时讲的策略完全相悖。

在孵化营的课程中我提醒学员，如果产品是刚需产品，并且自己的广告预算有限，那么将广告预算设置为$30.00 ~ $50.00，开启一个自动型广告就可以了。这种策略看似简单，甚至显得无为，却是基于大量卖家的广告数据总结出来的最简化、最高效的策略。

这位学员的三个广告活动的总预算是$35.00，确实不高，也符合我的建议，但将这不多的预算拆分到三个广告活动中，就显得有点分散了。对于站内广告的投放，在广告预算不多的情况下，更应该秉持"聚焦好于分散"的理念，集中于一个广告活动的投放。

在孵化营的课堂上讲到手动型广告的三种匹配方式时，我总是提醒学员，如果想要流量，则可以选择广泛匹配；如果广告预算多，想实现关键词快速上首页，则可以选择精准匹配且给出较高的广告竞价；而词组匹配是广泛匹配的缩小版，属于"鸡肋"，基本上可以不用。这位学员凭着自己原生态的想法选择了词组匹配，从广告数据来看，效果并不好。

当讨论到自动型广告和手动型广告的预算分配时，这位学员说自己的自动型广告的表现并没有手动型广告的表现好。我提醒他：如果你把自动型广告的竞价同样提高到$2.60，那么它的转化率也会有非常大的概率比现在的高。

很多卖家习惯性地想让自己的广告抢首页顶部，我个人的看法是，有多大能力办多大的事，有多少广告预算做多大的盘子，你只有区区$30.00的预算，为了上首页，设置了$3.00左右的竞价，即便冲上了首页又能怎么样呢？能展示多久？又能有几次点击呢？

运营需要理性思考，需要以投入产出比高为目标。如果自己是一个没有多少广告预算的小卖家，那么何必非要上首页？野心虽大，但口袋干瘪，那就应该收一收心，找一个合适的位置更好。

另外，无论是哪种广告形式，影响其转化效果的还有一个重要因素，就是价格。比如案例中的这位学员，他的Listing评论只有两个，产品售价偏高，Listing优化也一般，广告的效果自然不会太好。但如果反过来，在Listing优化到位的情况下，即便是没有评论的新Listing，只要产品售价有竞争力，再配之以适当的广告，也同样可以带来不错的转化率。这就是我在螺旋式爆款打造中反复强调的："广告导入流量，低价带动转化"。

在解答一些卖家的问题时，总有卖家询问：抛开价格不谈，你能教教我怎样打造出爆款吗？

不能，我真不会！

28

关于在螺旋式爆款打造中提价导致
销量下滑，你要有这些思考

有学员询问：魏老师，我认同您关于打造时使用螺旋的观点，但在实际操作中也发现一种情况，由于系统对价格特别敏感，一旦涨价，流量就大幅减少，销量也就下来了，该怎么解决呢？

确实。涨价会导致销量下滑，BSR排名下降，但这种情况不是现在才有的，在我总结出螺旋式爆款打造法以前就一直存在。这不仅仅因为受到亚马逊算法的影响，还包括人性层面的反映。低价时多买点，涨价了少买点，价格再高就不买了，谁又不是这样呢？哪个生意业态中不是这样呢？

正是因为涨价会导致销量下滑，很多卖家在对这套方法不够熟悉的情况下操作，打造一款产品到中途而停止，就误以为螺旋式爆款打造不行了。但我想说的是，我们的运营团队在打造一款产品时，螺旋式爆款打造依然是主要手段，我辅导的孵化营学员在打造产品的过程中，采用的也依然是螺旋式爆款打造。确实会有卖家打造失败，也确实会有一些产品使用螺旋式爆款打造效果不明显，但相对于其他方法，螺旋式爆款打造依然是投入最少、见效最快、最具普适性的一种方法。

如果你足够用心，则可以借助像卖家精灵这样的插件工具去查看BSR中

Listing的价格、销量和排名走势，你会震惊地发现，有太多的Listing其打造走势就是对螺旋式爆款打造法的完美诠释。

顺便说一句，如果你在做选品和竞品分析时想获取更全面的亚马逊平台数据，或者想验证某个竞品在打造过程中是否采用了螺旋式爆款打造，那么你都可以通过卖家精灵插件来观察。需要注册和使用卖家精灵工具的读者，可以在注册时输入我为本书读者和粉丝争取到的专属折扣码：YSH90、YSH85、YSH78、YSH72，在注册付款链接时直接输入折扣码即可享受专属折扣。详细如下：YSH90，包月享9折；YSH85，包季享8.5折；YSH78，多人版包年享7.8折；YSH72，单人版包年享7.2折。另外，卖家精灵的老用户在续费时，同样可以输入此折扣码享受续费折扣！

关于在螺旋过程中提价导致销量下滑进而排名下降这种情况的应对，我想大家要梳理清楚的是：什么叫螺旋？在日常接触到的螺旋状的物体和模型中，我们都可以清楚地看到，螺旋体的不同边必然呈现一边高一边低的状态，也就是说，一边高一边低才叫螺旋；什么是螺旋上升呢？在高低交叉之间当前的表现比之前的好，以后的表现也会比现在的好，这就是螺旋上升。

很多卖家玩不转螺旋式爆款打造，或者半途而废，原因就在于他们的期望是一轮低价拉升就能一飞冲天，甚至有卖家一天的低价实现了从零单到15单的突破，第二天就大幅涨价，结果是只出了2单，于是开始绝望和抱怨，螺旋怎么波动这么大呢？换句话说，在短时间内提价那么快，一次性涨价那么多，怎么可能不波动？！

常言道，"三代才能培养出一个贵族"，强调的就是代际传承中沉淀的作用。我在螺旋式爆款打造模型中反复强调一个爆款的成功需要多轮螺旋，同时也是在强调沉淀的作用，但是很多卖家却期望自己的产品凭借一天的低价就成为Best Seller，这自然是脱离实际的奢望。如果真能这样，你觉得对现有的Best Seller公平吗？！

说到底，螺旋的要义在于步步为营，逐步前进；需要在耐心的基础上，有策略地推进。

对于螺旋式爆款打造，我在本书中强调了很多细节和节奏的把握。在线下孵化营的课程中，我的讲法是，"在多轮螺旋中，保持一步步前进即可，要以周为单位做对比，只要这一周比上一周表现好一些，就符合我们对螺旋式爆款打造的预期"。但如果你期望一周就能见奇效，那么真不太可能。

在螺旋式爆款打造的过程中，我们还应该理解以下几点。

一、低价的目的是为了激活和拉升销量

你去观察一下，在当前亚马逊持续打击刷单、测评的情况下，有多少卖家是守着"和同行一样"的价格却压根不出单的。而对于不出单的卖家来说，表面上看似乎不亏损，但一些卖家经不住煎熬忍不住火中取栗刷单，还有一些卖家因为认知和运营技能有限，去拼命开启广告，"一天$300.00起"，而现实却是销售额抵不上广告费用，亏到惨不忍睹。上述几种操作导致的结果往往是，长期持续不出单的卖家要支付高昂的仓储费、长期仓储费和超容费，刷单的死了账号，而烧广告的账号余额永远是负数，这些都是不能让人满意的状况。相对来说，在低价的基础上，配之以适量的广告，实现快速出单和销量上升，比其他方式成本更可控，投入产出比更高。

这里需要强调的是，我讲的低价是指"相比同行，有竞争力的价格"，但绝对不意味着无底线的亏损。我们在制定价格时，会充分考虑成本，会首先考虑"盈亏平衡点"这个价格。

还需要提醒的是，我们的盈亏平衡点价格和你的盈亏平衡点价格还真的不一样。如果成本不极致优化，成本都已经高到天际了，那么盈亏平衡点价格自然毫无竞争优势。我在成本方面的把控，包括选品时的"田忌赛马"策略、安全前提下的"极简化包装"、对FBA发货尺寸的精准把控、对头程物流的合理组合以降低物流成本、对办公成本的控制、人均效能的提升等，哪一条所涵盖的细节拆解出来不是一门课的学问？很多普通卖家不曾意识到的细节都是我们在梳理、紧扣和把控的要素，你觉得自己凭什么在不够专业、不够专注、不够用心的情况下还能成功？

二、关于"适量的广告"

我的建议是一款产品，一天的广告总预算要控制在$30.00~$50.00，即使点爆了，也不增加。因为在产出不能保证的前提下，广告投入可能会成为最大的亏损点。仅仅这句话，就值得多少阅读至此的卖家琢磨和反思半天了。然而，那些一

天广告预算超过$200.00，亏到吃不消的卖家即便读到这里，也仅仅是读一句就飘过而已。

缺少反思，无知而勤奋，才是运营路上最大的坑。

三、关于"小幅度涨价"

涨价是以销量上升为目的的。很多卖家设置低价一两天，销量还没上升，就匆匆地把价格提起来。原因是，"每天出3单，每单亏1元，亏损难受，心里发慌"。提价之后呢？没单了，于是开启了$300.00的广告，出了10单，心里更慌了。我一直强调，"运营是一道算术题，运营讲究算总账"。关于这个话题，我在本书中也有专门章节讲述，但很多卖家就是读不懂，也想不明白。

做好生意不需要多高的智商，想明白基本的常识即可。但是很多人真的连常识都想不明白。关于这一点，我们真得认真想一想。

四、关于涨价后销量和排名的下降

我们试想，对于很多卖家来说，如果不设置一个"和同行对比更有竞争力的价格"，则可能压根不会有销量，没有销量，自然也就无从谈所谓的运营了，还浪费了时间，消耗了运营的信心。靠广告？有多少卖家不是"投入一辆奥迪，卖出一辆奥拓"？当然，这种明显的投入产出比不高的情况也不可持续。反倒是可以通过低价拉升，比如把排名拉到BSR的50名，小幅涨价，排名下降到了80名，下降确实不会让人开心，但比不低价没销量要好吧？比靠烧广告把账号余额烧成负值要好吧？稳定一段时间，再来一轮低价拉升，排名冲到了30名，涨价，排名掉下来到50名，比上一轮有长进吧？很多时候都是经过多轮的拉升，冲到了BSR排名的头部，回头看时，才明白了一切。

29

第 29 讲

在爆款打造中至少要把握两个
维度：价格和时间

有卖家反馈：魏老师，您在文章和分享中曾经多次强调，站内广告已经成为当前运营的标配，但我想和您分享一下我自己的运营经验，我的店铺里有多款产品，没有投放广告，现在也都打造起来了，其中一款还成为Best Seller。

我询问：你的产品打造周期是多长呢？在打造过程中价格和竞品相比怎么样？

这个卖家回答：从开始到有起色用了两三个月，刚开始时一天出2单左右，卖了一段时间，有了产品评论，订单量也开始逐步上升。在价格方面，刚开始打造时是比竞争对手低一些的。

对于这个卖家反馈的情况，我当然相信是真的。凭着价格优势，再配之以耐心和时间，一步步打造成为爆款，这也是基于螺旋式爆款打造模型做出的个例调整。

无论是打造一个爆款，还是做一门生意，开始时你真的要有两方面的坚持和执着：一是比同行更有竞争力的价格；二是与时间做朋友，在时间的加持下沉淀。

名创优品创始人叶国富先生在总结名创优品的经验时说："同样的价格品质更好，同样的品质价格更低。"相信逛过名创优品的人应该都有这种体验，而性价比这个武器也正是名创优品作为线下实体门店取得成功的秘诀之一。

市场的竞争，尤其是电商市场的竞争，几乎是透明的，你的产品比别人的贵，就意味着在很大程度上你卖不动或者卖不好。

当然，也经常有一些卖家质疑：Best Seller不是售价挺高的吗？他的产品售价比我的高那么多，还卖得那么好，这不是和你上面说的相悖吗？

我完全同意这种质疑。

而且，我们自己的打造实践也是同样的。被打造成为Best Seller的Listing往往都会成为我们店铺里利润率最高的产品。

但需要注意的是它们之间的逻辑关系。几乎所有的Best Seller，都是在成为Best Seller之后逐步涨价至你现在看到的高价、高利润的模样的，可以说，几乎没有一款产品是因为价格高而成为Best Seller的。

创业也好，运营一个店铺也罢，我们要把基本的逻辑理顺。有时候，我们看到的一些看似关联的事物，有些可能是因果关系，有些可能是相关关系，但有些只是先后关系而已，你不能把先后关系和相关关系当作必然的因果关系。

这一讲开头提到的卖家一开始设置了比竞品低一点儿的价格，然后有了订单，走的就是以价换量的螺旋式爆款打造路线。

再来说说时间这个维度。

为什么我一开始就询问这个卖家设置的价格和打造的时间周期呢？原因很简单，广告是运营的加速器，没有了加速器，就需要用更长的时间来沉淀，一定要与时间做朋友，爆款打造不可能一蹴而就。在给孵化营的学员上课时，我总是反复强调一句话，"给它时间，让它成长"。很多事情，需要在时间的加持下才能变成传奇的模样。

从这个卖家的讲述中我们了解到，他的产品从上架到有起色，用了两三个月的时间。但现实中，我经常遇到的是另一种情况，"产品上周上架了，不出单，该怎么办呢？""一款产品上架了一个月，零星出几单，是不是该清货呢？"如此等等。

　　对于有类似于这样心态的卖家，如果你问他们：你的Listing优化做得怎么样？你关注和分析竞争对手了吗？他们往往会一脸茫然。既不分析竞争对手和市场，也不懂得怎样的Listing呈现才是美的和好的，而且还没有耐心，那凭什么他们能把爆款打造起来？！

　　所以，有一句形容生活的话用来形容运营也挺合适的：

　　"幸福的生活是相似的，不幸的生活各有各的不幸。"

　　打造爆款成功的卖家是相似的，不成功的卖家却各有各的不足。

30

……第 30 讲……

在打造爆款时，必须关注三个方面：行业、竞品和自己

有学员反映自己的情况：售价$8.99的产品，每天的广告投入是$750.00，广告订单和自然订单总共有140~150个，其中有一半订单来自广告，广告的ACOS在50%左右，BSR排名在10名和15名之间。这位学员的困惑是，广告支出太大，投入产出比不高，虽然每天销量不少，销售额看起来也挺多的，但核算下来却是亏损的。他虽然焦虑，但不知道该如何调整。

我让他发ASIN码给我看看。打开链接，我瞬间惊出一身冷汗。

这位学员的产品是3C电子类的，这是绝对的血海类目（红海中的红海，竞争最激烈）。这位学员的产品详情页面上赫然有多个其他卖家同样组合的竞品，评论数量多，价格也低，普遍定价在$6.89~$8.99。再看这位学员的Listing，图片还算可以，但标题中连标点符号都不规范，反映出写Listing的基本功不够硬。

我不知道你在阅读上面这段我的观察和记录时会有什么感受，但我期望你能够看到在查看他的产品过程中我的三层思考：行业、竞品和自己。

（1）关注行业。行业是势。有时候，仅仅是对行业/类目的选择，就决定了打造之路是坎坷的还是平坦的。就3C电子类目来说，我给孵化营学员的建议是，如果没有自己的工厂（哪怕是自己亲兄弟的工厂也不行），则尽量不碰这个类目的

产品。为什么呢？选择大于努力。如果选择一个竞争已经是一片血海的类目，那么打造产品的过程要么事倍功半，要么最终割肉离场。对于新卖家、小卖家、资金实力弱的卖家来说，尤其如此。而3C电子类目正是红海中的红海，血海之最。

（2）**关注竞品**。从竞品分析层面来说，每款产品从选品到上架，以及运营中的每一天，竞品分析指标都应该是我们必须关注的。竞争对手是老师，筛选出一批竞争对手，分析竞品Listing的每个细节以及运营调整的一举一动，你的运营功力也会在细致的竞品分析和学习中日渐提升。但现实中，我问过很多卖家，"你的竞争对手是谁？"他们的回答往往是，"这？我没关注。"那你凭什么能做好？！

（3）**关注自己**。看看自己的Listing文案怎么样、图片怎么样、关键词覆盖是否够多……很多卖家总觉得在关注自己这一层面做得够多了，"Listing我已经优化了3次！""我几乎每周都会优化一次Listing！"这是关注自己吗？是，又不是。在不知道Listing优化基本标准的前提下，再多的调整也称不上"优化"，甚至还会因为调整过于频繁而导致Listing权重持续下降。所以，对于Listing优化，首先要学习其基本规范，其次要观摩和参考优秀竞品，从格式到内容全面把握，才能够形成一条相对优秀的Listing。

像本节案例中的这位学员，其Listing的标点符号都不规范，很明显地反映出他要么是粗心大意，要么是压根就不知道规范是什么。很多时候，在建议一些卖家读读我的《增长飞轮：亚马逊跨境电商运营精要》补补运营的基本功时，总有卖家说，"看书太累""我不喜欢看书"，等等。是的，如果你觉得亏钱不痛的话，读书学习确实是有点累的。

在给这位学员的解答中，我提出了如下建议。

- 日出150个订单，广告花费是$750.00，如果把广告成本均摊在价格上，则相当于一个订单要付出$5.00的广告成本。换一个角度思考，假设直接在单价上降低$5.00，售价就会足够低，然后只开启一点点的广告来引流，凭借低价会不会也能够日出150个订单，甚至更多呢？

- 再做一个假设：如果没有降价$5.00，而是降低了$4.00，以现在的售价为参考，降价后的售价是$4.99，然后开启$50.00的广告引流，能否一天出

150个订单呢？如果能，这种假设情况的效果是不是比实际现状要好很
多呢？

以上假设，其实都是在用"运营是一道算术题，运营讲究算总账"思维做推
演，而一旦想通了上述假设，理解了运营的算总账逻辑，运营的实际效果就一定
会有很大的改善。

庆幸的是，过了一段时间，这位学员给我反馈，他按照我的建议做了调整，
降低了广告竞价和广告预算，也略微降低了产品售价，广告成本降低了，订单却
更多了。该学员表示感谢，我也觉得很欣慰。

很多时候，经常会有一些卖家质疑：你写文章、写书、分享自己的经验，难
道不怕其他卖家学会后，抢了你们运营团队的市场份额吗？

对于分享，我一贯的观点是，分享一个经验给他人，自己并不会因此而减少
什么，反倒会对自己的经验有了更全面且细致的观察和思考。分享者，会因为分
享而对自己所分享的内容掌握得更牢固，就像在此刻，我利用闲暇时间写这本书
时，看到了更完整的螺旋式爆款打造法一样。

31

·····第 31 讲·····

运营就要聚焦当下打爆款，
关注未来多上货

有学员过来拜访，讲述其当前的运营状况：有两款产品在售，月销售额为2万多美元，利润为2万元~3万元人民币。从开始参加孵化营学习到现在，不到一年的时间，如果减去学习的3个月，实际运营时间只有半年左右，这位学员对自己的运营状况还算满意。

这一点我是理解的。

上课时我也经常提醒学员，对于一个新卖家来说，最关键也最难熬的时期就是实现店铺月盈利2万元之前的这段时间。月盈利达到2万元以上，虽然距离成功还很远，但已经具备了从兼职转成专职的条件，心态也会发生变化，从徘徊到坚定。否则，若没有盈利，甚至亏损，那么一个人的内心将是慌乱的，运营的节奏也必然是杂乱甚至错乱的。

谈到下一步的运营方向，我给这位学员的建议是多上产品。

虽然亚马逊讲究精细化运营，但这位学员的店铺里现在只有两款产品，即便已经实现了相对稳定的销量和利润，产品也太少了，利润也太少了。

我提醒这位学员：像当前你的这个店铺，你每天几乎没有什么可以忙碌的。两款产品在线，不需要天天补货，也不需要天天改差评，广告数据虽然需要看一看，优化一下，但也不需要天天调整。如果不做选品，那么你每天几乎没什么事可做，但又不能不做事，于是假装忙碌一下，优化一下Listing的文案、关键词、图片，结果会怎么样呢？表现已经稳定，不调整还好，调整了，反而可能导致销量不如之前了。

店铺里产品太少，很多卖家都会进入这样的状态，想忙，却又无从忙起。说白了，每天就是守着时间，换一种稍微宽心的状态混日子而已。这一点利润，饿不死，但也活不好。

在我看来，当一个店铺达到每个月可以相对稳定地有2万元左右的利润时，一定要做两个方面的动作：一是多上产品，产品多一些更容易拉动销售额和利润；二是启动新店铺，做多店铺布局。

先来说多上产品。

刚才已经分析过，如果只有两款产品在线，那么真的没什么可忙的。在店铺有利润的基础上，要想实现销售额和利润额的进一步上升，多上产品是必需的步骤。多一款产品在线，一天多出十几单、几十单，一个月下来，销售额起来了，利润也会随之逐步增加。

很多卖家之所以不多上产品，一方面是因为个人的惰性，另一方面是因为对运营的误解。虽然亚马逊讲究"精品化选品，精细化运营"，但在店铺里没有一定数量的产品作为基础的情况下固守着"做精品"，其实也是一种懒惰和懈怠。

我给这位学员的建议是，无论如何，店铺里先上10款产品再说。有这样一句话：所谓的人生观，是需要经历过一段人生，体察过人间冷暖之后才能形成的；所谓的世界观，是走过世界的很多个角落才能逐步形成的。而对于亚马逊卖家来说，要想精准把握细节且能够全面系统地理解亚马逊运营的方法和技巧并将其应用好，也是需要经过多款产品打造过程的洗礼的。

经历过10款或者更多产品的打造过程，一定会有成功的，也一定会有打造失败的体验。对于打造失败的产品，只要亏损在可承受的范围之内，淘汰掉就是了；而对于打造成功的产品，则保留下来，一步步将其培养成为店铺里的稳定盈利款和爆款，成为店铺里销量和利润的顶梁柱。

所以，当店铺里的产品数量尚未达到10款时，千万别谈精品化。在这个阶段，一定要记得，量大是制胜的关键。

每一款产品的打造都不相同，对于有些卖家来说，一款产品打造成功，尚不足以说明自己的运营方法和技巧厉害，有可能是捡了漏，只是侥幸而已。要想总结出一套相对系统的运营方法，必须经过多款产品打造的历练才行。

这位学员问：如果多款产品同时上线，该如何利用新品流量扶持呢？

我回答：忘了这回事。

在我看来，新品流量扶持纯粹是一个伪概念，至少这是一个不需要太在意的模块。如果刚好赶上了，那么就利用起来；如果错过了，只要确保自己的成本有优势、价格有优势，把Listing优化做到位，再配之以适当的站内广告投放和促销，任何一款产品，凭着低价启动螺旋的思路，则随时可以启动。

只有新手才讲究动作，有经验的高手往往直接切中要害，一招制胜。

那么，店铺里有多款产品同时上线，该如何运营呢？

我的建议是阶段性聚焦，选择从最容易打造的产品开始。

比如，店铺里有A、B、C三款产品同时上架，该怎么打造呢？如果同步打造，我们的时间、精力、资金、备货等未必都能够刚好满足打造过程中的高强度需求。如果对三款产品同步投入广告推广，如果对每款产品都低价螺旋打造且都刚好遭遇略亏损，那么这些广告投入和同时爆发的压力会造成我们内心的焦虑甚至崩溃，心态不稳定，运营的动作必然变形，最后的结果往往就是运营中断甚至失败。所以，我的建议是选择从最容易打造的产品开始。哪款产品是最容易打造的呢？用结果说话。假设把三款产品的价格都设置在各自的盈亏平衡点，为每款产品每天分别开启$10.00的广告（或者不开启广告也行），观察一周，若发现A产品每天出5单，B产品每天出2单，C产品只是偶尔零星出单，则说明A产品是最容易打造的，我们就应该立刻聚焦于A产品的打造。

当然，还有一种情况，产品上架后，三款产品的表现基本相同，这时该怎样选择呢？我的建议是选择自己最感兴趣的产品来打造。原因很简单。在长期的时间维度里，你终究会发现，自己最感兴趣的事情做起来才最有动力，才能给自己带来最高的产出。

很多人会说自己的兴趣是赚钱，但一个残酷的现实是，这样说的人往往也赚不到什么钱。反倒是那些因为爱好一件事，把事情做到足够好的人，最终赚到了钱。

这看似是悖论，但真的是值得我们每个人都认真琢磨的课题。我建议每一位阅读至此的读者都能够认真思考一下，自己的兴趣点在哪里，然后用一年、三年甚至更长的时间，把自己的兴趣培养成自己的专长，自然而然，你一定可以从自己的专长中取得超乎想象的成果。

以我自己为例。阅读是我的爱好，直到现在，我还保持着每天读书的习惯。在读书和创业的过程中，我把自己的体验、经验和感受写成文字分享出来。在过去的8年里，我基本上做到了每天写作，大量的写作记录过程让我对亚马逊运营这件事有了更深刻、更全面的思考。我没有想到的是，因为我的文章和书的传播，影响了很多准备做和正在做亚马逊运营的朋友们。有了大家的支持和信赖，我的线下培训课程也持续做到现在。而写文章、做分享、做培训的输出，让我对亚马逊运营的每个细节都有了更精准的理解和把握，这些经验又助力我自己的运营团队的业绩在节节高升。回头看这些年的经历，因为读书和写作的爱好，给我带来了太多不曾预期的结果。所以，在这里，我发自内心地向每一位有幸通过本书和这段文字与我们产生了人生交集的读者提醒，呵护好你的爱好，用时间、努力和付出把它打造成你的专长，它会带给你意想不到的结果。

当聚焦于一款产品的打造时，我们的时间、精力、预算才能集中，打造进度才会更快，效果立竿见影，销量快速上升。这对于每个卖家来说都是正面反馈，而只有正面反馈才能驱动我们下一步更有信心和干劲。

在运营过程中，我们基本上都会遇到一种情况：断货。

A产品断货了，该怎么办呢？断货前，涨价，赚取超额利润。即便刚开始打造时可能略有亏损，但断货前涨价带来的超额利润也可以填平这个亏损。一批货卖完，总体核算一下，居然不亏，甚至还有不小的利润。再回头看竞争对手，因为他们固守着一个所谓的有利润的价格，没出多少订单，也没有什么排名，依然停滞在底部。相对于竞争对手的无所进展，自己快速卖完货且赚了钱岂不是一件开心的事儿？！

A产品断货了，而且赚了钱。在这个阶段，如果只有一款产品在线，那么你只能停留在等待下一批货入仓上架的观望中。但如果还有产品B和产品C在线，有库存，那么你就可以快速切换聚焦点，转向B产品的打造，趁热打铁，把A产品的打造经验复制到B产品上。同时，因为每款产品的打造节奏和细节不会完全相同，这就意味着在打造B产品的过程中，你会遇到一些新问题，在解决问题的过程中，你的运营经验和技能会从不同的侧面得到进一步提升，而对于有效的方法和技巧，第二次实践又可以让你掌握得更牢固。

B产品又被卖断货，这时A产品的下一批货入仓上架了，你就可以调转头来继续打造A产品。如果B产品断货时，A产品的下一批货还没到，衔接不上，也没关系，你不是还有C产品吗？

时间没有浪费，运营的经验得到了多次重复，运营的技巧得到了快速提升，销售的业绩和利润都提升了，这就是一个店铺必须有多款产品的原因。

再来说启动新店铺，做多店铺布局。

当一个店铺有了稳定的盈利时，我的建议是启动第二个、第三个店铺，做多店铺储备和布局。毕竟，作为一个依赖平台生存的第三方卖家，我们没有办法保证一个店铺不会发生任何被关闭的风险——既然这种可能性存在，那么就应该提前布局。如果只有一个店铺，偏偏又被关闭了，这种断崖式的停顿几乎是致命打击；但如果有多个店铺在运营，无论哪个店铺因为什么原因导致被关闭，至少还有其他店铺做替补，对整个运营的发展不至于伤害太大。

以上，是我给一位从孵化营毕业半年的学员的建议，也希望对你的运营有所启发。

32

关于螺旋式爆款打造中的价格调整：有销量且有利润，价格可以维持不动

有位学员讲到他的运营状况：产品上架半个月，以有$0.60利润的价格在卖，当前产品售价是同行卖家中偏低的，销量还不太稳定，只开启了自动型广告，广告预算是每天$20.00，CPC价格是$0.65。这位学员的问题是：①销量不稳定，时高时低，BSR排名虽然整体呈上升趋势，但也时有波动，当前要不要调整价格？②广告转化不稳定，每天大概30次点击，有时只出1单，有时能够出5单，$20.00的广告预算基本上每天都能被用完，否定了两个不相关的关键词，广告报表中的其他关键词基本上都是相关的。现在不知道广告该怎么调整，是否需要增开手动型广告，或者是否需要调整广告预算和广告竞价？

关于这位学员遇到的问题，我的建议是在价格上，只要库存数量够，有利润，就不调价。

原因很简单。新品上架刚刚半个月，能够相对稳定地出单，已经比同行卖家优秀很多了，哪款产品的打造不需要时间积累？常言道，"三代才能培养出一个贵族"。我上课时也经常提醒学员，"给它时间，让它成长"，说的都是时间的价值。

很多卖家在打造产品的过程中，不出单时内心焦虑，而出了单，又急急忙忙

地涨价，一涨价，就真的不出单了。为什么呢？因为他们缺少运营大局观，太注重于眼前而疏忽了长远。

如果是微利出单，他们会觉得当前的利润太薄，所以想通过涨价来赚取更多的利润；如果是亏损出单，他们的内心会更加焦虑，在行动上就更容易挣扎了。置身事外，这些心态我们都能理解，但如果身处其中，则必须充分全面地考虑各种因素，必须假设推演各种情况及其可能产生的后果。

作为新品，如何破局、如何逆袭、如何突围，真的不是靠一点点的优势就可以成就的，必须要有足量的积累和沉淀才行。

仅仅出几个订单不行，要有足够的订单基数做支撑；短短的几天不行，要有持久战的心态给它足够的时间来沉淀；偶尔一天的高于同行卖家的转化率不行，要有持续一段时间的高于同行卖家的转化率才行。只有在时间的加持下，你的Listing权重才可能变得比同行卖家的高，你的Listing才可能进入一个更大的流量池，你才能实现这条Listing的阶层突破；否则，只能苦哈哈地守着几个微不足道的订单，死是死不了，但活也活不好。

关于广告，我也和这位学员谈了我的看法：几乎没有哪个低价产品纯靠广告跑就能做到划算的，广告的目的是引流，广告预算是投入，在运营中我们要看总订单数量，不要固守着广告这一块，产品低价还期望广告划算，几乎是不可能实现的。

很多卖家一开始就期望广告能够带来利润，谈何容易？这是缺少对商业常识的理解。简单看一下我们身边的行业，有多少是可以靠广告直接就能带来盈利的？少之又少。

对于亚马逊卖家来说，想靠广告带来利润（尤其是产品单价还低），几乎是死路一条。只有具备这一层思维，我们才能够更客观地看待广告的真实作用。

广告的作用是什么呢？为Listing导入精准流量。只有在流量相对多的基础上，Listing总订单数量的增长才成为可能；只有订单增多了，BSR排名上升了，Listing才能进入良性上升的增长飞轮循环。随着销量的增长和BSR排名的上升，亚马逊系统会为该Listing匹配越来越多的自然流量，只有获得更多的自然流量，一条Listing才有了源头活水。

很多人误解了广告的作用，以为只要广告投放多就可以产生利润，结果却是因为广告投放太多而亏损巨大，其核心就是缺少运营大局观所致，"只见树木，不见森林"。只看到运营中的一个点，却疏忽了这个"点"只是运营这个"体"中的一个要素而已。查理·芒格说："手里拿着铁锤的人，看什么都像钉子。"他把这种效应称为"铁锤人效应"。对于把站内广告等同于运营全部的卖家来说，毫无疑问，他们已经进入了"铁锤人效应"的怪圈。

那么，怎样才能培养运营大局观呢？

第一，需要大量的学习。比如我经常提醒孵化营的学员，每一节课都需要听3遍以上。虽然这样要求，但我内心真实的感受是，对于重要的内容，只听3遍是远远不够的。要想真正地掌握一项技能，你需要有"熟读百遍"的坚持，只有这样才能达到"其义自现"的结果。可这太难了。总有人问我，"有没有简单一点的方法？"据说，有些人一辈子都在问这个问题，也一辈子都处在碌碌无为之中。

第二，需要大量的行动。只拥有一款产品的打造经验是不够的，你需要经过多款产品的打造历练，并且在打造的过程中，要观察很多竞争对手，了解并熟悉其运营中的每一个动作，还要对这些细节有体察和感悟，并把这些细节应用于自己的运营实践中，培养出自己的体感。只有来自亲身实践的感悟才更有力量。很多新手的问题归结起来就是，"怎样在打造第一款产品时就让自己成为老手？"这个问题真的很荒谬。这就好比问："如何让一个第一次开车的人就能够和会漂移的赛车手一样熟练？"我们一听就知道这很荒谬，却很少意识到自己提出的问题是多么不合理。所以，要想熟练地操作运营上的事情，把握好运营的节奏，无他，多练习而已。在运营上，大量的行动才是制胜的关键。

33

······第 33 讲······

打造爆款要有前期投入，
需要提前做预算

任何生意都需要有投入才可能有产出，亚马逊运营也是如此。在计划打造一款产品前，我们会提前做出预算，计划投入多少，以及如何分配这些预算。开始运营后，我们既会参考计划来做，又会随时根据实际进行调整，确保预算被合理使用。

我观察到，很多卖家做了很多年运营却从来没有打造出一个爆款，根本原因就在于缺少投资意识，没有做预算，可能也不舍得做预算。期望一款产品上架后就能够赚钱，往往赚不到钱，或者说赚不到多少钱。如果把时间成本、机会成本等要素核算进去，即便一款产品略有盈利，整体也是不划算的。

我在做爆款打造规划时，通常都会根据产品的售价做出2万元~5万元的预算。也就是说，在打造一款产品前，我愿意为这款产品亏2万元~5万元。

具体来说，我的预算主要花费在两个方面：一是在打造初期产品售价上的亏损；二是打造中的广告预算。

在螺旋式爆款打造的模型和节奏的讲解中，你已经了解了在产品打造初期我的定价原则：盈亏平衡点价格，或者上下浮动$1.00。如果能够激活销量，那么就从此价格开始螺旋启动；如果因为竞争激烈，或者没有控制好成本而造成盈亏平衡点价格偏高，当前的售价没有竞争力，激活不了销量，那么就再试着降低$1.00，然后观察效果；同时，螺旋式爆款打造的启动价要符合"低到能够稳定出单，并且订单数量呈稳定增长趋势，BSR排名呈稳定上升趋势"。综合上述三个方面的考量，有些产品在打造初期必然会经历一个价格亏损的阶段，所以，在我的打造预算中会把这部分考虑进来。但需要强调的是，因为每款产品各不相同，定价也会有差异，所以这部分预算没有办法做到绝对量化。

在广告预算方面，我的基本规划是"每天预算是$30.00~$50.00，广告集中投放40~60天"，核算下来，广告的总预算是$1200.00~$3000.00。有些卖家可能会因为自己的背景、资金实力、打造预期等不同而做了更大的预算，但如果没有做广告预算，或者广告预算太少，比如"每天$5.00，广告开启了3天，没有带来订单，于是关闭了广告"，类似于这样毫无章法的调整，则往往达不到打造出爆款的效果。

有学员会有疑问："按照你的预算，60天之后是不是就可以关闭广告了，不再有广告支出了？"

当然不是。

参考我在螺旋式爆款打造模型中讲到的，经过60天左右的打造，一款产品可以实现销量和利润的相对稳定，排名冲到BSR的头部。在这种情况下，我们会有意识地控制广告投入，降低广告的竞价和预算，广告带来的订单减少了，同时，广告的ACOS也降低了。我们的目标是"广告的ACOS小于或等于毛利率"，在这种运营状态下广告本身就是盈利的，也就不再将广告支出计算到前期预算中了。

很多卖家在打造一款产品时，因为经验不足、阅历不够多、格局不够大，没有系统的方法论，认为产品价格一定要有利润才行，同时还要把广告成本核算进单价中。如此一来，售价很高，没有什么销量，即便单品有利润，但销量不大，整体利润也不会有多少，再考虑到广告支出，总体算下来往往是亏损的。没有量的利润，没有价值。在这一点上，我还是要提醒大家，运营必须具备全局观，必须有投资意识，必须学会算总账。前期的预算和投入是必要的，因为我们的目标是要使Listing冲到头部，冲到Best Seller。当一款产品成为Best Seller时，没有不赚钱的。

34

在螺旋式爆款打造中，如何看待所谓的"流量池"

在和很多卖家交流时，总有卖家对螺旋式爆款打造中的"螺旋"可能导致在提价过程中流量减少的情况提出异议。很多卖家关心的是，如果亚马逊按照用户画像向不同的消费者群体推送不同价位的产品，由于前期产品售价低，亚马逊系统会识别出产品定位是低端低价，亚马逊系统就会为其推送对低价产品偏好强的客户群体；但随着螺旋中产品的涨价，产品售价进入另一个价位段，而亚马逊系统对产品定位的识别依然是低端低价，如此一来，系统可能就不会给推送那么多的流量了。遇到在涨价过程中流量和销量下降的情况，该怎么处理呢？

针对这种顾虑，我们需要从以下四个角度来思考。

第一，在亚马逊的算法中，针对不同的用户画像匹配不同流量的机制有多强？

平时喜欢刷抖音的人都知道，抖音算法是基于用户的行为和偏好持续推动其感兴趣的内容的。简单理解就是，如果你平时喜欢美食，把系统推送给你的美食类视频持续看完的话，抖音系统就会随后给你推送更多的美食类视频；我女儿开心喜欢看小仓鼠，如果她拿着我的手机看上半个小时的抖音视频，在接下来的一两周里，抖音系统就会持续地给我推送仓鼠喂养类的视频；而对于跨境电商卖家来说，如果你平时把抖音当作学习跨境电商知识的渠道，你曾经搜索过跨境电商行业的视频，抖音系统就会对你进行标记，并随后持续给你推送跨境电商博主的节目，你大概也会在刷抖音的过程中看到"赢商荟老魏"的视频。抖音算法基于用户行为来推送，形成了"千人千面"的展示。

但亚马逊的算法并非如此。亚马逊基于搜索购物的基本原则，至少到目前为止并没有非常强地依据用户的偏好、兴趣、消费习惯等进行有差别的搜索结果展示。关于这一点，只需要简单测试即可获知。你可以找一些朋友，用不同的买家账号，在不同的网络环境和物理环境下用同一个关键词搜索，你会看到，这些不同账号的搜索结果几乎无差别。

如此一来，既然亚马逊针对所有买家的展示结果几乎相同，那么在运营中我们也就不需要担心"为不同的用户画像匹配不同的流量"了。

第二，亚马逊是否真的有流量池之说?

有些卖家在阅读一些分享类的文章时，会读到所谓的亚马逊针对不同价位的产品有不同的流量池这种内容，但亚马逊官方并没有针对此种情况的肯定说法。参考我在第一点中讲到的，如果不同买家用同一个关键词搜索出来的结果几乎相同，那么所谓的流量池也就是一个虚假概念。

需要提醒的是，虽然亚马逊没有明确的流量池概念，但在运营实践中我们观察到另一种现象：当用某一个关键词搜索时，在搜索结果中，系统往往不会对同一售价的产品展示太多次。怎么理解呢？如果A、B两个卖家卖同一款产品，假设这两条Listing的权重相同、售价相同，那么在搜索结果中它们一般不会被同步展示。换句话说，如果在搜索结果中展示了A的产品，那么B的产品就会被系统自动挪移到后面的页面中展示。

亚马逊系统的这种展示有点类似于我们在超市购物时看到的情况，在同一个货架上，同一排摆放的产品价格往往并不相同，有高价的也有低价的。在超市的货架上，把不同价位的产品摆放在一起是为了满足不同消费者的需求，提高销售的可能性。这种摆放规则被称为"货架理论"，在亚马逊的搜索结果中也有类似于这样的表现。

亚马逊的"货架理论"展示规律对卖家有什么提醒呢？根据我在运营中的实

践，针对同一款产品，如果我的产品和你的产品售价相同，那么我的产品被展示的概率就会降低一半；但如果我的产品售价和你的产品售价哪怕有一分钱的区别，我的产品被展示的概率也会提高。所以我的建议是，产品定价尽量和同类竞品有区别。

比如，我打算发布一款产品，但在做竞品调研时发现，竞品定价都是$17.99，那么我在定价时就会将自己的产品设置为不同的价格，如$17.98、$17.97或者$17.96等。

在我看来，相对于我们无法量化的所谓的流量池来说，根据"货架理论"而制定不同的售价对运营更有助力。

第三，在螺旋涨价的过程中，流量减少和销量下降究竟是什么原因造成的？

在化解了对流量池的困惑后，我们再来讲讲运营实践中的困境。随着螺旋式爆款打造中的涨价，为什么流量减少了，销量下降了？在我看来，这个表述应该是：在涨价的过程中，销量下降了，然后，流量减少了。

随着产品售价的提高，价格不再具有明显的竞争优势，对产品价格敏感的消费者会关注比你的产品售价更低的产品。这样带来的结果就是，你的订单数量下降了，转化率也没有之前低价时那么高了，而订单数量下降会导致BSR排名的下降，BSR排名下降带来的是亚马逊分配的自然流量减少了。同时，转化率下降会导致Listing权重的下降，从而导致系统分配的流量减少了。两相叠加，就是我们看到的运营状况：流量减少，销量下降。

所以，在螺旋涨价的过程中，销量减少并不是亚马逊机制刻意为之的，而是商业活动中涨价所带来的必然结果。这个锅，不能甩给亚马逊系统，当然，也不能成为卖家在运营中表现变差时的借口。

第四，从全局视角来看，涨价导致的销量下降真的是Listing变差了吗？

如何摆脱在螺旋式爆款打造中销量下降的困境呢？我们要具有全局视角。涨价会导致销量的下降，这是必然的规律，它就像地球引力一样恒定，焦虑于这种永远无法打破的规律并不能给我们带来实质的进展。我们需要换一个视角，当销量下降时，和自己的过去比，和同行卖家比。

在螺旋式爆款打造之前，很多卖家的产品没有销量，或者只有很少的销量。随着螺旋式爆款打造的进行，销量提升了，而在涨价的过程中销量有所下滑，但比螺旋之前还是有很大的长进的。这算不算是螺旋式爆款打造带来的提升呢？

此外，在螺旋式爆款打造的过程中，虽然随着涨价销量和BSR排名都会下降，但在螺旋之前，Listing排名靠后，销量几乎没有，而现在的销量相比之前增长不少，BSR排名也进入了头部。不要忘了，排名的每一次上升，都意味着某个竞品排名的下降。我们的每一款产品面对的都是存量市场，我们的产品表现上升时，竞争对手的产品表现下降了，这种趋势持续，可以一步步放大我们的产品在竞争中的优势，最终让我们在这个市场存活下来赚钱盈利。这算不算是一种进步？

在螺旋式爆款打造中，涨价会导致销量的下滑，这是必然。每次面对这种情况时，我希望大家都能够记得一个心理学实验：实验设计者让被实验者将两只手分别放入两个水桶中，其中一个水桶中的水温度是40摄氏度，另一个水桶里是0摄氏度的冰水混合。10分钟之后，实验设计者让被实验者同时将两只手拿出来，一同放进一个水温为20摄氏度的水桶中，此时被实验者的感受是什么呢？之前放在冰水桶中的那只手现在觉得有点烫，而之前放在40摄氏度水桶中的那只手则感觉有点冷。同样的水温，为什么给人带来不同的感受？原因就在于这两只手之前所经历的温度不同。

同样地，当你看到自己的销量下滑而感到焦虑时，不妨和打造之前做对比，和同行竞品做对比。我相信，你会感受到销量整体上升的那种"暖"。

35

····第 35 讲····

培养运营的"体感"，才能
确保运营成功

很多卖家在运营打造的过程中总是觉得自己被"困住"了，下不来，但也上不去，说打造失败吧，每天还有那么一点点的利润；说打造成功吧，每天又只有那么一点点的利润，稍微发生滞销、退货、广告转化变差等情况，立即就由盈利变成了亏损。

在与这些卖家交流的过程中，当我问道"你当前的售价是多少，当前的BSR排名怎么样，一天大概出多少个订单，单个产品的盈利有多少，竞争对手的表现如何"等问题时，得到的答复总是支支吾吾，无法详述。说白了，就是脑子里一片糨糊，对运营状况模糊不清，自然是无法高效地打造出爆款的。

在打造一款产品的过程中，我对我们的销售团队和孵化营学员的要求是，一定要通过详细记录并记住关键运营数据来培养运营的"体感"，只有这样才能够及时对运营策略进行有针对性的布局和调整，从而确保运营的成功。

什么是体感？我告诉你苹果是甜的、杏是酸的，你知道了，还能复述给别人，但这不是体感。只有你自己亲口吃过苹果和杏，亲身感受到苹果的甜和杏的酸，才是体感。

在实操中，我们通过"每日销量统计表"来培养自己对一款产品打造的运营体感，如图35-1所示。

序号	品名	Asin	类目	2023.2.20	2023.2.21	2023.2.22	2023.2.23	2023.2.24	2023.2.25	2023.2.26
1	7件套螺丝刀	B0225803TH	大类目排名							
			小类目排名							
			Rating数量							
			Rating星级							
			Review数量							
			售价							
			单个亏损/盈利							
			销量							
			单品当日亏损/盈利总额							
2	万能遥控器	B077862CH	大类目排名							
			小类目排名							
			Rating数量							
			Rating星级							
			Review数量							
			售价							
			单个亏损/盈利							
			销量							
			单品当日亏损/盈利总额							
	产品当日盈亏总额										
	昨天广告花费										
	最近30天广告总额										
	最近30天总销售额										

图35-1

在图35-1的表单中，针对正在打造的产品，我们每天都会通过亚马逊前台页面和卖家中心后台来记录这些信息。

通过前台页面，我们会统计出该产品当前的大类目排名和小类目排名，其中大类目排名代表其当前的销量表现在大类中的位置，小类目排名则代表其在同类产品中的位置。如果排名靠后，则说明上升空间很大；而如果排名进入Top 10，则说明已经接近销量的天花板。所谓的爆款打造，不就是要把一款产品的BSR排名一步步推到Best Seller吗？！

从另一个维度来讲，我们每天都会记录该产品的BSR排名。如果今天的排名相比于昨天的排名上升了，这一周的排名相比于上一周整体呈现上升趋势，则说明我们的打造取得了成绩，可喜可贺；如果销量和排名都下降了，那么我们也必然需要保持警惕和反思，思考运营出了什么状况，通过分析导致销量下降的原因，及时做出应对性调整，而不是运营已经出现异常了还不自知。

必须要说的是，在我接触的卖家群体中，有很多卖家都缺少记录，每天只是粗略地看一眼就觉得掌握了运营的全部，粗放的操作带来的后果就是销量逐步下滑，运营越来越差，赚不到钱了。而他们却把原因简单地归咎于"市场竞争激烈"。在自己没有做精细化记录之前，真不该让市场为你背锅。

在图35-1的表单中，我们还会每天记录Listing的Rating数量、Rating星级和Review数量，原因是差评会导致销量的下降。如果一条Listing在打造的过程中收到差评，则往往会导致其权重下降，进而影响其销量和BSR排名。但很多卖家并不能及时地发现自己收到的差评，因此没有及时地做出应对，从而造成差评的影响越来越大，等到销量腰斩后才发现。长时间的权重下降对一条Listing的负面影响是非常大的，要避免这种情况的发生，唯有每天进行监测并且在收到差评后快速做出应对。如果在记录中发现和前一天相比Rating数量增长了，Rating星级却下降了，而Review数量并没有增加，那么自然可以知道收到了低星级的Rating。对于Review也一样，在记录过程中，如果发现Review数量增长了，则需要看一下新增加的是好评还是差评。通过上述记录，我们可以做到在第一时间发现差评（低星级的Rating和Review），第一时间做出应对，使差评的不良影响尽可能降低。

在图35-1的表单中还可以看到每天记录的当日售价、基于当前售价的盈亏，以及当日销量和当日单品的总盈亏，这些记录可以让我们清晰地掌握运营的状况——既知道销量，又知道盈亏情况。如果是盈利的，则自然开心；但如果当前是亏损的，那么也可以提醒我们及时对售价做出调整。

在图35-1的表单底部记录了四项：产品当日盈亏总额、昨天广告花费、最近30天广告总额、最近30天总销售额，这些数据可以给我们提供对运营的全局思考。比如某些时候，店铺中有一款产品是亏损的，但其他产品是盈利的，进行加总之后，整个店铺是盈利的。在这种情况下，我们可以扩大视野，接受某款产品在当前的螺旋式爆款打造中阶段性的战略性亏损。换句话说，通过对店铺中各款产品的盈亏进行汇总，使我们从对一款产品的关注转变成对整个店铺的关注，而这样的视角调整，可以放大我们的运营格局。比如"昨天广告花费"这一项可以提醒我们，当前的广告花费是否超标。如果广告花费超出了自己的心理承受范围，并且在当前的日销售额中占比过高，那么自然就该有意识地控制广告投放；而"最近30天广告总额"和"最近30天总销售额"的对比，则是为了让我们能够在月度的维度中看到广告花费在销售额中的占比。总之，这个表单以及卖家在记录中的运营体感，都会让卖家及时关注广告和销售的对比，避免广告花费占比过高。很多卖家把运营等同于广告，而且在投放广告的过程中也不做对比，结果就是"一顿广告猛如虎，一看绩效0：5"，实在太惨！

除对销量相关数据进行记录之外，我们还用"每日广告数据统计表"来记录和管理广告的表现，如图35-2所示。

序号	品名	Asin	类目	2023.2.20	2023.2.21	2023.2.22	2023.2.23	2023.2.24	2023.2.25	2023.2.26
1	7件套螺丝刀	B0225803TH	曝光量							
			点击量							
			点击率/CTR							
			点击均价/CPC							
			广告花费							
			广告ACOS							
			广告订单数量							
			广告销售额							
2	万能遥控器	B077862CH	曝光量							
			点击量							
			点击率/CTR							
			点击均价/CPC							
			广告花费							
			广告ACOS							
			广告订单数量							
			广告销售额							
	广告总花费									
	最近30天广告总额									

图35-2

在"每日广告数据统计表"中，我要求我们的销售团队和孵化营学员一定要认真记录广告数据。原因很简单：只有在对曝光量、点击量、点击率、广告ACOS等数据的记录中，才能够培养出我们对广告的"体感"，而当异常出现时，我们也才能够及时做出调整和应对。

关于广告，我经常提醒孵化营的学员，广告的重点不在于广告的设置，而在于广告运行中的持续优化。在广告设置和广告优化之间有一座桥梁，叫作广告数据解读。做不好广告数据解读，自然就没有办法做好优化，而要想做到精准解读广告数据，细致入微地观察、详细地记录就是我们必须要做的。

要想培养运营的"体感"，仅靠上述两个表单是不够的，我们还有很多事情要做。比如，我会要求学员在三个月的学习过程中默写卖家中心后台的栏目清单，并对各个项目的内容做出解释；我会反复给学员讲解业务报告中的各个维度数据及其含义并要求记忆；我会提醒学员一定要每天关注自己的绩效表现指标、竞品变化等，这些大量的细节观察和记忆，都是为了培养运营的"体感"。因为只有精确地把握这些细节，你才能够做到在运营中随时对相关要素进行串联并准确调用，才能够在激烈的巷战竞争中比竞争对手棋高一着，赢得运营上的胜利。

36

····第 36 讲····

在爆款打造中，"全家桶"和
"组合拳"缺一不可

曾经有一段时间，"螺旋式爆款打造法"火遍跨境圈，一些人把螺旋式爆款打造等同于无底线低价，把一些恶意低价不发货、无脑低价、超低价清仓等行为都当作螺旋式爆款打造，甚至戏称"老魏凭一己之力拉低了整个亚马逊平台的售价，把中国卖家变成了慈善家"；也有一些卖家在运营中像盲人摸象一样，既无参考又无对标，仅仅调整了一下价格，当打造并不如愿时就得出结论："螺旋式爆款打造不靠谱"。对于这些争议，我没有做公开回应，只是在和一些卖家交流时会提醒，螺旋式爆款打造是一套组合拳，仅靠单层思维打单张牌，效果可能无法达到预期。

无数通过螺旋式爆款打造取得成功的案例证明，要想玩好"螺旋式爆款打造法"，既需要有一个"全家桶"，又需要打好一套"组合拳"。结合我在前文中讲到的螺旋式爆款打造的要素、模型、节奏和细节，我们一起来看看"全家桶"和"组合拳"中都涉及哪些内容。

一、"全家桶"

在我看来，螺旋式爆款打造的"全家桶"中包括产品、Listing优化、备货等要素。

产品：所谓的爆款，首先是指出单量大。一款产品要想出单量大，就必须用户聚焦，而要实现用户聚焦，刚需产品是首要条件。我将这一点总结为"刚需制胜"。

爆款还是在和竞品的竞争中取胜而来的，这就要求你的产品有竞争力。如果成本高，导致必须高售价才有利润，那么销量就会被抑制；如果质量差，在打造中持续收到差评，那么就会导致打造的中断，所以质量还要有保证。正是基于这两个方面的考虑，我把在产品质量方面的把控总结为"田忌赛马"——选择"刚刚好"的产品，质量满足消费者的期望，同时成本和竞品相比有一定的竞争力。

爆款也意味着能够稳定持续地销售。一个好的爆款，往往可以连续热卖多年，而要实现这一点，我们必须把控住产品不存在侵权要素，因为无论在哪个阶段遭遇侵权投诉，都意味着运营的中断。所以，一款好的产品还必须遵守"远离侵权"的原则。

基于上述"选品三原则"筛选出来的产品，才会成为我们打造爆款的基础。

Listing优化：在很多人的认知里，销售就是卖产品。这一观点也许适合线下销售，但对于线上销售来说，则不那么确切。

一个消费者通过亚马逊网站浏览到我们的产品，通过浏览我们的产品页面做出购买决定，在下单购买时，消费者并没有触摸到真实的产品。怎样才能让消费者在没有接触实物时就对我们的产品产生强烈的购买欲望，可以立即下单购买呢？我们必须做好Listing优化才行。

我经常提醒孵化营的学员，我们看似卖的是产品，其实是基于Listing的图片、文案、价格、评论等内容为消费者创造的一种想象，消费者只有在我们的Listing中找到认同感、满足感和获得想象力，才会做出下单购买的决定。每一个卖家都必须让自己成为造梦师，而你可以发挥的舞台就是Listing的每一个细节。

一条优秀的Listing是爆款打造的重要推动力。关于Listing优化的规则和细节，大家可以查阅《增长飞轮：亚马逊跨境电商运营精要》的相关章节。

　　备货：在与很多卖家交流时，我经常被问到的一个问题是"怎样做测款"，我的答复是"我们从来不做测款"。为什么这么说呢？原因很简单，我们在选品阶段已经参考"竞品选择四维度"和"竞品分析六要素"做了详细的竞品分析，对成功打造爆款已经有了比较大的把握。《孙子兵法》中说，"胜兵先胜而后求战"。我们已经做了全面的评估，看得见打造的前景，也有了运营的蓝图，在这种情况下，我们需要做的不是"测款"，而是"备货"——根据自己预期的阶段性排名推演出对应的日销量，再乘以备货周期的天数，做到精准备货。只有这样，备足了弹药，才能打赢一场战争。

　　关于备货，我的建议是，在资金够用和评估不侵权的前提下，应该按照预期排名位的日销量乘以备货周期的天数，以及发货时效，备足货才行。断货对Listing权重的影响实在太大了，很多卖家的爆款打造就是因为备货量不足而夭折的。

　　备货量充足，确保不断货，是爆款打造的必需。

　　二、"组合拳"

　　与螺旋式爆款打造"全家桶"中的"物"要素不同，"组合拳"则是指在打造中要采取的具体行动，主要包括价格相关操作、关注竞品、广告和促销、处理差评、应对断货等。

　　价格相关操作：与价格相关的思考和动作包括如何定价、如何调价、调价的幅度与节奏、异常应对等。

　　在定价方面，很多卖家容易陷入从自身成本直接推演价格的误区。这种基于成本的定价方法在经济学上叫作"成本定价法"。当然，对应的还有以市场竞争和同行价格为参考来制定价格的"竞争定价法"。成本定价法在具有垄断特性的市场上是可行的，但亚马逊是一个开放的市场，一分钱的价格差别都可能导致消费者购买行为的变化，进而影响卖家的转化率、订单数量和BSR排名等。所以，在价格的制定上，我们一定要谨慎。同时，从成本直接推演价格的定价策略，也偏离了螺旋式爆款打造"从低到高，逐步上升"的要义。基于上述考虑，我的建议是一定要从两个方面来衡量定价——自身成本和竞品价格。在对这两个要素进行衡量的基础上制定出有竞争力的价格，是爆款打造能够顺利启动的关键。更直接的表达就是，在一款产品打造的初期，产品价格在兼顾盈亏平衡点的同时，必须比多数竞争对手的产品价格低。

为了能够确保定价有优势，又不亏损，我们必须在成本把控上下功夫。对于绝大多数卖家来说，影响成本的主要因素包括采购成本、耗材、头程物流费用、办公成本和人均效能等。

在采购成本上，你可以参考我反复强调的"田忌赛马"选品策略中的理念，避免盲目追求最好，为客户提供质量"刚刚好"的产品，确保在成本上和多数卖家持平。当然，如果你能够更用心，强化和供应商的合作关系，加强彼此之间的沟通等，也可以在成本把控上获得优势。讲到这里，我想提醒那些从来没有去过工厂、没有和供应商见过面的卖家，仅凭网络或电话的沟通是远远不够的。这一课你一定要补上。你不需要为了每一款产品都奔波在拜访供应商的路上，但对于那些要重点打造的或者销量已经稳定的产品，你一定要和供应商见一面。请你将这句话标注为重点，你这么做了，一定可以在成本把控上立奇功。

在耗材上，如包装彩盒、说明书、外箱包装、胶带、标签等，对于这些需要高频且大量使用的耗材，你只要多对比几家供应商，就可以节省不少的成本。

在头程物流费用上，你需要学会将商业快递、空运、海运、陆运等方式结合使用，同时需要有多家物流商作为备选。前期为了赶时效，你可能会选择快递、空运，但是把销量、备货量、资金等要素理顺之后，你要采用海运的方式发货，以此来节省费用，控制成本。我经常提醒孵化营的学员，"省钱容易赚钱难，有时候节省一块钱比赚一分钱会容易很多"。物流渠道用得好，物流成本把控好，足以让你的综合成本比竞争对手低很多。还有一点，除渠道选择之外，你永远要有多家物流商作为备选。有卖家在听我的课一年之后反馈，仅仅因为在每次发货之前同时向三家物流商询价比价这一项，一年下来，就帮他节省了30多万元的运费。

在办公成本上，有的卖家太过理想化创业这件事，刚开始创业就规划很大的目标并按照期望值配备办公场地等资源，比如先租了300平方米的办公室、先布置下30个办公卡位等。这样做所带来的后果就是团队还没建立起来，高额的成本已经支出了，或者是庞大的团队建立起来了，成本产生了，销售却怎么都无法跟上。最后的结局都一样，要么缩小规模，要么关闭解散，但已经亏出去的钱需要很长时间才能挣回来。对于办公场地和人员招募，我的建议是够用就好。也许你真的能够快速发展到很大的规模，但前期可以先租一个临时够用的场地，随着业绩的提升，团队规模扩大时，再更换更大的场地即可。我亲眼见证有卖家因为发展迅猛甚至一年三搬，这看似麻烦，但可以做到对办公成本的合理把控。即便站在后来看开始会觉得有点儿折腾，但在前期却真实地控制了成本，降低了风险。当因为体量壮大而更换场地时，你已经有了业绩的基本盘兜底，而不是单凭一个"梦想"的支撑。

在人均效能方面，我经常提醒身边的卖家，要人尽其能，人尽其用，要坚持"三个人干五个人的活，发四个人的工资"。最典型的是刚开始做运营时，你未必需要一个专职包货人员，在跨境电商的初创团队里，老板亲自包货、所有员工参与包货、爹妈帮助包货等是普遍现象。随着业务量的增长，可以过渡到用相对稳定的临时工，等到业务量彻底大起来且稳定之后，再考虑雇佣专职包货人员。仓库包货人员的配置如此，其他岗位的人员配置也类似，在稳定的基础上进行扩张，只有这样才能相对好地控制成本。

爆款打造的成败关键在于价格调整的幅度和节奏。有些卖家在运营中过度僵化，比如"每次提价\$1.00，3天之后再提价\$1.00"，这显然有悖于螺旋式爆款打造的精髓。螺旋式爆款打造中的调价幅度需要根据自己的产品单价、销量和排名的表现、竞品状态来定。对于相对高单价的产品，每次提价的幅度可以适当大一点儿，如\$0.50或\$1.00；对于中低单价的产品，每次提价的幅度可以是\$0.50，也可以是\$0.20甚至\$0.10。提价多少是外在表现，其根本是要确保不会因为提价而导致销量大幅下滑，而大幅度涨价带来的效果适得其反。提价的节奏也不能单纯地守着时间来定，如果打造顺利，上一次提价之后销量稳定或者上升，那么自然可以经过3天的观察之后再提价；如果提价之后销量没有上升，反而下降了，自己已经感觉到涨价对销量的影响较大，那么在这种情况下，要么延长观察时间，要么降价拉销量。类似于这样的逻辑，我们需要根据运营实际来调整和总结。亚马逊运营是一个复杂的系统，没有万能公式，我们只能领会螺旋的要义和逻辑，灵活应变。可以这么说，在一款产品的打造过程中，没有算法，只有心法。掌握不了心法，大概也只能遭遇失败。

在打造爆款的过程中，我们既需要制订打造计划并落实执行，又需要因时因势对运营做出恰当的调整。此外，还要留意各种突发状况。根据以往的经验，运营中出现的异常主要体现在三个方面：收到差评、遭遇断货、出现低价竞争等。关于这些情况的应对和处理，我在本书相关章节中做过专题讲解，你可以自行查阅。

关注竞品：包括竞品选择、竞品分析与学习、竞品监控与反制等细节，你同样可以在本书相关章节中查阅。

广告与促销：这是爆款打造的加速器。在当前的亚马逊生态中，仅凭自然流量而成为爆款的可能性几乎为零。爆款运营重在筹划和打造，而广告和促销都是推动流量增长、销量增长、BSR排名上升的必要手段。所以，卖家一定要细心研读本书相关章节中讲到的细节，将其精准应用于运营中，为自己的运营加分。

处理差评：在差评处理上需要做好两个方面——预防与化解。运营一款产品开始时，我们要做好产品把控，要注意Listing的文案细节和产品实物一致，预防因为产品质量或者文案描述与实物不符而收到差评；在销售过程中，如果收到了差评，则需要根据评论内容，从产品质量改善、文案完善、售后客服、适当降价等方面做出应对，把差评的影响降到最低。

应对断货：对于运营中可能遭遇的断货问题，我们要从备货开始就做好预防，根据销售预期进行合理备货时，同时采用多种发货方式相结合，在保证发货时效的同时控制头程物流成本。如果断货不可避免，则要在断货前适当提价，赚取超额利润。同时，适当控制广告投放，节省广告成本。虽然几乎每个卖家在运营中都会遇到断货的情况，但我们需要主动有所作为，把断货可能导致的不良影响控制到最低。

通过以上分析不难看出，在一款产品的打造中，"全家桶"是要素，"组合拳"是动作，只有把要素和动作相互融合，产生良好的化学反应，才能达到快速出爆款的效果。若缺少对上述各项细节的思考和把握，恐怕也只能是望着别人的爆款而兴叹了！

37

····第 37 讲····

**运营最大的错误，是停留在
失败的循环中不能自拔**

有卖家给我看他的运营数据，如下所示。

按百分比计，销售收入为100%，其中：

产品成本占40%；

平台费用占33%；

推广成本（包括广告、秒杀、优惠券）占22%；

头程物流成本占6%；

海外仓费用占2%；

退货占5%；

其他（赔偿、税费）占3.5%；

站外占5.5%。

卖家问我：这样的比例正常吗？

太不正常了！太不合理了！

　　卖家说，最近一个月又亏了几十万元！卖家接着解释："我们做精准广告投放，但又推不上去，我觉得就是自己的定价太低，产品太卷，价格抬不上去，才造成了如此亏损。"

　　人性，有一个自洽又自欺的逻辑：如果一件事情做得好，是自己的武功厉害；如果没做好，是客观环境太恶劣。

　　为什么我看了数据就直接说"太不合理了"？

　　因为上面各个百分比加总大于100%，这意味着这个卖家肯定亏损！哪有这样的玩法！还是"又亏了"！而且是"又亏了几十万元"！而且还是"一个月又亏了几十万元"！

　　大概只有家底殷实而无知的亚马逊才能这么干吧！

　　我问：团队有多少人？一个月有多少销售额？发产品ASIN给我看一下。

　　回答：运营5人，一个月大概有20万美元的销售额。ASIN可以不发吗？

　　当然可以。

　　亚马逊卖家不分享产品，这是行业常识。但这有一个前提条件，就是你的产品卖得够好。别人的产品卖得好，卖爆了，你自然是不能打听人家的产品ASIN；但如果自己的产品卖不好，都惨成这样了，还很谨慎，不向自己主动请教并寻求帮助的老师透露产品信息，这实在有点类似于一个要死的病人去看医生，"医生，我胸痛到要昏厥了！"医生说，"把衣服脱掉做检查。"病人质疑，"脱衣服会走光，可以不脱吗？"对于医生来说，当然可以；但对于病人来说，这可不是什么好选择。

　　我回复：没关系，我是理解的。但我想提醒的是，你应该好好梳理一下，在错误的方向上，停止前进就是前进。

　　卖家问：你的建议是砍掉？

　　我回答：如果一个月亏损几十万元，而且是持续亏损，那么一定是运营出现了系统性错误，从思维、逻辑到方法，要全方位检查才行。持续亏损还持续进行，那不就是愚蠢的表现吗？

直到我写这篇文章时，也没有收到对方的回复。

我知道，又刺伤了一个人。

上课时，我会经常提醒学员：

（1）运营是一把手工程。如果老板不懂运营，那么必然需要付出昂贵的代价，因为员工犯的错，最后都是由老板来买单的。

（2）运营是一个精细工程。如果不从细处算账，亏就会是常态，你对运营的过程随意，运营结果就会对你随意。

（3）运营讲究算总账。你可以不计较一座城池的得失（即一个订单亏损与否），但一定要确保在总体上，如果亏损，则要尽量让亏损最小化；如果盈利，则要尽可能实现盈利最大化。如果出现亏损，则必须是阶段性的、战略性的，思路清晰，是为了给接下来的盈利打基础；否则，必须以确保不亏损为底线。

有一句话讲得好，世界上有两件事情是最难的：一是把别人口袋里的钱装进自己的口袋；二是把自己脑袋里的东西装进别人的脑袋。

很多时候，在为一些卖家提供诊断和运营建议时，我知道自己是掏心掏肺的，但看到对方茫然而无动于衷时，总是替对方"入宝山而空手归"感到惋惜。

也罢，我能够安慰自己的就是，成年人不能被教会，成年人只能自己学会。有些人通过别人的点拨学会了，这些人是幸运的；有些人只能自己一路摸索，走弯路，交学费，浪费时间，消耗精力，浪费钱。我们终究是要自己为自己的认知买单的。

运营，终究是要讲究算总账的，你终究要把这道算术题认真算明白了才行。

38

甩手掌柜要不得！运营需观察，
更要思考和实践

"在问题层面上解决问题，问题往往得不到解决，或者即便解决了，也事倍功半；但如果能够升级认知，从更高的维度来看低维度的问题，那么问题往往能迎刃而解，也就不再是问题了。"

这是我在课堂上经常提醒学员的一句话。

怎么理解呢？

以开车为例。

对于一个新手司机来说，遇到一座窄到勉强能够通过的桥，可能瞬间慌了神，一不小心还真开到河里去了。但对于老司机来说，轻轻瞄一眼，踩一脚油门就过去了。

一个战战兢兢、认真用心却掉进了河里，一个看似随意却轻松通过，这是桥的问题吗？

当然不是。

很显然，是司机能力水平高低的问题。

运营效果的好坏同样如此。

　　如果你的运营经验足够丰富，对运营的理解和把握也有足够的高度且全面，那么自然可以眼观六路，耳听八方，遭遇任何问题时都能够轻松化解；而对于不熟悉运营的卖家来说，虽然每一步都很努力、很用心，但因为只能够看到单一层面的问题，即便再怎么努力去解决，也可能只是头疼医头，脚疼医脚，缺少全局观，效果最后也只是事倍功半。

　　缺少系统化思维和全局视角，在运营中必然是要交学费的。

　　比如，有卖家反馈做了一年多的亚马逊运营，亏了上百万元，希望我能够给一些指导。我让他发ASIN给我看一下，他问道：ASIN是啥？

　　这个连ASIN是啥都不知道的卖家，当了一年多的甩手掌柜，亏了这么多钱，学费显然有点贵，但细想下来，终究也不过是为自己的未付出和无知买单而已。

　　运营不是一件容易的事情，只有站在更高的维度才能真正地解决问题。

　　以站内广告的投放为例。

　　现在很多卖家最明显的感受是，广告竞价普遍高了，广告成本高了，但效果却越来越差，以至于很多卖家在广告上真可谓耗尽心力——对每个关键词都进行数据分析，分时段调整竞价，精细地否定各种关键词等，似乎每个能够操作的细节都做了，但结果依然是广告投入产出比不高。

　　我曾询问每天忙于做各种广告调整和数据分析的卖家：你关注过你的竞争对手吗？对你的销售产生直接影响的竞争对手是谁？

　　竞争对手？我没太在意啊！

　　我也曾经让被广告困住的卖家发Listing给我看，但看到的是什么呢？血海竞争的产品，Listing却写得非常糟，有很多基础性的错误。我就很奇怪，以很差的基础，凭什么就期望能有好的运营成果？

　　所以，很多卖家在缺少整体观和缺乏对广告的系统性理解的基础上，做着各种所谓的数据分析，并做出一些不合乎逻辑的调整，带来的效果可想而知。其实，对于他们来说，更应该问自己的是：

　　如果从选品的维度开始梳理，我的产品是否满足市场需求？

如果产品满足市场需求，竞争对手的表现怎么样？我在其中的相对表现如何？

我的Listing优化是否做到了精心和精细？是否契合了平台的基本要求？是否能够击中消费者的内心？

我的成本把控是否到位？我现在的成本结构在行业中是否具有竞争力？

……

类似于上述问题的追问还应该有很多，在这些追问有了答案的基础上，我们再来看站内广告的表现，也许，就会有更高的维度、更全面的视角，得出的结论才能够触及运营的本质，让运营变得容易。

在孵化营的课程中，我对运营做过系统的梳理，要想确保广告有效，一个卖家必须具备的第一视角是：广告的基础是Listing优化。

如果一条Listing优化没做好，即便再怎么调整广告数据，也未必能够达到理想的效果。

比如，Listing的类目节点决定了Listing 的基础权重，体现在广告层面，类目节点的精准与否将直接影响广告关键词的质量得分高低；而Listing文案中的关键词（尤其是标题中的关键词）又会影响自动型广告的自动匹配和手动型广告关键词的直接质量得分。所以，Listing 文案的好坏也是广告表现好坏的基础。

再进一步，如果产品图片不够吸引人，没有质感，广告点击率和转化率就会差。有些卖家自我感觉良好的产品主图，和同行的一对比瞬间就差了几个层级，广告的效果自然也不会好。所以，在图片这一层，我们既要知道亚马逊的基本要求，达到图片清晰的效果，又要和竞争对手做对比，确保自己的产品图片比竞品的好。产品图片真的不是看自己的好不好，而是看有没有竞争对手的好。你看，我们看似是在讨论Listing优化的细节，其实早已经迈入竞品分析、竞品学习的维度了。

在进行竞品分析的基础上完善自己的运营思路，同时学习竞争对手的打法来丰富自己的打造思路和策略。

比如，如果你观察到竞争对手的产品降价了，那么首先应该思考，"对方为什么要这么做？"然后去查看竞品Review，发现其收到了差评，"差评是不是导致竞品降价的诱因呢？竞争对手是不是想通过降价来减少差评对Listing权重和销量的影响呢？"接下来去观察竞品调价之后的销量和BSR排名的变化，如果没有太大的变化，或者BSR排名上升了，紧接着你又看到竞品开始提价，把价格恢复到原来的水平了，那么你应该思考，"这是不是竞争对手应对差评的策略呢？"观察久了，你发现竞争对手每次收到差评时都是如此操作的，或者你在多个卖家打造产品的过程中都观察到类似的操作，这时候，你基本上已经可以得出结论：遇到差评时，有一个应对策略就是适当降价来减少差评对权重的影响。

再比如，你观察到在不同的时间段竞品的广告位发生了变化，"这是什么原因呢？"如果持续观察，也许你会发现这种变化是规律性的，"那说明什么呢？是不是竞争对手在分时段调整竞价呢？"能够观察到竞争对手的动作，是我们的运营能力提升的第一步。观察到现象之后再思考，"我是不是也可以在运营中进行尝试呢？"然后把这种思考落实到运营的实践中去尝试和验证，你就进入了高阶运营阶段，学会了主动做运营。而这些观察、思考和实践，正是我们所必需的运营进阶之路。

可惜的是，很多人真的应了网络上流传甚广的那句话：有些人为了逃避真正的思考，宁愿做任何事情。

39

····第 39 讲····

运营是一道算术题，
讲究算总账

经常有卖家反映，在打造一款产品的过程中，基本上就是只有依靠广告才能烧出订单，一旦把广告停了，订单就没了，而广告持续开着，又总是入不敷出，以至于辛辛苦苦一番打造，虽然也出了不少订单，但几乎见不到回头钱。

还有卖家说，也想采用螺旋式爆款打造试试，可是又不知道从哪里入手。

类似于上面的情况，绝非个例。

在给孵化营的学员上课时，我经常会举类似的案例，并将这种"单纯靠广告出单，销售额平衡不了广告支出"的运营模式称为"钝刀割肉"。在拆解案例的过程中我会询问大家：如果是你，遇到这种情况时该怎么办？

这确实是一个值得每个卖家深思的问题。

不同的卖家面对类似的情况也许会做出不同的反应：

- 有些卖家会觉得应该再坚持一下，"万一有转机呢！"

- 有些卖家会选择停了广告，对现有的库存做清货处理，寄希望于下一款产品能够打造起来，但他们没有思考的是，"万一下一款产品还是如此呢！"

- 有些卖家会选择降低广告成本，抱着任由其自生自灭的态度，但这样一来，产品基本上就"自灭"了。

每每遇到这种情况，我总是会提醒卖家，要思考以下几个问题：

- 我的产品如何？

- 我的Listing优化做得怎么样？

- 我当前运营中的各项成本构成如何？我该如何调整运营策略？

如何分析产品？

在进行产品分析时，要提出产品是否是刚需产品、竞争是否太激烈、单价是否太低、利润空间是否太小等问题。

如果你的回答是"非刚需产品、竞争激烈、单价低、利润空间小"，那么就干脆舍弃算了。"七分在选品，三分靠运营"，产品选错了，就应该尽快止损。方向错误了，停止前进就是前进。运营打造也是如此。

如何分析Listing优化？

跳出自己看自己。把自己的Listing和竞争对手的Listing做横向对比，优劣自见。如果Listing的图片、文案、评论、价格等细节都不如竞品，那么在打造之前，要先把优化做到位。但如果你护短，总觉得自己的一切都是最好的，那么不妨找一个第三方朋友帮你客观地对比和评判一下。

经过分析，如果产品有市场机会，有利润空间，是值得打造的，如果Listing的优化也做得足够好，这时候你就要评估当前的运营成本，然后有针对性地做出调整。

具体该怎么调整呢？

我们先来做一个假设。

假设一个卖家的一款产品的盈亏平衡点价格是$8.00，头部同行竞品的售价是$12.00，因为是新品上架，为了形成竞争优势，这个卖家将这款产品定价$10.00，广告预算是每天$100.00。在这一策略下，该款产品每天大概产生10个订单（包括自然订单和广告订单），BSR排名在100名左右。简单核算一下就可以知道，这个卖家当前每天净亏损$80.00。我把这种策略叫作"高广告预算+较高售价"。

亏损让人不快，身处类似于这样的运营状况的卖家必然是焦虑的。而我观察到，这是当前很多卖家的现状，身处运营窘境中的卖家不在少数。

一部分卖家遭遇此种情况后，持续投放广告，越投越亏，一年下来，少则亏损几十万元，多则亏损几百万元甚至上千万元。这些卖家被亚马逊彻底伤透了心，最后的出路往往是弃亚马逊而去。另一部分卖家面对持续亏损会选择把广告关掉，佛系出单，结果就是订单数量越来越少，养活不了自己，也丧失了自己想通过跨境创业赚钱的雄心，最后转行找份工作了事。

面对这种情况，我的建议是，卖家需要在对螺旋式爆款打造法有深刻理解的基础上，培养自己的运营全局观，只有具备"算总账"的思维，全方位核算，调整运营策略，找出最优解，才能让运营的飞轮转起来。我把这种思考视角总结为"运营是一道算术题，讲究算总账"。

我会重新审视这类卖家打造的具体动作，找出导致其亏损的主要原因和直接原因，再基于对平台规则、消费者心理的琢磨，基于对竞争环境的分析，做出更利于快速打造的假设，进行推演、测试和验证。

具体来说，在前面举例说明的打造方式中，这个卖家的售价虽然比头部同行竞品的略低，但在整个竞争同行中并不具有明显的竞争力。这就导致其转化率不会太高，而转化率低、订单数量少、排名低等导致其很难获得自然流量；自然流量匮乏，只能依赖广告流量，但广告流量是有成本的，用付费的方式换取流量，却因为售价没有竞争力、Listing没有或只有很少的Review/Rating（评论）、Listing权重低等而导致转化率不高、订单数量少；再加上单品利润空间小，在这样的循环中，很难形成持续向好的增长飞轮效应。如此重复，卖家面对的必然是持续亏损。由此可知，亏损的直接原因就是广告花费太多。

有了上述理解，我们换一个方向做假设：假设一，既然亏损的直接原因是广告花费太多，那么把广告完全关闭，从"高广告预算"到"零广告预算"，结果会如何？假设二，如果采取中庸的策略，取中间值，把广告预算降低一些，节省广告成本，同时把售价调低一些，让价格更具竞争力，从而形成"中等的广告预算+更有竞争力的售价"策略，效果又会怎样？

我们来看假设一：一条Listing在BSR排名不靠前、权重偏低的情况下，自然流量是很有限的，关闭广告会导致广告流量彻底断流，仅靠少量的自然流量，则很难支撑其销量的上升。如此一来，整个运营固然不再亏损，但订单数量很少，Listing权重会因为订单数量的减少而进一步下降，整条Listing的表现会进入下降通道，越来越差。这绝对不是亚马逊爆款运营思维下的选择。

再来看假设二："中等的广告预算+更有竞争力的售价"，调低广告预算，同时调低产品售价。假设把广告预算从原来的每天$100.00降低到每天$30.00，这意味着相对于假设一，每天可以直接节省$70.00的广告成本。售价呢？参考我在螺旋式爆款打造模型中的建议，取盈亏平衡点价格$8.00，这样可以确保在竞争中有更强的竞争力，也意味着可以凭借价格优势，获得更高的转化率，带来更多的订单。根据我们的运营团队、孵化营的学员以及其他卖家在很多产品打造中的验证，采用这种策略比采用"高广告预算+较高售价"策略可以获得同样多甚至更多的订单。即便还和之前一样，在这种策略下，每天出10单，我们来核算一下其投入产出情况。因为售价是盈亏平衡点，在价格上没有亏损，当日的亏损只是广告所花费的$30.00。同样的订单数量，相比"高广告预算"每天亏损$80.00的情况，当前这种策略显然是更优的。更何况，很多卖家在这种策略下收获了更多的订单。

举一个真实的案例。

我在孵化营带过的一个学员，在学习之前已经运营了一年，但也持续亏损了一年。我帮他诊断店铺的情况，一款售价只有$6.99的产品，单价有$1.00的利润，具体到运营上，他设置了每天$300.00的广告预算，每天总共出60单左右。简单核算一下，每天亏损$240.00左右。我问他："为什么不关掉广告？""关掉广告就没订单了。"他回答。是的，对于很多卖家来说，没有订单比亏损更让人焦虑。但运营不是这么核算的，"运营是一道算术题，讲究算总账"。你必须牢牢记住这句话，并落实到运营的每一个细节中。我上课时还反复提醒学员："在错误的方向上，停止前进就是前进！"很明显，这位学员已经在错误的方向上走了很远的路。我建议他做出调整：广告预算从每天$300.00降低到每天$150.00，同时把售价从$6.99降低到盈亏平衡点价格$5.99。调整后的出单效果比之前略好，每天稳定在60单以上。如此一来，因为广告花费而导致的亏损减少了，整体运营效果也比之前要好。因为这位学员做的是3C类产品，当前的出单量并没有达到预期，他想要更多的订单和更高的排名。这位学员和我沟通："FBA仓库中备货数量足够，能否再降低$1.00来更快地拉升销量和排名呢？"这样操作，订单数量上升是大概率的事情，我赞同他这样调整。降低$1.00后，订单数量快速增长到每天150单左右，自然订单占比增多。我提醒他，把广告预算再降低，降至每天$80.00。他这么做了，凭借价格的优势，销量并没有受到影响，稳定3天之后，我让他把价格涨起来，但要遵循"小步慢跑"的方式涨价。他将价格从$4.99涨到了$5.49，对销量影响不大，又过了几天，把价格提到$5.79，销量波动不大，几天之后，再次提价至$5.99，销量依然可以达到150单左右。当时的运营状况是，以$5.99的价格和$80.00的广告预算，每天出150单左右。虽然暂时还没有利润，但相比他之前的打造来说，订单多了，BSR排名上升了，亏损减少了。跨过盈亏平衡点价格，我建议他在确保库存不断货的情况下，放慢调价节奏，半个月之后，他把价格涨到了$6.99，广告预算降至每天$50.00，每天的出单量稳定在130单左右。亏损了将近一年，终于看到了赚钱的模样。

再来看另外一个案例。

一个工贸一体的卖家想拓展亚马逊渠道，因为不会运营，于是委托代运营公司帮其运营店铺，在一年多的时间里，亏损了将近200万元人民币。卖家既着急又生气，收回店铺亲自下场操作，但依然亏损。卖家找我咨询时，店铺的大概状况是，产品售价为$99.00，最近35天出122个订单，平均每天出3.5个订单，销售总额是$12000.00，其中广告带来的销售额是$11000.00，而广告花费是$5700.00。在他的运营数据里，我看到当时每天广告预算是$700.00。在这个卖家的操作中，很明显太依赖广告。我询问其产品成本情况，得知盈亏平衡点价格是不到$60.00；我又看了竞品的售价，它们大多分布在$45.00~$65.00区间。于是，我建议他将售价从$99.00降低到$59.00，在确保自己不亏损的情况下和竞品的售价持平。因为广告支出太大，转化又太差，我建议他降低广告成本，把每天的广告预算从$700.00降低到$200.00。毕竟，"在错误的方向上，停止前进就是前进"。这样调整可以确保两方面的效果：一是产品售价不亏损，同时有了竞争力，可以提高转化率；二是广告成本得到控制，在亏损的情况下，省钱等于赚钱。这个卖家按照我的建议调整后的第二天，就出了4个订单，我开玩笑地说：已经达到了你之前运营的巅峰。在我写下这段文字时，我特意搜索了一下这个卖家的店铺，发现他的Listing已经位于BSR第7名，售价也涨至$69.00。从我给出建议到现在，也就一个月左右的时间，运营看到成效才是最佳激励。这个卖家也在运营中意识到学习运营技能的重要性，现在他正随着孵化营的课程在系统性学习。你说，我给了这个卖家什么样的建议呢？表面上看似简单的降低售价和广告预算的背后，其核心逻辑就是"运营讲究算总账"的思维。

保持"运营讲究算总账"的思维，就需要我们有如下几个方面的思考。

（1）面对暂时的亏损，要思考能否通过对某个要素的微调，达到减少亏损的目的。带着这种目的，操作包括：降低广告预算（在广告预算多且广告表现差的情况下）、降低广告竞价（在广告竞价太高的情况下）、小幅度涨价（在观察到自己的价格超低而同行的价格普遍很高，中间价差很大的情况下）、较快较大幅度涨价（遭遇断货前，我在孵化营课程中的表述是"断货前要以'小步快跑'的节奏涨价，以减少亏损或赚取超额利润"）等。

（2）如果暂时无法减少亏损，而这部分亏损在自己的打造预算之内，那么就要思考能否在维持同等亏损的前提下，拉升订单数量，做大销售额。也就是说，期望的状态应该是在和之前表现持平的亏损下，可以出更多的订单，有更好的BSR排名，占更大的市场份额。在这种思考下，操作包括：在降低广告竞价和广告预算的同时，降低产品售价。这两项调整的逻辑是，按照当前的订单数量核算，把节省下来的广告预算平均让渡到单价上，以消费者对价格的敏感性来拉升订单数量，提高BSR排名。

（3）当有微利时，要思考能否通过对某个要素的调整，达到销量更大、排名更高、总利润更大的目的。在这种情况下，要克服"固守利润率"的执念。很多卖家为了守住利润率，宁愿牺牲订单数量。我曾经辅导过的一个卖家很开心地告诉我，自己拿货3元的产品，卖出一个有40元的利润。我询问，"一天出多少订单？""2个。"拿货成本只有3元的产品，出2单赚80元，看起来确实不错，利润率足够高了。但我看到的是，他的利润总额也只有80元而已。我能预测到的是，如果降低一点儿价格，大概率可以把销量拉起来，创造更大的利润。我给他的建议是，"把产品价格降低$4.00，保持单个订单8元左右的利润试试。"他按照我说的做了。降价之后，销量快速上升到一天40单。这是我在打造一款产品时一贯坚持的原则，合适的利润空间，较大的销量，较大的市场份额，最大的利润总额。我宁愿利润率低一点，也要尽可能抢占更大的市场份额。这个卖家对这般调整造成的利润率下降感到不爽，再加上库存有点紧张，他又把价格涨上去了。之后，我没有再追踪过他的进展，也不太确定他是否理解了我给他的建议中的运营逻辑。在这个案例中，我调整的要素是价格，通过降价提升了销量、销售额和利润总额。虽然单品利润率下降了，但更大的市场份额可以巩固你的市场地位，挤压竞争对手的生存空间，当竞争对手弃这个市场而去时，你就可以更稳固地在这个市场上生存和发展了。雷军说，竞争就是要"逼疯自己，逼死对手"。如果缺少对市场的全局观，有了一点点儿的销量就自满、止步了，那么当竞争对手在运营中对你施加压力时，你距离被市场抛弃也就不远了。丢盔弃甲成为逃兵，错失的是市场，损失的是金钱，打击的是信心。我经常提醒孵化营的学员，如果把亚马逊运营汇总成一句话，那就是"把BSR排名推到足够高"。这句话，值得每一个卖家认真琢磨，琢磨透了，也就领悟了亚马逊运营的心法。

（4）稳居头部时，你还有机会扩大自己的战果，放大自己的市场份额。格鲁夫说，只有偏执狂才能生存。我说，只有Best Seller才能在亚马逊上生存。Best Seller是我们每个卖家的追求，有些卖家也确实通过自己的努力把产品打造成了Best Seller，成为Best Seller之后，也确实在一段时间内很稳定地吃到了一波溢价利润。但慢慢地，新的竞品出现了，开始挑战你的Best Seller，在一波又一波的冲击下，Best Seller徽章被竞品抢去了，自己的销量也一落千丈。遭遇此种情况的卖家总在感叹，亚马逊越来越难做了。但我想提醒的是，无论是Best Seller还是排名靠前的任何名次，一旦产品实现稳定盈利，就要保持一种心态——与市场共存亡，坚决捍卫自己的胜利果实。只要市场存在，就一定要稳住自己的排名，稳住甚至扩大自己的销量。具体操作是，当一款产品成为Best Seller后，除维护其销量和排名稳定之外，还应该在同一个店铺或多个店铺中布局多款同类产品，处于头部的Listing要守成，而新发布的产品要根据市场变化及时调整运营策略进攻，避免在某个竞争对手的强烈攻击下丢失市场。在你有了防守与进攻并重的心态后，当你用多店铺、多产品布局来守护自己已经占领的市场时，经过一段时间的精心布局和运营，你会发现，在这个细分产品的BSR中，自己已经占据了多个坑位，别的卖家很难进入了。

通过上述分析你可能发现，在我的打法和思维里，几乎从来没有涉及这样一个要素：淡旺季的运营策略。原因在于，在"运营讲究算总账"的思维下，我不建议去碰季节性明显的产品和更新换代高频的产品。我不否认这类市场的存在，也不否认确实有卖家在这些类目中深耕并且取得了不错的成绩。我看到的是，对于大多数卖家来说，在面对这类产品时，既不具备精准备货的能力，也不具备精准把握打造节奏的能力。季节性产品看似"两个月的盈利可以养活一年"，但一旦错过或者失利，损失的也将是一年。

对于运营，我更倾向于选择刚需产品，这类产品是"常销品"，一年四季销量稳定，几乎没有波动，对任何时间段的销量都能做到相对准确的预测，也便于备货。选择刚需产品，而非季节性、更新换代性明显的产品，同样是"算总账"思维的体现。对于刚需产品，不用担心销量波动，在产品品质和细节打磨端可以留出足够的时间，在销售中也有足够的时间来检验。关键是，因为销售是持续连贯的，在前期打造中积累沉淀的权重会为后期的打造加分，经过半年、一年甚至几年的沉淀，你在这款产品上的势能就成为几乎不能被超越的绝对优势了。这也是我们应该具备的运营全局观的一部分。

40

运营中的广告投放
平衡策略和建议

有学员反馈，产品的自然排名已经在首页的前几名，在总订单比例中，自然流量带来的订单占比大，广告出单占比小，本着想获取更多订单、收获更多利润的目的，自己试着把广告竞价和广告预算都提高了，但结果是广告订单多了，自然流量带来的订单却减少了，总体收益反而不如之前了。

这位学员的困惑是：①面对关键词自然排名已经靠前的情况，广告的竞价和预算该怎样设置？②在当前这种情况下，如果想提升订单量，该怎样做呢？

在解答上述问题之前，我想先谈谈这位学员讲述的状况本身：提高广告竞价和广告预算，在广告订单增多的同时，自然订单数量减少了，总订单数量维持在和之前差不多的区间。

我相信遇到过类似状况的卖家不在少数。

为什么会这样呢？

原因是受到亚马逊系统的流量分配机制的影响。

从很多产品和店铺的打造体验中，我们很明显地感受到，亚马逊有流量分配均衡原则和单品/单店铺的流量瓶颈限制。虽然官方没有这么说过，但是当你运营得越久、操盘过的产品越多时，这种体验就会越明显。

一般来说，对于单品，如果广告流量多，在当时特定的情况下，自然流量和订单量就会被抑制，基本维持该产品出单总量相对稳定的状态；同样地，在一条变体Listing中，当子体A出单增多时，子体B出单往往会减少，基本维持与之前平衡的状态；在同一个店铺内，如果A产品出单增多了，那么同类或者不同类的B产品出单就可能减少，基本维持该店铺总订单数量与之前平衡的状态。

在运营中，我们可以明显地感受到类似于上述的情况，这就要求我们必须尽可能把握好运营中的平衡艺术，即理解和接受亚马逊系统的这种内在限制，当流量遇到瓶颈时不要过度投放广告，以免造成不必要的浪费。

同时，我建议在平衡的过程中，还要掌握突破当前流量天花板的技巧。在反复的运营实践中我得出一个结论：当你能够把其中一款（或多款）产品的BSR排名推得足够高时，你的店铺总体流量水平也会逐步上升。所以，要想突破店铺流量瓶颈，核心是要打造长板，即把店铺里的一款产品优先打造起来。当这款产品成为Best Seller后，店铺总流量瓶颈被突破到达新一个层级，然后，再打造第二款产品，以此类推，才能突破平台默认的店铺总流量限制。

比如，产品A的BSR排名原来是20名左右，每天出50单左右，产品B的排名和销量都靠后，一天出10单左右。在这种情况下，你想推动产品B上升，经过一番努力（采用投放广告、站内促销、低价等策略），产品B的销量从10单上升到30单，但产品A却遭遇了销量下降，从50单下降到30单左右，算下来，总订单数量还是60单左右。在这种情况下，如果你选择先推产品A，把产品A的BSR排名推高到第5名，销量上升到100单，击穿上一个阶段的销量天花板，此时再来推产品B，你就会发现，产品B的销量和排名上升的空间会更大，而店铺的总销量也会突破原来的每天60单左右的瓶颈。

再来说前面这位学员的遭遇：提高了广告竞价和广告预算，在广告订单增多的同时，自然订单减少了，总体盈利不如之前了。该怎么办呢？

我这里提供三种思路：

（1）从运营要算总账的角度，既然这样的调整导致利润减少，那么可以尝试降低广告竞价和广告预算，让Listing恢复到之前的状态。

（2）如果当前的广告投入产出比依然是高的，广告是盈利的，为了避免因为调整可能带来的负面影响，则可以维持现在的状况不变——虽然总盈利减少了，但只要总体是盈利的，就还是可以接受的。

（3）如果想突破瓶颈，则不妨在维持广告现状（已经提高了广告的竞价和预算）的情况下，从产品售价入手，结合自己的成本，对比同行的产品售价，看是否能够适当降价，利用更有竞争力的价格来拉动销量上升，突破销量瓶颈，让自己从现有的梯队上升到更高层次的梯队。

以上三点，可以作为你在关键词排名已经靠前时调整广告竞价和广告预算策略的建议，以及在任何运营阶段，当你想提升订单量、突破当前运营瓶颈时思考的方向。

在给孵化营的学员上课时，我还会特别提醒，在运营过程中要随着销量和排名的上升，逐步有意识地减少对广告的依赖。

如果关键词的自然排名已经在搜索结果靠前的位置，则可以控制一下广告竞价和广告预算，让广告位适当靠后，以此来节省广告成本。另外，在打算增加广告预算时，还应该做一个假设：如果减少（或者不增加）广告预算，把节省下来的这部分广告成本让渡到单价上，把售价适当调低，有没有可能产生更多的订单，获得更好的排名？如果评估后觉得降价更有效，那么就应该减少广告预算，而不是一味地猛投广告。

41

····第 41 讲····

运营是平衡艺术，最好这样调整广告和价格

我一直觉得，创业也好，运营也罢，乃至于我们日常生活中的很多事情，其实都是为了保持平衡的艺术。就像中华文化一直倡导的中庸之道，什么是中庸？在我看来，合适的极致，也就是合适中的最合适，就是中庸。要想在运营中实现稳定持续的盈利，把握平衡的艺术很重要。

怎么理解平衡呢？面对一件事情，梳理与该事情相关的各种要素，然后将其进行比例调配，组合搭配，从而达到最佳的表现效果。

比如，有学员问："一款产品现在已经是小类目排名第一了，但带给我的痛苦是，订单主要是广告订单，自然订单很少，导致这种情况的主要原因是什么呢？我该如何优化来提高自然订单的比例呢？"

这样的情况还真的是让人快乐并痛着。快乐来自自己的 Listing 成了 Best Seller，痛则是因为明明已经是 Best Seller 了，居然还要靠广告来支撑。

除非你的产品单价足够高、利润足够好，否则过度依赖广告，利润平衡不了广告成本，基本上就是死路一条。这也是我在讲螺旋式爆款打造策略时反复提醒的，当 Listing 冲到 BSR 排名的头部时，一定要有意识地减少广告投入，降低对广告的依赖。

　　这个卖家之所以出现订单主要靠广告这种情况，原因在于，他的产品打造主要是靠广告推动的，基于他自己的经验，形成了运营执念和依赖，担心减少广告投入之后，会导致订单减少，BSR排名下降，而这是他不能接受的。所以，他只能这样持续地高投入，用广告推动销量，维持排名。对于这个卖家来说，这么做虽然累，但还得咬牙坚持，要不然呢？他没有其他的思路，也看不到其他可能的结果。

　　但这样做的后果就是，要么累，要么痛。累的是，可能经过一番投放与打造，最后获得的利润不高；痛的是，即便守着Best Seller，也会因为广告成本的稀释而导致利润微薄甚至亏钱。

　　在我看来，当面对这种情况时，我们应该保持的姿态和心态是：平衡，调整，重新搭配组合。

　　具体该怎么做呢？

　　第1步：逐步降低广告竞价，但广告预算暂时维持不变。在这种情况下，广告竞价的降低可以使原广告预算所产生的点击量更多，假设转化率不变，则可能产生更多的订单，维持当前的BSR排名。

　　第2步：广告竞价降低之后，观察1~2周，如果订单数量和BSR排名的变化不大，那么就继续降低广告竞价。随着广告竞价的进一步降低，广告位有可能开始下降，原广告预算可能花不完了，此时呈现出的状态可能是，广告预算没花完，但广告带来的订单数量减少了，BSR排名下降了。在这种情况下，我们可以采取降低产品售价的方式，用价格优势来拉升销量和排名。在螺旋式爆款打造模型中，我将在排名头部的降价拉升总结为"排名越靠前，价格越敏感"。对于一条已经到了BSR头部的Listing，价格是非常敏感的高效拉升销量的利器。降价之后，你会发现订单数量上涨，BSR排名也上去了，而此时，自然订单在总订单数量中的占比增大了。从销售数据来看，销量对广告的依赖开始减弱。

　　第3步：在第2步的状态下维持1~2周之后，如果销量和BSR排名都稳定，那么此时要逐步提高产品售价，把第2步中降低的价格部分，分多次，每次以小幅度涨价的方式再逐步补上来。为什么这么做呢？每次小幅度涨价，可以减少Listing对价格的敏感性所导致的销量大幅下降。比如，在此阶段，原本一次降价1美元，现在可能需要分三四次将价格涨上去。一般来说，只要在头部没有价格比你的低很多的Listing的阻拦，多次的小幅度涨价就不会对销量产生严重影响。

第4步：在第3步的策略下提价之后，参考第2步的策略，继续降低广告竞价；如果总订单数量减少了，就参考第3步的策略，继续用降价来平衡销量。反复多轮往返，价格一步步提上去了，销量也一步步起来了。

在上述操作中，广告订单在总订单数量中的占比一步步减小，当广告订单在总订单数量中的占比小于30%（参考我在《增长飞轮：亚马逊跨境电商运营精要》一书中讲的广告调整的"3个30%"原则）时，该产品的销量不再依赖广告，一个良性运转的Best Seller就形成了。

42

·····第 42 讲·····

爆款维护五原则

　　一款产品被打造成爆款后，每天有了稳定的销量和利润，我们是不是就可以安享胜利果实了呢？答案是否定的。为了维护和放大胜利果实，我们还需要从五个方面采取行动。在孵化营的课程中，我将其总结为"爆款维护五原则"，分别是站内广告、7天秒杀、适时的价格波动、足量库存和多店铺布局。

一、站内广告

　　经常有卖家在运营中陷入操作的误区。比如，一款产品被打造到BSR的头部甚至成为Best Seller后，回头梳理时觉得广告支出太多，于是干脆把广告关闭了。短时间来看，广告没有花费了，利润总额瞬间被放大了很多，但在稍微长一点的时间维度里就会发现，随着广告的关闭，Listing流量开始下滑，进而导致订单数量减少，BSR排名下降，短时间的利润狂欢之后，销量和利润都出现断崖式下跌，爆款不复存在。还有一些卖家，因为缺少运营全局观，在打造一款产品的过程中过度依赖站内广告的推动，虽然产品最终也被推到了BSR的头部，但广告花费在总体销售额中占比太高，眼看着有很高的销售额，可实际核算下来，利润几近于无。你建议他们降低广告竞价和广告预算，控制广告成本，他们也知道应该这样操作，可就是克服不了自己内心的恐惧，他们担心一旦降低广告投入，就会导致订单数量大幅下降（实际上也确实如此）。如此一来，他们的运营始终处于进退两难的境地，降低一点儿广告投入，订单数量出现下滑，于是又赶快加大广告投入，销量和排名又恢复了。这样的操作，有销量，却没有利润，真的是"一番操作猛如虎，一看结果0∶5"。

面对类似于上述的情况，我对运营中广告投放的建议是，广告需要持续投放，坚持"药不能停"，但也要以投入产出比高为目标，同时要适当控制广告投放力度和广告带来的销售占比。

站内广告之所以要坚持持续投放，"药不能停"，是因为除期望站内广告能够带来销量和利润之外，我们还要具备一个视角，那就是应当把广告预算当作一种保险，以防止因为自己不投放而竞争对手投放了，给我们带来潜在的损失。在讲课时我经常提醒孵化营的学员，虽然亚马逊市场当下还保持着增长的态势，但我们每个卖家面对的都是一个存量市场，一款产品不会因为你的选择而有了更大的市场容量，反而会因为多了你的选择而变得竞争更加激烈。市场蛋糕是固定的，卖家之间的竞争就成了"你多我就少"的博弈游戏，要想在这场游戏里取胜，我们必须把自己变成获得更多的一方。站内广告可以为我们拓展流量入口，导入更多的流量和订单，让我们变成获得更多的一方。而如果在运营中关闭了广告，就等于自断经脉，把本来有可能获得的市场让给了竞争对手。

广告持续投放是必需的，但也必须以投入产出比高为目标，同时适当控制广告投放力度和广告带来的销售占比。在螺旋式爆款打造模型的章节中我讲过，当把一款产品打造到BSR的头部后，我们要降低广告竞价和广告预算以控制广告成本，有意识地减少对广告的依赖，同时要将"3个30%"的原则作为广告把控的目标，这些操作都是为了实现利用广告和控制广告之间的平衡。

对于站内广告在运营中的作用，总结起来就是：没有广告是不行的，太依赖广告也是不行的，要坚持把握其在运营中的动态平衡，才能实现广告功效的最大化利用。

二、7天秒杀

7天秒杀活动在爆款的打造和维护中可以起到强大的助推作用，在运营中一定要重视。

通过7天秒杀活动可以快速拉升Listing的销量和排名，而秒杀活动期间的高转化率、订单数量的增长和BSR排名的上升都可以为Listing积累和沉淀权重，为后一步的打造创造更有利的条件。简单来说，秒杀可以让Listing获得更多的订单，占有更大的市场份额。如果一条Listing正处于打造上冲阶段，那么参加7天秒杀活动可以让其上升一个台阶；而对于已经是Best Seller的Listing，参加7天秒杀活动可以有效维护和稳定其权重。

另外，需要提醒的是，根据我在运营中观察到的实际情况，7天秒杀的功效往往是持续叠加放大的。一般来说，一条Listing第一次参加7天秒杀活动，有效果，但可能没有预期效果那么大，等到了第二个月、第三个月，当第二次、第三次参加7天秒杀活动时，作用会大幅度增强，销量和BSR排名甚至会出现倍数级增长。

我对我们运营团队的要求是，每天关注卖家中心后台的秒杀资格，如果有Listing符合报7天秒杀活动的资格，且其秒杀价格有利润，FBA库存数量也足够，则一定要报；如果符合报7天秒杀活动的资格，且其秒杀价格有利润，但FBA库存数量不多，则要评估看能否通过商业快递（DHL、UPS、FedEx等）的方式向FBA仓库补货以赶上参加秒杀活动，若能够实现，也同样要报；如果符合报7天秒杀活动的资格且FBA库存数量足够，但其秒杀价格低于成本价，则要评估整体投入，若在预算之内，也同样要报。

这里列举两个真实的案例。我们的一款产品在参加7天秒杀活动前，其销量一直为每天60单左右，BSR排名在第6名左右，在7天秒杀活动期间，BSR排名冲到了第1名，秒杀活动结束后，排名稳定在了第2名。我们的另一款产品在参加7天秒杀活动前，每天出100单左右，BSR排名在第10名左右，在7天秒杀活动期间，BSR排名冲到了第2名，日销量增长到400单，秒杀活动结束后，BSR排名稳定在了第4名。

正是有了大量案例的验证，让我们把7天秒杀作为一项关键操作纳入日常运营的清单。

需要提醒的是，与7天秒杀类似的BD（Best Deal）秒杀，因为其展示时间短，作用一般，投入产出比比较低，所以在运营中我们很少参加。另外一种情况是，有不少卖家急功近利，习惯性地找服务商报7天秒杀活动，但这属于不合规操作，我对我们运营团队的要求是不碰任何违规动作和灰色操作。所以，在运营中我们也不会这么做。

三、适时的价格波动

稍微用心观察就会发现，亚马逊平台上最大的变量是价格波动。某款产品的价格一天多变或几天一变是常态，通过价格波动来推动销量和BSR排名的上升也是螺旋式爆款打造的核心逻辑。但很多卖家在把一款产品的BSR排名推到头部、打造成爆款之后，却忘记了价格波动在稳定销量和权重中的重要作用。

一款产品被打造成爆款后，我们还需要根据竞争环境的变化和自己的实际情况来适时调整价格，以稳定销量和权重。

具体操作包括：

- 当遇到有竞品低价侵入，且对自己的销量和排名有明显的影响时，我们要及时降价，确保以有竞争力的价格来抢夺市场份额，占据BSR排名制高点。

- 当备货数量过多，而当下销量下滑，日销量和库存数量比偏差太大（我们的参考是，库存数量需要被控制在日销量的30~60倍。也就是说，按照当下的销量，当前的库存可以销售30~60天），可能导致动销率低，影响到资金周转率和店铺的IPI（库存绩效指标）时，要通过降价来拉升销量和提高动销率，扩大自己的市场份额，稳定权重。

- 当库存不足时，要适当涨价。一方面，可以抑制销量，避免断货或减少断货时间；另一方面，断货前涨价，可以赚取超额利润。

- 除了根据自己的库存情况来调价，我们还要根据竞品变化来调价。比如竞品断货时，我们的销量明显上升了，BSR排名也上升了，根据当前的库存数量和销量来评估，我们也可能会因为竞品断货腾出了市场空间而断货，这时也要及时涨价，赚取超额利润。

总之，在价格上，我们既不要僵化地守着某个所谓的预期利润价格不降价，也不要守着这个价格不涨价，价格因时因势而动才是运营中最应该坚守的动作。

四、足量库存

足量库存是打造和维护爆款的基础，很多卖家的爆款打造过程都是因为断货而中断的。断货对Listing的权重伤害很大，断货后再拉升就像上坡途中推动已经停下来的车，需要消耗很大的能量，甚至还会倒退一大截。为了避免断货对运营产生影响，在备货上，我们一定要确保足量才行。

在孵化营的课程中，我给学员的建议是，对备货数量的考量分两个阶段：①在运营打造开始时，要按照自己的阶段性销售预期来备货。比如在前两个月内，期望把这款产品推到前50名，对应的日销量在30单左右，那么就按这个预期销量的30~60倍来备货，也就是需要备货900~1800个。又因为这些货物并不是一天可以卖完的，所以可以通过商业快递、空运和海运结合的方式来安排发货，以降低头程物流成本；②当一款产品已经被打造到BSR的头部时，其BSR排名和销量都相对稳定，则可以根据当前销量的30~60倍来安排备货。需要注意的是，当销量稳定后，备货要尽量提前，留出充足的发货周期，采用海运的方式发货，以降低发货成本。在这一点上，一定要秉持"省钱比赚钱容易"的理念，运费成本的降低还可以留出更大的价格腾挪空间，让你在运营打造中更具优势。

总之，在库存的把控上，足量库存既是运营的基础，又会因为竞品的断货而演变成为自己的优势。在孵化营的课程中，我经常提醒学员，高手过招到最后，比拼的不再是具体的一招一式，而是谁先犯错谁输——如果连库存都无法保证，那么你就是运营中的输家。

五、多店铺布局

一款产品打造成功并不意味着打造的结束，甚至可以说这只是打造的开始，因为在接下来的日子里，我们将可以享受盈利所带来的喜悦。但只有进行更有策略的布局，才能让这种喜悦延续，其中一种策略就是在单品上进行多店铺布局来夯实基础，维护胜利果实。

单兵作战式的打造注定了要遭遇更多的攻击，所以在打造布局中，我们既要讲究阶段性聚焦，在单店单品上快速推爆，又要在一款产品被打造成爆款之后，及时将其布局于第二个、第三个店铺，形成多店铺联动布局，用单品多店铺多坑位布局构筑自己的护城河。

需要解释的是，这里的"单品"并不限于同一款式的产品，而是指在同一个关键词下具有相同或类似功能的同款及不同款的产品。这些产品可以在同一个类目节点下，也可以根据实际情况被分布在不同的类目节点下，但核心都是基于某个应用场景而出现的，当搜索某一个关键词时，这些产品会展示在相关搜索结果中。

在单品多店铺布局策略中，最好的操作是不同的店铺使用不同的商标、不同的图片和文案，由团队中不同的运营人员来操盘打造。在内部，我们知道这些店铺具有一致性，而在外人眼里，这些只是彼此独立的不同店铺。这样的操作，一方面可以避免被系统监测到关联，另一方面也可以避免被竞争对手过度关注。

为什么要选择单品多店铺布局呢？因为对于有些卖家来说，聚焦好于分散。一个卖家要想获得竞争力，谋求生存和发展的资本，聚焦是上上策。

我们知道，太阳的能量是激光的数十万倍，但由于分散，太阳光照射在人的身上时，也只是暖暖的感觉而已；而激光则通过聚焦而获得力量，可以轻松切割坚硬的钻石和钢板。作为卖家，我们要的就是这种聚焦的力量。

在具体的打造上，在确定了一款产品后，就要采用并保持阶段性聚焦的运营策略。首先聚焦于A店铺中的产品打造，当该产品在A店铺中被打造成功之后，我们可以在B店铺中上架该产品的姊妹款继续打造。如果一切顺利，则可以快速完成该产品在两个店铺中的布局和打造。最终呈现的结果可能是，A店铺中的Listing占据了Best Seller，B店铺中的Listing占据了第20名。接下来，布局C店铺，比如Listing占据了第50名，再布局D店铺，比如Listing占据了第100名……类似于这样的布局完成后，我们就实现了单品多店铺多坑位布局。

如果某个店铺，比如A店铺的Listing遭遇断货，那么我们可以一边对A店铺的Listing涨价，赚取超额利润，一边调整B店铺的打造策略，继续上冲。多店铺轮番打造，既可让我们避免因为某个店铺断货而错失市场，又可逐步扩大我们在该产品上所占的市场份额。

此外，如果遇到有竞品进入，那么我们可以根据各个店铺的库存和权重来直面迎战。比如竞品以低价进入，我们就可以用D店铺的Listing来同步竞争，无论是定价策略还是广告策略，都做到和竞品同步。假设竞品售价为$9.99，我们就将自己的价格设置在$9.98，竞品继续降价，我们就跟着降价，竞品涨价了，我们可以选择跟或者不跟，确保永远比竞品售价低一点。即便在竞争中竞品的售价被调低到亏本价，我们也可以继续跟进，因为除了这个用于对抗的店铺，我们还有另外几个店铺可以确保有稳定的利润。竞品设置了优惠券，我们也跟着设置；竞品参加了秒杀活动，我们也跟进；竞品投放了广告，我们就干脆将广告定位在竞品的详情页面。竞品的任何营销策略我们都全面复制。在这种策略下，竞争对手将无法凭借单一策略来独吞市场。当竞争对手发现无法抢夺下市场而选择撤退时，我们再逐步调价到合理的位置。在这番打造中，我们为D店铺的Listing沉淀了权重，D店铺的Listing排名上升了，我们占有的市场份额更大了。这样的打造策略，进可攻退可守，像极了《商战》中讲述的"进攻战"和"防御战"。

除了直面竞争，在多店铺布局策略下，我们还可以根据各个店铺的情况，轮番报7天秒杀活动。诚如我们在前文提到的7天秒杀对Listing权重的促进作用，多个店铺轮番报7天秒杀活动，也可以推动各个店铺的权重逐步上升。

孵化营的一个学员其家族是生产厨房刀具类产品的，有自己的实体工厂，他在选品时询问我该怎么做，我建议他聚焦于家族当前的产品进行多店铺布局。这位学员按照"简单、听话、照着做"的原则垂直于厨房刀具类进行深挖和布局，一年之后，他用7个店铺在两个细分类目节点下的BSRTop 100中占据了40多个坑位，利润可观。这位学员带着胜利的果实再次向我请教，问现在是否可以横向拓展品类，我给出的建议是继续垂直深挖，把当前排名第100位的产品推到第50位，把排名第30位的产品推到前10位，把排名第10位的产品打造到Best Seller。我提醒他：如果你做到了把排名向前推进，则可以获得3倍以上的销量和利润。

这就是单品多店铺多坑位布局的力量。聚焦才有力量，我们要在狭窄的市场中做到足够深入，才能构筑起长期稳定发展的护城河。

43

·····第 43 讲·····

运营中的老品激活与
爆款打造建议

　　我在讲述螺旋式爆款打造的模型和细节时，模拟的是一个新品从上架到成为爆款的打造之旅。在日常交流中，我也遇到过一些卖家询问：已经在运营但效果不理想的老品能否借鉴和参考螺旋式爆款打造的节奏来推动呢？答案是肯定的。但一款老品想采用螺旋式推动，在启动之前，我们还要对现有的产品状况进行分析——下诊断，开药方。具体来说，要做以下几方面工作。

一、选品分析和竞品分析

　　在孵化营的课程中，我经常提醒学员，爆款打造有两个前提：选品和Listing优化。选品是基础，Listing优化是保障。并不是所有产品都能够被快速打造成爆款——如果某产品的市场容量几近于无，如果某产品的市场竞争太过激烈已经进入白热化状态，如果你通过竞品售价了解到当前很多卖家都处于亏本销售的状态，如果某产品甚至还存在着侵权隐患，那么我的建议是，不要逆市场而行，不要再把时间、精力和资金浪费在这些没市场、打造难度太大、存在运营风险的产品上。在这种情况下，我们宁愿选择低价清货、站外清货、弃置等处理方式，也不能因为不甘心前期投入造成的沉没成本而继续做无用功。我把这种取舍总结为一句话：在错误的方向上，停止前进就是前进。

二、Listing优化分析和调整

Listing优化是爆款打造的前提，在网上销售中，卖产品就是卖图片和文案，Listing的好坏起到举足轻重的作用。我经常提醒学员，从看到我们的Listing到权衡是否购买，再到做出购买决定后下单，一直到收到产品之前的那一刻，消费者购买的其实是一种基于Listing而对产品所产生的想象。一个优秀的卖家必须是造梦师，要有通过Listing的图片、标题、文案、评论、价格等要素为消费者创造想象空间的能力。可以这么说，一条优秀的Listing是成功的一半。

对于老品来说，在打算重新启动打造时，一定要结合Listing优化的基本要求和竞品的表现，有针对性地对Listing进行优化。只有足够优秀的Listing，才有机会被打造成爆款。

三、安排备货，按照阶段性的打造预期备足货

有30个库存可以打造爆款吗？我的答案是否定的。有100个库存可以打造爆款吗？我的答案依然是否定的。爆款意味着销量大，"兵马未动，粮草先行"，要想打造爆款，备足货是第一步。

对于老品的备货，一方面要考虑现有的库存数量，另一方面要根据阶段性的打造预期，充分考虑两方面要素，尽量避免在打造过程中遭遇断货的情况。

四、调整价格、广告、优惠促销等，多位一体，全方位推动

老品的打造策略和新品的打造策略类似，老品打造的优势是前期已经积累了一定数量的评论，劣势是可能经历过长时间不出单而导致Listing权重降低。破解之法是在启动打造时，先对Listing做全面检查并对其进行优化完善，通过Listing优化的"动"来打破长期没有销量的"静"所导致的权重下沉。这样的调整，有点类似于用木棍在死水池子里搅动后池底的灰尘上浮的过程，优化了的Listing，就是水池里上浮的灰尘。

在Listing优化的基础上，还要通过市场分析和竞品分析来调整价格，确保在螺旋开始时自己的价格有竞争力，同时配合站内广告投放、设置优惠券等操作，

多位一体地推动Listing销量和BSR排名的上升，让其步入螺旋式爆款打造的快车道。

　　需要提醒的是，在销售过程中，一定要参考"每日销量统计表"对相关数据进行记录，在记录中培养运营的体感。

44

····第 44 讲····

螺旋式爆款打造中的
关键节点和细节

结合前面讲述的螺旋式爆款打造的节奏和细节，我们再来看看螺旋式爆款打造过程中的那些关键节点。

一、关于螺旋启动时的定价

在螺旋式爆款打造模型中，我们运营的核心是采取低价来激活销量，同步带动转化率、订单数量、BSR排名、Listing权重等指标的全方位上升。但怎样才算低价并不能一概而论，要以三个"稳定"为参考——低到能够稳定出单，并且订单数量呈稳定增长趋势，BSR排名能够稳定上升。很多卖家将"成本价"作为自己定价的底线，或者觉得比竞品售价低X%就可以了，这些都有点儿僵化了。在孵化营的课程中，我经常提醒学员，组装汽车是简单系统，可以有标准动作，但运营做生意却是复杂系统，只能靠基本的商业逻辑和在实践中灵活机动地调整与应对。

对于螺旋式爆款打造策略中的低价，我们首先要考虑行业的盈亏平衡点价格，其次要考虑自己的盈亏平衡点价格。表面上看，二者似乎应该相同，但如果从选品到运营，你做得更用心一点儿，你对亚马逊平台的规则更熟悉一点儿，那么就可以做到让自己的盈亏平衡点价格低于行业的盈亏平衡点价格。

要想做到让自己的盈亏平衡点价格低于行业的盈亏平衡点价格，腾挪出更大的利润空间，从而确保自己在成本端占据优势，先立于不败之地，我们需要从以下几个方面入手。

（1）选品时要遵循"田忌赛马"的策略，选择"刚刚好"质量的产品，确保产品质量满足消费者的诉求，避免追求"最好"质量。虽然每个创业者的初心都是为了给用户提供尽可能好的产品和服务，但受制于消费水平、竞争和消费者期望的影响，消费者的诉求未必是"最好才是好"。消费者群体往往以橄榄球状呈现出来，需求特别高端的人不多，需求特别低端的人也不多，大部分消费者会聚集在中间段，他们的期望也往往是"刚刚好就好"。如此一来，本着契合大多数消费者需求的原则，选择中等的"刚刚好"质量的产品，可以让我们在成本端获得先天竞争优势，同时又满足了最大消费者群体的诉求。

（2）在产品包装上做好成本把控，坚持"安全前提下的极简化、极小化包装"。这样的规划，一方面，可以在一定程度上降低包材成本和头程物流成本；另一方面，可以减小包装体积，从而降低FBA费用。比如，你的一个产品包装被改小了之后，变成了小标准件，而其他卖家的产品在亚马逊系统中属于标准件，这样一来，在FBA费用上就可以为你节省10%左右的成本，提高10%左右的利润率，让你在运营中更加能打善战。

（3）学会与供应商沟通，强化对供应商的管理，争取得到供应商更大力度的支持。很多卖家通过1688进行选品，与供应商的沟通也仅仅停留在网上，但没有见过面的沟通终究会让彼此有距离感，难以建立深层的信任。我给孵化营学员的建议是，如果确定了要做一款产品，就要尽量去拜访供应商。一是有必要了解供应商的实力和规模，为随后的备货做到心里有数；二是面对面沟通也会让彼此有更全面的了解，甚至会给你带来延长账期、降低价格等意外惊喜。比如，本书第22讲中提到的学员阿正就曾给我分享，他在展会上第一次见到自己的供应商，一番沟通之后，供应商答应给他延长账期，一下子缓解了他备货时的资金压力。还有一位学员去拜访供应商，提出看厂时感觉到对方不热情，态度不友善，甚至想终止与他的合作。这位学员意识到该供应商可能不是终端工厂，回忆起我在课堂上给出的"和气才能生财，不与态度差的供应商合作"的建议，于是凭着订货、发货时的细微信息继续搜索，最终他找到了上游工厂，并受到了工厂老板娘的热情招待，工厂方主动提出降价让利，同时还同意给他做月结。这位学员后来给我分享时总结道：亲自拜访供应商太有用了。其实，很多大卖家在与供应商沟通方面都做到了验厂、驻厂验货等，但对于中小卖家来说，很多都停留在"网友"的层面，这是远远不够的。所以，当你在思考采用何种方式来降低成本时，不妨走出办公室，去工厂看看吧！

　　（4）选用多家物流商，向物流商争取延长账期，采用快递、空运、海运结合的方式发货，并在每次发货前要向各家物流商询价比价，每次发货时要自己称重并记录存档，发货后要及时和物流商核对运费账单，避免出错。在对物流成本的把控上共包含五层：①选用多家物流商，并且让物流商知道彼此的存在，这样物流商之间有了比较，就不会给你报高价了。②和拜访供应商的意义相同，当你选择和一家物流商合作时，有必要去拜访物流商，面对面沟通，向物流商争取延长账期。虽然刚开始合作时未必就能够得到账期，但只要你们保持合作，只要你持续洽谈，终究是可以谈下来账期的。③不同的发货方式既影响发货时效，也影响发货成本，你要考虑的是发货时效和发货成本的完美结合。一般来说，前期发货，为了赶时效，可以采用快递、空运、海运结合的方式。当运营稳定后，在资金周转得开的情况下，可以提前备货，采用海运（甚至是海运慢船）的方式发货，这样可以降低头程物流成本，确保在运营中更有竞争优势。④既然选择了多家物流商备用，那么每次发货前都要针对当次的发货重量向多家物流商询价比价。这一动作可以确保你在每次发货时都可以拿到相对便宜的物流报价，比价可以确保节省物流成本。⑤每次发货前，都要自己称重并记录存档；发货后，要及时向物流商索要运费账单核对。如果在重量和运费上有出入，则要及时沟通，避免因双方的重量、费用不一致而带来额外的成本和不必要的麻烦。以上五点，如果能够铭记在心并切实去做，那么你的综合成本可以比竞争对手低5%左右。

　　（5）在办公成本、人均效能上下功夫，同样可以节约成本，提高竞争力。有些创业者因为过度乐观、好高骛远而租用高端奢华的办公室，办公面积超出自己的实际使用需求，雇佣的员工数量超出当前需求，这些都会造成成本的增加，进而导致亏损。在管理上，我的建议是适合当前发展的需求即可，不盲目乐观，谨慎前行，同时把管理当作一门科学来对待，避免因为无知自信而膨胀式扩张团队。相对于前面几点成本把控的即时可见性，管理上的浪费未必能够直观感受到，但却切实地影响着成本，影响着运营的成败，所以同样要用心才行。

如果一个卖家能够做到对上述细节的把握，那么就可以确保自己的运营成本偏低，确保自己在成本上有优势，确保自己在竞争中具备了先天的竞争力。通过上述分析也不难发现，行业的盈亏平衡点价格和自己的盈亏平衡点价格真的未必一致，但作为一个想在竞争中取胜的卖家，必须要用心做好上述每一点。

在螺旋式爆款打造启动时，先以行业的盈亏平衡点价格作为定价参考，如果在这个价格下能够激活销量，那么螺旋打造就从此处开始；但如果没有出现销量持续上升，则说明这个价格不足以激活销量，可以在此基础上降低$1.00来测试，以此类推。

之所以做这番提醒，是因为曾有卖家参考我的螺旋式爆款打造模型图，将自己的产品售价定在$4.99，产品上架第一天出了3单，第二天出了2单，第三天直接出了195单，首批备货的200个库存被清空。随后核对才意识到，在$4.99的价格下，单个订单要亏损$4.60，损失有点儿大。而三天即断货并没有为其积累权重，实在不值得。这个案例也就成了我讲螺旋式爆款打造时反复提醒要从盈亏平衡点价格启动的一个重要原因。

为什么要用低价来激活销量呢？

"低价推动"的核心逻辑是逆人性的，以大部分卖家的"不可为""不相信""不愿做"作为自己弯道超车、后来居上的突破口。

我将"低价激活"的心理依据总结为三个字：短、凭、快。短：用价格便宜的强刺激，推动消费者在短时间内做出购买决定；凭：凭什么？给消费者一个购买的理由——虽然这个新品没有Review，让人担心可能成了被试验的"小白鼠"，但"价格便宜，试一试也不错"；快：快速解决购买时内心的冲突——虽然没有Review，但价格便宜，假使产品品质不理想，还可以找客服退款解决——以此来推动消费者快速做出购买决策，快速下单。

说到底，低价策略是背逆了卖家的人性，却顺应了消费者的人性的。同时，低价策略是一个在更广维度里的权衡，固然价格上只有微利、持平甚至微亏，但逐日增长的订单数量和高于同行卖家的转化率都在为Listing增加权重。遵守亚马逊平台的规则，不做刷单、测评、"黑科技"等违规操作，也可以节约一些不必要的成本。此外，控制广告也比盲目而疯狂地投放站内广告在综合成本上更划算。低价策略，可以让卖家在成本上节省，在运营上高效，能够实实在在地发挥作用。

在孵化营的课程中，我将低价策略总结为以下几点。

（1）以逆人性的心态设置能够激活销量的低价。

（2）设置的低价是"优惠价"，而非"优惠券"（优惠券是在某些情况下额外的补充）。

（3）低价不等于成本价，不等于比同行卖家的低30%，但也不是一定要设置成亏本价，设置的价格是否够低，要以结果为导向，即销量上升了，排名上升了。

（4）低价要以"能够稳定出单，并且订单数量呈稳定增长趋势，BSR排名能够稳定上升"为准。

（5）低价激活销量，逐日增长的订单数量和高于同行卖家的转化率都会为Listing增加权重。

当低价出现略有亏损时要想到，低价策略是广告成本和刷单成本的一种转嫁，是直接让利给消费者，让消费者用购买的行为为自己的Listing投票。

对于螺旋上升时的提价，我也做了如下几点提醒。

（1）提价的依据是"销量稳中有升，稳定上升"，不能单纯僵化地把时间作为提价依据。

（2）提价的目的是为了实现"量价双升"，但提价后可能会出现销量下滑的情况，这时要借助"每日销量统计表"的记录——如果以周为单位来观察，销量和排名都上升了，即是好趋势。但是，既不能要求也不能期望每天销量都是上升的，上升是趋势性的，是波动的。

（3）在螺旋式爆款打造模型中，我以$1.00来模拟每次的提价，但在实际运营中，要尽量保持小幅度提价。根据产品的实际价格，如果产品单价低，则提价幅度要格外小；如果产品单价高，则提价幅度可以略大。所以，针对不同的产品，有可能单次提价仅$0.20~$0.30，也可能提价$1.00~$2.00，因产品单价而异。

（4）每次提价之后，只要库存数量足够，就要留出足够的时间，积累和沉淀权重，Listing权重要靠转化率、总销量、Rating的数量和星级以及时间来逐步沉淀。

（5）提价之后，当销量下降时要想到，只有提价才能腾挪出更大的降价空间，从而在Listing权重上升的基础上，再以低价突破上一轮打造中的瓶颈。

二、关于广告投放的建议

对于螺旋式爆款打造中的广告投放策略，我有以下几点建议。

（1）产品上架后，在Listing优化到位的基础上，直接开启自动型广告即可。此时，广告起到引入流量和筛选关键词的作用。

（2）前期的广告投放要以订单数量和转化率为主要参考，不要过度解读ACOS。

（3）前期的广告竞价和广告预算可以稍高，广告竞价可以参考系统建议的竞价，但在广告预算上，每天\$30.00兜底，每天\$50.00封顶。在特殊情况下，即使你有更大的打造野心和更多的预算，也不要超过每天\$100.00。

（4）广告预算不是不变的，随着订单数量和BSR排名的上升，广告竞价和广告预算都要逐步降低，要有意识地减少对广告的依赖。

（5）产品排名进入Top 20后，要通过逐步降低广告竞价和广告预算，使广告ACOS回归到合理区间，同时要控制广告销售占比，将其降到总销量的30%以内才算是良性。

三、关于优惠券的用与不用

使用优惠券的目的是：①优惠券有独立的流量入口，可以带来更多的流量；②设置了优惠券的Listing，在搜索结果页有独特的标识（如图44-1所示），更具视觉冲击力，可以产生更高的点击率；③利用有些消费者爱占便宜、捡便宜的心理，可以产生更高的转化率。但优惠券只是螺旋式爆款打造中的一个补充手段，不是必要条件，是否要设置优惠券，首先需要考虑的是当前价格是否有利润——如果价格太低，已经低到没有利润了，则无须设置优惠券。根据我们打造爆款的实践来看，直接低价比优惠券折扣更有效。

图44-1

　　关于优惠券的设置我有一个建议：对于低单价产品，可以设置为百分比折扣；对于高单价产品，则可以设置为金额折扣。这样的设置，对消费者可以产生更好的吸引力。

　　另外，需要提醒的是，在优惠券设置过程中，一定要避免设置错误。第一，要避免百分比设置错误。比如，原本计划设置为8折，不承想设置成了80% off，变成了2折，这会导致损失惨重。第二，要避免优惠券和其他类型的促销叠加。有些卖家在运营中会设置一些站外促销码，而如果在同一时间周期内也设置了优惠券，出现交叉叠加，比如站外促销优惠50%，站内优惠券50%折扣，被叠加使用，就会出现一波零元购，导致损失惨重。所以，在设置促销和优惠券时一定要谨慎。

四、关于盈亏平衡点价格的核算

　　关于盈亏平衡点价格的核算，也是爆款打造中的关键一环。如果你无法做到在成本端进行把控，无法确保自己的盈亏平衡点价格低于行业的盈亏平衡点价格，那么打造成功的难度会增加不少。

　　关于如何控制成本和确保价格优势，可以参考本节前面所讲。

五、关于价格敏感区间

价格敏感区间是指在螺旋涨价的过程中，涨到某个价格时遭遇了较大幅度的销量下滑。但需要注意的是，螺旋式爆款打造需要多轮螺旋，而每一轮的价格敏感区间也会因为受到Listing的销量、权重、评论数量等的影响而各不相同，不同的产品、不同的打造节奏也会导致价格敏感区间不尽相同。所以，我们要理解其逻辑，在实操过程中要观察Listing的具体表现，当销量因为涨价而出现趋势性的、较大幅度的下滑时，我们就可以认定涨到的这个价格是当前阶段的价格敏感区间。

当打造进入某个价格敏感区间后，我们常做的动作就是通过大幅度的降价，用价格的敏感性来拉升销量，进行下一轮螺旋。

六、关于微利区间

和盈亏平衡点价格相对应，在螺旋上升的过程中，当价格突破盈亏平衡点，进入微利区间后，我们既要看到成果，又要有耐心，在随后打造的过程中适当调慢节奏。一方面，单价有利润总是让人开心的；另一方面，已经有利润了，就需要用更长的时间来沉淀权重。在孵化营的课程中，我将给予更长的时间来沉淀的思维总结为一句话：给它时间，让它成长。

需要说明的是，有些时候，某些产品或行业竞争不激烈，利润空间大，开售价格已经有了一定的利润，在这种情况下，我们可以从一开始就把调价节奏放慢，积累销量，沉淀权重。

七、关于断货前的应对

断货对一条Listing权重的伤害是非常大的，在打造一款产品的过程中，最好是不要遭遇断货。如果我们对一款产品的市场认知把握准确，那么在备货时，就应该基于销售预期备足货，降低发生断货的风险。但从实际的运营来看，断货又几乎是每个卖家都会遭遇的情况。所以，在断货前，我们必须做好应对，把断货所带来的伤害降到最低。具体来说，要从如下几个方面来采取行动。

（1）在资金充足、市场把握精准的情况下，尽量根据当前阶段的销售预期备足货。

（2）在发货过程中，要充分考虑销售周期、到仓后上架的时间、发货时效和运费成本的平衡，采用快递、空运和海运结合的方式发货。这样做，一方面可以控制头程物流成本；另一方面可以保证时效，减少因为物流而导致断货的可能性。

（3）在打造过程中，要根据现有的库存数量、在途库存数量、当前日销量等要素，规划螺旋式爆款打造的调价节奏。当库存不足时，要及时将"小步慢跑"的节奏调整为"小步快跑"。

（4）断货前，可以采取高单价自发货方式自我跟卖，避免断货后Listing被恶意卖家当作僵尸Listing捡走。

八、关于头部区的策略

当打造进入头部区后，我们应该有更大的格局和更长远的眼光，调价节奏要放慢，积累销量，沉淀权重，给它时间，让它成长。

九、关于产品Review的解决方案

产品Review既影响Listing权重，又影响消费者购物的感受。很多卖家受困于"没有Review怎么办"而忍不住去找一些服务商做刷单、测评，这些操作基本上都是违规的，一旦被亚马逊系统识别到，轻则评论被删除，情节严重的，甚至会导致账号被移除销售权限。在螺旋式爆款打造的过程中，我一直要求学员在合规的前提下做运营。在产品Review获取方面，我有如下几点建议。

（1）申请Vine计划。Vine计划是亚马逊官方发起的针对新品的评论获取计划。我们的操作是，新品上架后，直接按许可上限来申请30个产品的Vine计划，当前的成本是$200.00的申请费。

（2）联系五星Feedback的客户，表示感谢并邀评。随着销量的增长，我们可以有针对性地联系五星Feedback的客户，引导其留评。

（3）以安全方式适当增评。如果你有自己的Facebook好友/粉丝群，或者有B2B老客户群，则可以通过与客户沟通并引导其为产品做测评的方式来较快速地获取评论。

（4）如果你是一个比较保守的卖家，也不想产生额外的花费，那么就认真做好产品品质把关，做好售前和售后客户服务，随着销量的增长，产品评论会自然产生。

十、预防低价爆单的方案

因为在螺旋式爆款打造的前期，产品售价较低，有时候会因为没有充分全面地考虑各方面要素而导致瞬时爆单，从而造成不小的损失。为了避免低价爆单的情况发生，在运营中，我们一般会采取以下预防方案。

（1）结合销售预期，备足货。一般会结合备货周期、发货周期、销售预期、上架时间等要素，在资金充足、仓容够用、确定产品不侵权的前提下，按预期销量备2~3个月的货。

（2）在发布产品时，设置最大订单数量（Max Order Quantity）。亚马逊是零售平台，很少有批量订单，所以在发布产品时，可以设置最大订单数量为1~2个，避免出现低价时被人捡漏儿、一次性买空库存的糟糕局面。

（3）在低价阶段，要多盯着销量变化。如果出现短时间内销量过大、增长过快的情况，要及时提价来抑制销量。

（4）警惕促销和优惠券多重叠加。在打造过程中，一定要检查店铺的促销、优惠券设置，避免出现多个优惠活动交叉的情况，进而避免因为设置错误而导致超低价（甚至零元购）所带来的瞬时爆单。

十一、没单时的思考与应对

与爆单情况刚好相反，在运营中，其实很多卖家首先面对的是无论怎样努力，也不怎么出单的情况。不出单时，我们需要从以下几个方面进行核查。

（1）价格不够低。参考我在前文中讲到的与成本把控和价格制定相关的要素，一项一项进行核对和把控，确保自己在成本端有优势，确保自己能够以同行竞品中较低的价格来启动螺旋。很多卖家疏忽了对成本的把控和对竞品的分析，单凭"自认为"去制定价格，自己觉得低，其实在同行竞品中明显偏高了，这自然会导致转化率低、订单数量少。曾有卖家向我求助，说自己的产品不出单，我询问其价格情况，他的答复是"我是中国卖家中第三高的"。如此价格，在没有品牌背书、权重积累和排名不靠前的情况下，当然不会有多少销量了。

（2）Listing优化不够好。在有些情况下，价格已经很低了，却依然卖不好，问题可能就出在Listing优化上。我们需要参考竞争对手的Listing，针对各个细节进行调整。关于Listing优化的重要性，我们必须有一种观念：在网上销售中，卖产品说到底就是卖Listing。

（3）流量不够多。我们在启动一款产品的打造时要充分利用各种流量入口为Listing导流，包括Listing优化到位、投放站内广告、设置优惠券，以及在符合条件的情况下参加秒杀活动等。

十二、螺旋式爆款打造过程中的库存备货提醒

断货对Listing权重的伤害非常大，体现在销量上，就是断货之后的再打造，往往需要更大力度的降价和广告投放。断货好比让一辆正在爬坡的人力拉车制动停止，缺少了前期运行的惯性推动，再次启动往往需要消耗非常大的能量。要想快速打造出爆款，确保不断货是重要条件。

在确保产品不侵权、产品质量不出现严重问题，以及仓容够用的前提下，一定要备足货。一般来说，我们会根据目标排名的日销量，按其60~90倍来备货（2~3个月的销量）。若FBA仓容够用，就直接分批发货至FBA仓库；若FBA仓容不够用，则可以找海外仓作为自己的中转仓，提前发货至目的国。最基本的，我们需要根据销售预期，提前订货、备货，将货存放在自己的仓库中，以备随时安排发货。有了这几层的考虑，才能把断货的风险降到最低。

十三、螺旋式爆款打造中的节奏把握

在螺旋式爆款打造中，以下几个关键节点需要牢记于心并应用于打造实践中。

（1）在螺旋启动时，要以订单为首要目标。在此阶段，接单的意义大于一切。

（2）螺旋启动时以低价做引子，同时需要借助站内广告的助推，要把握"广告导入流量，低价带动转化"的思想。

（3）在螺旋式爆款打造中提价时，要把握"小步慢跑"的节奏，降价则要"进四退三"且尽量"一步到位"。在遭遇断货前，要以"小步快跑"的节奏提价至盈利。

（4）每次提价要以3~7天为一个观察周期，降价则可以即时进行。一般来说，亏损时，建议以3天为一个提价周期，达到盈亏平衡和盈利后，可以以7天为一个提价周期。

（5）产品实现稳定的销量和利润后，我们要有更长远的眼光，放缓调价节奏，要用较长的时间周期来积累和夯实权重。

（6）最佳的防守是进攻。在螺旋式爆款打造中，我们要长期保持"进攻"的心态，即便一条Listing被打造成为Best Seller，也要随时关注竞品的动向——若有低价介入者，我们就要因时因势来调整价格、广告，或者通过参加秒杀活动等操作，来避免自己的市场份额被竞品所蚕食。

以上关于在螺旋式爆款打造中需要把握的细节并不是一蹴而就的，每个细节都是像收集露水一样，在这些年的运营实操和辅导学员的过程中一点点总结出来的，希望每一位阅读至此的读者都能够认真琢磨，既要精准把握其操作，也要理解其背后的逻辑和思考。我深信，如果能够将这些细节精准地应用于自己的运营中，那么一定会对你的运营大有裨益。

45

销量下滑时的分析因素与
应对建议

在爆款打造过程中，我们期望的是销量能够稳定上升、持续上升，但现实是，总有一些时段，明明自己在很努力地做运营，销量却出现了趋势性下滑——如果不及时控制和解决，追求爆款的目标则会随着销量下滑趋势的严重性而烟消云散。

结合运营实践经验，我总结出了导致销量下滑的因素清单。在孵化营的课程中，我会要求学员牢记以下清单并在遭遇销量下滑时进行检查、分析，有针对性地做出运营上的调整。

具体的因素清单及应对建议如下：

（1）检查Listing是否收到差评。差评是导致Listing权重下降和销量下滑的重要原因。所以，当销量出现下滑时，一定要第一时间进行检查，看是否收到差评。如果收到了差评，则要有针对性地做出应对。关于差评应对，请参考我在这一讲末尾提到的"差评应对四原则"。

（2）检查"买家之声"是否收到客户投诉。检查"买家之声"中的绩效情况，如果有客户投诉，则要针对客户所反映的内容，有针对性地检查和调整Listing文案，或者改善产品质量，避免再发生类似的情况。

（3）检查竞争对手是否有变化。在运营过程中，竞品分析是重要事项，缺少对竞争环境的观察和把握，就好比只顾低头拉车而不抬头看路，很容易在竞争中落伍。所以，一定要保持每天观察竞品的习惯，比如观察竞争对手是否做了运营调整，如降价、参加秒杀促销；观察竞争对手是否提高了广告预算和广告竞价，抢占了更好的广告位等。如果有这些情况，我们就要根据自己的运营实际，有针对性地做出调整，比如，在利润空间足够的情况下，可以跟进降价抢市场，报秒杀活动抢流量，调整广告策略以避免市场份额被竞品蚕食过多等。除了关注原有竞品，还要关注是否有新进入者。如果有新进入者，则要留意其运营的策略和细节，比如新进入者也在做低价螺旋，我们就要做一个竞品运营记录表来详细记录其打造全过程和效果，学其优点，为己所用。

（4）检查Listing是否存在问题或出现异常。包括检查自己的类目节点是否被更改，检查Listing是否被人恶意更改为成人用品、禁售产品等，检查Listing在搜索前台是否正常显示……如果发现异常，则要通过开Case找客服协助，或者自己用表单批量刷新等方式来解决。

（5）检查关键词位置是否有下降。关键词排名越靠前，自然流量就会越多，订单数量也会相应地增加。所以，在运营中，针对Listing的核心关键词，我们要每天搜索并观察其位置变化。如果在销量下滑的同时出现了关键词排名下降的情况，则可以通过降价拉销量和转化，或者针对该关键词进行广告投放等方式，拉升其排位，尽量恢复和提升其权重。

（6）检查广告位是否有下降。销量也会因广告位的变化而变化，当运营处于相对稳定的状态时，一般来说，广告位也是相对稳定的，这时我们就要观察广告位的变化。当销量出现下滑时，如果观察到广告位也下降了，点击率、点击次数、转化率的表现都不如之前，那么我们就有必要通过提高广告竞价、否定表现差的关键词等方式来改善广告表现。

（7）检查Listing是否被低价跟卖，是否出现购物车被抢走的情况。虽然跟卖是亚马逊平台所许可的，但对于卖家来说，跟卖会直接影响自己店铺的销量。所以，当销量出现下滑时，一定要检查自己的购物车占有率，检查自己的Listing是否被人跟卖。如果存在Listing被人跟卖的情况，则要在第一时间赶跟卖，避免对自己造成持续的影响。

（8）检查优惠促销设置是否到期。在运营中，有些卖家会通过设置优惠价、优惠券或者其他促销活动来辅助推动运营的发展，而这些设置往往都有对应的时间范围。当销量出现下滑时，我们要检查这些设置是否到期，如果到期了，则要有针对性地重新设置。

（9）检查产品是否遭遇断货。断货是伤害Listing权重的另一个重要因素，而其直接体现就是销量下滑。在运营中，我们需要每天关注库存情况。为了避免断货的发生，要尽量备足货；若断货不可避免，那么在断货前要适当涨价，在抑制销量的同时赚取超额利润。

（10）检查Listing是否调整太频繁。在《增长飞轮：亚马逊跨境电商运营精要》一书中我曾经讲到，Listing优化太频繁同样会导致Listing权重的下降，进而会导致销量下滑。在该书中我还总结了"二不优化三优化"的原则，希望各卖家在运营中能够适当控制优化节奏。在Listing表现好的情况下，不对Listing做调整是最佳策略。

（11）检查产品退货率是否过高。针对一条销量下滑的Listing，还要检查其退货率情况。如果退货率过高，则需要针对Listing文案、产品品质、产品说明书和使用指引等内容做出调整，控制和降低退货率，提升Listing权重。

（12）检查产品是否是季节性产品。对于季节性产品，因为淡季的来临而导致销量下滑是必然，但其有一个典型的特点，就是在流量下降、销量下滑的同时，大类目排名在下降，而小类目排名不变。如果出现小类目排名也下降的情况，则说明是自己的运营出现下滑，需要重新用力推动其上升。

以上12点，基本上覆盖了在运营中导致销量下滑的大部分因素。当在运营中遇到类似的情况时，只需要有针对性地做出应对，就可以在很大程度上力挽狂澜于颓势。

这里需要格外注意的是差评应对。差评既是我们不期望的，也是每个卖家无法绝对避免的，只要有销量，只要销量足够大，收到差评几乎是必然。有些差评是因为产品品质有问题，有些差评可能是产品描述或产品说明书表述不准确所致，还有些差评可能是因为客户比较挑剔，更有甚者，因为竞争的原因，也有可能遭遇到竞争对手的恶意差评，但无论怎样，每次收到差评后，都要认真分析差评的内容，并有针对性地做出应对。结合过往经验，我把对差评的处理总结为"差评应对四原则"，详细如下。

- 联系客户：收到差评后，如果差评内容贴合产品自身，而且又能够找到对应的客户，则要主动和客户取得联系，向客户道歉，并提出补偿，争取得到客户的谅解，协助我们修改或移除差评。

- 联系客服：如果差评和产品不符，评论内容有悖于平台规则或者有明显的恶意，则可以开Case联系平台客服，向客服讲明评论和平台规则的相悖性，争取得到平台的认可和支持，协助删除差评。

- 适当增评：随着发展的需要，越来越多的卖家开始进行多平台运营，一些卖家甚至会通过DTC独立站来沉淀自己的私域客户，通过社交媒体来积累自己的粉丝群。对于有老客户沉淀和粉丝群的卖家，则可以在现有的用户群中开展有针对性的促销活动，为Listing适当增评。

- 快速降价：在其他条件都不具备的情况下，快速降价是应对差评的最直接、最有效的武器。差评往往会导致Listing权重下降、销量下滑，而快速降价可以凭借价格优势来拉升销量和转化率，一降一升抵充稀释，可以将差评的不良影响降到最低。降价后，观察一周左右，如果销量没有出现明显的下降，BSR排名也比较稳定，则可以以"小步慢跑"的方式逐步涨价，将价格恢复到降价前的状态。

46

····第 46 讲····

广告暂停后表现变差，
不妨试试这两招

有学员反馈，一个站内广告活动，ACOS在60%左右，反复调整也达不到预期，又因为广告带来的订单不多，于是暂停了广告活动，暂停之后，Listing 的销量出现大幅下滑。出现如此状况，这位学员只好重新开启了广告，但重启之后，广告表现更差了，ACOS居然飙升到180%左右，与此同时，Listing的销量还在持续下滑。面对这种情况，这位学员很焦虑，也很沮丧，一时之间不知道该怎么做了。

其实，这位学员的遭遇绝非个案。

很多卖家在运营中都遇到过类似的问题，无论是什么原因导致的广告活动暂停，在广告重新开启之后，表现往往都不如之前。

关于这一点，我在孵化营的课程中专门做了总结：导致广告表现变差主要有五个原因。

（1）Listing收到差评：差的Review和低星级的Rating。

（2）"买家之声"表现差：消费者投诉导致"买家之声"中的不良率上升。

（3）广告中断：断货导致Listing被下架，被跟卖导致购物车丢失，人为地手动暂停广告等。

（4）Listing调整：Listing优化、Listing拆分/合并、Listing涨价等。

（5）其他因素：调整了广告竞价（调高或调低），或者竞争环境发生了变化（比如低价竞品进入，或者出现了高广告投入的竞品等）。

上述这位学员的遭遇，广告中断是主要原因。

为了避免出现因为随意暂停广告活动而导致广告表现变差的情况，我给这位学员的建议是：广告投放要"药不能停"。

具体来说，如果为一个产品开启了多个广告活动，其中一个（或几个）表现不好，则可以暂停/关闭表现不好的广告活动，保留表现好的，这种暂停并不会对广告造成不利影响；如果为一个产品只开启了一个广告活动，而此广告的表现不好，暂时又没有其他应对策略，则可以采取降低广告竞价（可以降到很低，比如将广告竞价降至$0.20，这样调整后可能点击量不大，如果没有转化，则广告花费很少，避免了广告浪费。但在很多情况下，低竞价广告同样会带来一定的转化，广告的投入产出比反而更高。我将这种策略称为"广告的乞丐打法"）的方式，节约广告成本，减少广告浪费。但需要注意的是，在没有清晰的调整策略前，尽量不要直接关闭广告活动，因为关闭广告活动的影响实在太大了。

之所以建议大家参考上述进行调整，是因为广告活动的开启与关闭会直接影响亚马逊系统对Listing的权重分配问题。

一条Listing被投放广告后，系统会为该Listing分配两种权重：自然权重和广告权重。有时候，即便广告没有带来订单，ACOS很高，投入产出比不高，但因为有广告权重的加持，Listing 的总流量是多的，相应地，总订单数量也会比单靠自然流量要多一些。如果暂停/关闭了广告活动，亚马逊系统将会停止为该Listing分配广告权重，或者降低为该Listing分配的广告权重，结果就是总流量减少了，订单数量下降了。

这是典型的马太效应：强者恒强，强者更强。

当然，这种现象并不是亚马逊所独有的，各电商平台也都有类似的规则，作为卖家，我们无可厚非。毕竟，平台的目的和我们一样，都是为了多赚钱。区别是，卖家考虑的是投入产出比高，平台考虑的是把有限的流量尽可能分配给贡献值更大的卖家，以便于维护和挽留这部分高价值的卖家，从他们身上获得更多的、更长期的价值。

作为卖家，在遭遇广告重启后表现变差的情况时，该怎样思考和应对呢？

首先需要理解的是，广告重启后之所以表现变差，是因为在暂停期间该广告活动被系统降权了。也就是说，该广告中对应的广告关键词权重（即关键词质量得分）降低了。要想改善广告的表现，则需要想办法提高关键词质量得分。只有关键词质量得分提高了，广告的表现才能得以改善。

具体该怎样做呢？

这里有两点建议：一是优化Listing；二是提高转化率。

在优化Listing的层面上，卖家可以检查自己的Listing，如果有优化的空间（包括关键词、主图、标题等内容），则不妨先进行优化，然后尝试再开启一个和原广告活动一模一样的广告活动，让两个广告活动并行跑一段，最后，保留表现好的广告活动。

很多时候，后开启的广告活动因为有Listing优化在前，广告抓取的数据是优化后的Listing内容，往往表现比先开启的广告活动会好一些。但即便如此，多个广告活动的运行与对比也还是要本着先开后关的原则——先开启新的广告活动，对两个广告活动的表现进行对比，然后关闭表现不好的广告活动，保留表现好的。

从提高转化率的层面来看，卖家可以通过降低产品售价，让售价更具有竞争力（横向对比同行卖家），然后在此基础上，提高广告竞价（关键词质量得分下降之后，同样的广告竞价，广告排名也会下降，提高广告竞价可以让广告位相对上移），实现广告位靠前+售价有竞争力的双向改善，提高点击率和转化率。只有这两个变量改善了，广告权重才能得以提升，广告表现才会一步步变好。

47

····第 47 讲····

在亚马逊运营中必须规避的
11 个坑

什么样的亚马逊卖家才算是一个成功的卖家？对于这个问题，不同的卖家有不同的答案，我的答案是账号能够持续运营多年的卖家。如果一个卖家经常性地遭遇账号受限，那么他就很难成长为一个稳定盈利的卖家。要想做好亚马逊运营，既要讲究爆款打造，店铺里要有几个稳定盈利的爆款才行，又要讲究积累和沉淀，如果一个卖家经常发生死账号的情况，在缺少时间加持的前提下，他就很难保证实现稳定的盈利。从某种意义上说，账号安全是爆款打造的必要前提和关键保障，而要想确保账号安全，则必须规避以下运营中可能遇到的坑。

（1）操作上的坑。比如，在更新账号信息的过程中导致账号受限。很多卖家在运营中都会遇到公司营业执照变更、法人和股东变更、公司办公地址变更、收款信息变更等情况，为了保证账号信息的准确性，确实有必要在亚马逊卖家中心后台进行相应的更新。有些卖家在更新信息后账号没有受到任何影响，而有些卖家在更新账号信息的过程中触发了审核，甚至导致账号受限。它们的区别在哪里呢？核心的一点就是在进行账号信息更新前，有必要开Case找客服，提前讲明情况，请客服帮忙备注，避免触发被系统误判的可能性。

（2）多站点同步操作的坑。按照亚马逊当前的规则，账号注册之后，会同步开启13个站点的账号，有些卖家会同时在多个站点运营，不同的卖家根据自己的实际情况来决定是只聚焦于一个站点，还是同步运营多个站点。这当然没问题，但有些卖家采取了简单粗暴的操作，把A站点的Listing直接同步到B站点，在同步过程中疏忽了对细节的核对。比如曾有卖家把美国站的产品同步到墨西哥站点，没有修改售价，金额相同，币种却不同，汇损之下，损失惨重。在这里，我想提醒的是，如果你在运营中想将某个站点的Listing同步到其他站点，则一定要确保该产品不违背对应站点和国家的法律法规，不出现像价格算错这样的低级错误。

（3）滥用变体导致账号受限。在亚马逊运营过程中，有时候因为产品属性的问题，会涉及变体Listing的拆分与合并，但有些卖家在操作中滥用亚马逊平台的规则，做了一些违规的变体拆分与合并，导致账号受限，实在不划算。所以，在变体操作这一块，我们一定要坚持合规和有节制，其中合规是指所有Listing的拆分与合并必须符合亚马逊平台的规则；有节制是指如果一条Listing合并之后被系统自动拆分，则不要再进行强制合并。因为对于一条已经被系统拆分的Listing，如果卖家再进行强制合并，则很容易导致账号受限。

（4）缺少产品认证，货物被海关扣押。在跨境销售的过程中，平台对不同的产品会有不同的品质认证要求，不同国家的海关针对各类产品也会有相应的认证要求和检查。比如，在亚马逊平台销售医疗器械类产品（包括很多卖家关注的牙医工具类产品）可能会被要求提交FDA认证，销售儿童用品和母婴用品可能会被要求提交CPSC/CPC认证，销售电源类产品则需要有UL认证。如果缺少认证，则产品既可能被平台下架禁售，也可能在发货时被目的地海关扣押。所以，卖家在选品和运营中一定要留意认证要求，对于不符合要求、缺少认证的产品要坚决规避。

（5）FBA发货后被要求进行类目审核或产品审核，审核通不过时造成库存积压。按照亚马逊平台的规则，有些类目在销售前需要进行类目审核，而类目审核并不是随时都能进行的，亚马逊会阶段性地暂停审核。还有一些敏感类产品，上架销售很容易触发系统审核，因为产品的敏感属性，卖家往往不能提供完全符合要求的资质认证，从而达不到认证要求，这类产品就会被下架删除。在这种情况下，卖家已有的库存就会瞬间变废品，没有可销售的渠道，从而造成不必要的损失。所以，在孵化营的课程中，我总是提醒学员进行如下操作：首先，选定一款产品后，通过亚马逊后台查询，看该类目产品是否有特殊认证要求。其次，在订货之前，试着发布一条Listing，发布之后，观察3天，看系统是否有特殊提醒，比如Listing被系统删除或者被要求提交认证等；3天之后，将该Listing转为FBA发货状态，看在转换过程中是否有危险品审查的提醒，如果有，则提交对应的资料；等Listing转换成功后，再根据销量预期进行订货、备货。这样一番操作，可以最大程度地避免备货后却遭遇审核，从而带来不必要的麻烦和损失。另外，我也会提醒孵化营的学员，在进行没有特定诉求（比如自家实体工厂刚好只生产某类产品，而自己也不打算做其他产品的拓展）的开放式选品时，应尽量避免选择敏感类产品，包括膏状、液体、粉尘、带电、带磁、带激光的产品等。

（6）产品为"易融"商品，却疏忽了对销售周期的把控，被系统强制弃置。按照亚马逊系统的规定，对于采用FBA发货的"易融"商品，其销售时间仅限于当年10月16日至次年4月14日期间，在此期间之外的其他时段，此类商品会被标记为"不可售"并且会被弃置（如图47-1所示）。所以，经营此类产品的卖家，一定要把控好销售节奏，避免造成不必要的损失。根据以往学员的反馈，像巧克力、软糖、蜡烛等产品，都是被系统重点关注的"易融"商品。

易融库存要求

亚马逊物流仅在10月16日至次年4月14日期间接受易融商品。在4月15日至10月15日期间储存或运至亚马逊运营中心的易融库存将被标记为"不可售"且被弃置（收费）。

"易融"商品是指所有热敏感商品，包括但不限于巧克力、软糖以及果冻和蜡基商品。

储存在亚马逊运营中心的商品必须在夏季（75至155华氏度）符合质量标准。此温度范围旨在保护商品在储存和配送期间的完整性。

注意： 如果您认为您的商品无需遵循易融商品分类的限制，请提供制造商用于确认该ASIN可在最高155华氏度下长期储存的证明文件。将此信函发送给销售伙伴支持。

全年禁止接受要求冷藏、保鲜或冷冻的商品。此外，全年还禁止接受易腐商品，包括但不限于新鲜肉类、水果或蔬菜。

要下载易融的ASIN列表，请访问以下链接：易融的ASIN（Excel）。

移除易融库存

必须在每年的4月15日前提交针对易融商品库存的移除订单。有关更多信息，请参阅从亚马逊运营中心移除库存。

图47-1

（7）销售禁售类产品和达不到安规要求的产品，导致Listing被下架，账号被移除销售权限，甚至产品被召回后，账号被索赔全部销售款项。在亚马逊平台上，对枪械类、杀虫剂类、疫情防护相关类产品，亚马逊都有特殊要求，只有达到相应的资质和认证要求，并且开通相关白名单之后才能销售。但有些卖家投机取巧打擦边球，结局往往是轻则Listing被删除，情节严重的，账号被移除销售权限，甚至被追责扣押全部销售款项。对于计划在亚马逊平台上长期运营、稳步推进的卖家，一定要规避这种投机心理，只有避免违规，才能经营长久。

（8）备货太多的坑。库存备货太多，而又销售不力造成动销率低，导致长期仓储费高，且容易导致IPI分数下降，被亚马逊收取高额的超容费。备货太多，还会导致利润全部被压在库存上，资金链紧绷，容易发生断裂。有些卖家则是多SKU运营，每个SKU分别备货，造成总备货数量太多，但总有滞销的SKU，随着产品的更新换代，"产品"变"废品"。还有一种情况是，Listing被下架或者账号被移除销售权限后，没有及时撤仓，导致库存被销毁，损失惨重。以上种种，都是与备货相关的风险。在运营中，我们一定要精准把控，适量备货；快速销售，把风险降到最低。

（9）优惠券设置错误，优惠比例太大，造成巨大损失，或者促销和优惠券设置错误，被叠加使用，导致巨额损失。比如，曾有卖家在设置优惠券时，原本计划打8折，不小心错误地设置为80% off（正确的设置应该是20% off），一个晚上出了600单，损失3万元人民币；再比如，一个卖家在站内设置了50% off的优惠券，却忘了早先还设置了50% off的站外促销，因为被叠加使用，变成了一波零元购，一个晚上出了3000多单，损失将近10万美元。类似于这样的案例还有很多，每一个案例背后都是一个遭受巨大损失的卖家。所以，在此我想提醒每一位阅读至此的读者，在设置优惠券和促销折扣时一定要谨慎，多次核对确认，避免出现失误。

（10）侵权导致Listing被下架、被删除，账号被移除销售权限，资金被冻结等，运营中断且损失惨重。有些卖家在运营中因为存在选品失误、抄袭文案、盗图、侵犯版权等行为，导致发生Listing被下架、被删除，账号被移除销售权限，账号内资金被冻结等情况，造成库存无法处理、运营中断，损失惨重。为了确保运营的长期稳步推进，从选品到运营，我们一定要严格把关，避免发生侵权情况。

（11）找服务商清货导致账号被移除销售权限。有些卖家在运营中因为产品滞销，忍不住找服务商通过站外渠道进行清货，但一些无良服务商会恶意引导，把低价清货变成了刷单，导致卖家账号被移除销售权限，得不偿失。这里要提醒所有卖家，选品时一定要进行全面细致的市场分析，只要产品上架了，就可以采用螺旋式爆款打造快速推进运营节奏，尽量避免出现产品滞销的情况。即使偶有产品滞销，也要使用亚马逊站内工具合规促销清货，避免被一些服务商误导，造成不必要的损失。

以上11点，是卖家在运营中常犯的错误。一旦出现这些错误，轻则导致损失金钱，情节严重的，还会导致账号受限。而运营中断、资金消耗、账号受限等都会导致一个爆款打造的夭折，所以在运营中要极力避免出现这些错误。

48

·····第48讲·····

成功卖家的习惯

有一句话说，天下富人的生活是相似的，而穷人各有各的不幸。把这句话应用于亚马逊卖家群体，则变成：成功的卖家是相似的，失败的卖家却各有各的不同。在日常与卖家接触的过程中，我观察到，一个成功的卖家往往具有以下几种习惯。

一、保持学习的心态和姿态，持续学习和精进的习惯

几乎没有哪个卖家是在不学习、不成长的情况下就取得成功的。

在孵化营的课程中，我总是强调一定要保持学习的心态和姿态。这里说的学习，不是指你坐在教室里听3个月的课，而是指在听课之余，你要有主动学习的意识和行动。比如，我提醒学员"每一节课都应该听3遍以上"，我要求学员每天写To Do List（每日待办事项清单），其中一项应该是"读3篇干货文章"并在实践中执行；我要求学员在学完任何一节课（一门课）后，一定要做思维导图，把所学内化为自己的认知。虽然我这般建议和要求，但真正能够去做的人并不多。

如果保持学习，效果会如何呢？有位学员创业做运营两年，每个月有1万元上下的利润，虽然略有成绩，但一直无法突破，被困住了。经朋友介绍，她选择

来孵化营学习。在3个月的学习期间，她听课认真，做笔记也细致，每个课程模块结束后，她都会认真做一份完整的思维导图，其中不仅包含课程的脉络，甚至连我在课堂上所讲的案例她都会细致梳理后标记在里面，并且每天的学习心得群打卡，她是完成得最好的。她一边学习新知识、新技能，一边将一些技巧和方法应用于自己的运营实践中。3个月学习结束时，她的月利润从原来的1万元左右增长到1万多美元。成绩可嘉，但我知道，这些都是她保持学习和成长姿态的必然结果。

我在第22讲中提到的阿正是孵化营第26期的学员，学习结束已有两年多，但我看到他经常在学员群里聊天，有时候还会解答其他学员在运营中遇到的问题，并且在解答时最常说的是"魏老师说""魏老师曾经说"。每次看到他能够精准引用我的话去解答和解决运营问题时，我的眼前都有一个持续学习、持续精进的年轻创业者的模样。在交流中我得知，孵化营学习结束后，他依然持续地关注我，我写的每一篇文章他都阅读过，我做的每一场直播他都看过，我讲到的运营细节他都会记在心里并应用于运营实践中，一步步地，他做运营越来越好了。在写这本书的过程中，我的拖延症也时不时地发作，书稿一拖再拖，除被编辑老师跟催之外，每隔一段时间，阿正都会发信息问我，"老师，你的新书什么时候出来？"我将他给我留下的印象记录于此，希望他阅读这本书时，能够看到自己在我心目中的形象。在我写下这段文字的此刻，阿正创业大概有3年了，每个月有20万元左右的利润。平时，他自己负责选品和运营，父母帮他打包发货，前段时间他经过深圳来看我时自我感慨地说了一句话，"自己成了家里的顶梁柱"。一个男孩从战战兢兢创业到成为家里的顶梁柱，成为父母的依靠，对自己、对家庭都是一个巨大的成绩。

二、控制成本不动摇，持续优化和控制成本的习惯

"赚一分钱都不容易，但节省一块钱则相对容易"，这是我在孵化营的课程中提醒学员时经常讲的一句话。是的，将成本控制下来，变相地，利润也就上升了。

为了做好成本把控，我总结出了很多需要卖家关注的细节，包括"田忌赛马"的选品策略、安全前提下的极简化包装、多家供应商采样比价，以及学会和供应商、物流商谈判协商价格和账期等。但商业是一个复杂体系，所有的逻辑和

技巧在实际执行层面都会各有不同，要想做好成本把控，确保"先胜后战"，在成本端占优势，首先，我们需要具备成本把控意识；其次，我们需要保持持续优化的姿态。

在这里，我以苏同学为例来展示一个卖家是如何降本增效的。苏同学同样是孵化营的学员，在学习期间，上课时他永远坐在第一排，每节课都认真听、认真记，也极尽可能地将课堂所学应用于运营实践中。3个月学习结束后，他回老家发展，后来回来看望我时分享了他的运营经历。在选品时，他根据"田忌赛马"的选品策略，货比三家，选择了一家性价比最好的供应商。但在运营打造中发现，该产品竞争太激烈了。虽然经过一番努力冲到了头部，每天单品也能够出300单左右，但每个订单的利润很薄。于是他思考，该怎么办呢？涨价放大利润空间怎么样？如果自己涨价了而竞品不跟进，那么销量必然下滑，等于自断经脉。虽然市场是开放的，但涨价却是困难的，只能从供应链端找解决方案。最初选品时已经做过对比，在采购过程中也和供应商多次砍价，供应商能够降价的空间几近于无。于是想到另一条路，能否通过整合开发来缩短供应链呢？带着问题和思考，苏同学走访了老家当地的工厂，刚好找到了可以生产该产品的工厂，一番梳理下来，砍掉了中间环节，成本大幅下降，利润一下子起来了。苏同学在给我分享他的经历时，一个月已经有了10万元左右的利润，虽然不多，但对于一个创业者来说，已经迈出了成功的一步。

西方有一句谚语，"狐狸会千万种方法，刺猬只会一种"。刺猬会什么呢？遇到强敌，缩成一团保护好自己。持续在成本端进行把控，就好比把刺猬的防身术打磨到极致，成本有优势，销售必然有利润。

三、在一个领域里深挖，坚持的习惯

在孵化营的课程中，我反复提醒学员，前3个月全力学习和实操，接下来的3个月初见成效，用第一年打基础，运营第二年就可以踏上成长的快车道。我接触到的很多卖家，在运营第一年往往是吃尽了苦头而成果并不如人意，但随着努力和积累，在坚持的过程中，一步步都发展起来了。

虽然做大做强是大多数卖家的梦想，但基于个人的格局、资源和能力的差异，这个梦想也不是每个卖家都能够实现的。把亚马逊运营作为一门生意，用心

去做，坚持去做，如果你足够用心和努力，实现稳定的盈利还是比较容易的。运营，既不能一蹴而就，也不能疏忽当下的努力和坚持。

在看到很多成功卖家的同时，我也看到了一些失败卖家，和成功卖家的坚持相反，失败卖家最大的特点就是不能坚持。

比如，曾有一位学员在学习结束3年后的某一天突然问我，"魏老师，亚马逊现在还是不是一个机会？"我回答："3年前你参加学习时，亚马逊对你来说就是一个机会。一晃3年过去了，当你今天还在询问这个问题时，它对你依然是一个机会。"为什么这么说呢？因为我们每个人都只能看到自己能力范围之内的机会。当我们依然关心一个平台是否能进入时，说明以我们当下的能力和视野，也只能看到这样的机会而已。再高的，我们看不见，再低的，我们看不起。当然，我个人是持续看好亚马逊平台的发展的。一方面，我们运营团队的业绩一直很好，持续增长；另一方面，我从辅导过的学员中看到过太多麻雀变凤凰式的跃迁。

为什么这位学员3年时间两次看见亚马逊？了解了这位学员这3年的经历，我就明白了。3年前，在孵化营的学习结束之后，这位学员运营亚马逊店铺一段时间，但因为不如期望的那般好做，正好又有朋友邀请，于是他转换了平台，先后做了速卖通、直播等，还找了一个运营职位工作了一段时间。换平台、换赛道、换工作，这位学员全经历了一遍，3年时间一晃而过。几番折腾之后，和其他同学联系时才发现，一直在亚马逊平台深耕的同学，有人买了车，有人买了房，对照自己的经历，他终于感觉到自己浪费了时间，走了弯路。

和这位学员交流时我提醒他，任何一个行业，我们都很难抓住最好的时刻，虽然你错过了3年，但现在进入亚马逊依然不晚，你需要的不是为错过的3年而追悔和遗憾，而是接下来3年里的坚持和努力。

有人说，失败必然有原因，成功也一定有方法。从无数个成功的亚马逊卖家身上我能够看到，他们都在持续地学习和精进，持续地优化成本结构，持续地总结提炼方法和经验并将行之有效的方法应用于运营实践中。当你读到这本书时，我希望你的心态是给自己3年时间，用来学习和成长。在学习中成长，3年之后，我相信，你会看到不一样的自己。

49

对话录：运营中
最重要的事情

（这是一场关于亚马逊运营的严谨而全面的对话，希望能够为你提供一个相对全面地了解亚马逊运营的参考。）

问：你如何看待当前的跨境电商行业？

答：虽然相比之前，跨境电商行业的竞争日渐激烈，但和其他实体行业相比，跨境电商行业还是有比较大的发展空间的。关于这一点，只要你身边有从事跨境电商的亲戚朋友，自然就可以得到验证。从历史演变来看，跨境电商是从传统外贸演化而来的，是在互联网技术和国际物流提速共同推动下的业态内的微变化。从这个意义上说，在可以预见的未来，只要世界各国居民还存在实物需求和货物交易需求，跨境电商就会持续存在。跨境电商的形式会不断发生变化，一定会有一些老平台逐步没落，也一定会有新平台不断诞生，但这个行业持续发展的势头是不变的。

问：你如何看待亚马逊平台？

答：从数据来看，亚马逊依然是各跨境电商平台中体量最大的，而且维持着稳定增长的态势。虽然最近几年随着亚马逊平台政策的逐步完善，门槛有所提高，但各种新政策的出台更多的是为了契合各国法律法规的要求，平台内部的政策也是为了规范卖家行为，让平台生态的发展更有持续性。

虽然从亚马逊卖家群体中曾经传出过一些诋毁平台的杂音，但在亚马逊平台踏实经营的卖家基本上都收获了利益。亚马逊平台规则规范，对卖家相对公平，为所有卖家提供了一个公平公正发展的环境，在亚马逊平台销售，利润空间相对较大。对于一个卖家来说，依托亚马逊，其发展空间足够大，天花板足够高。对于小富即安型的卖家，可以在亚马逊运营中赚取相对很高的利润；对于有梦想和有抱负的卖家，通过在亚马逊平台经营实现公司上市也是可能的，这在中国资本市场已有先例。

简单总结就是，亚马逊平台规则规范、公平，利润空间大，发展空间大，付出努力就能得到相应的回报，值得想从事跨境电商行业的创业者重点关注。

问：想运营好一个亚马逊店铺，最重要的是什么？

答：运营是一个系统工程，是一个复杂体系，一个店铺运营的成功，是各方面要素的综合。所以，要想运营好一个亚马逊店铺，必须具备全局观和系统化思考视角。在孵化营的课程中，我把亚马逊运营拆分成四个主要模块：选品、Listing优化、爆款打造和站内广告。每个想在亚马逊运营中赚到钱的卖家，都必须对这四个模块精准把握。如果对这些方面完全无知或者一知半解，则很难赚到钱。

问：行业内有一种说法，"七分在选品，三分靠运营"，该如何理解这句话呢？

答：这确实是几乎每个亚马逊卖家都耳熟能详的一句话。这种表达把亚马逊的选品摆在了首要位置，意思是说：只要产品选对，成功就触手可及了。但这显然夸大了选品的重要性。

在我看来，选品和运营是一枚硬币的两面，重要性是相辅相成的。

我们可以看到这样的案例：一些实力雄厚的工厂，专为亚马逊卖家供货，其客户在亚马逊上都做得很成功，将产品打造成类目的Best Seller，但是当这些工厂亲自下场做亚马逊运营时却遭遇失败，损失惨重，铩羽而归。这些工厂的产品已经得到市场的验证，但最终为什么失败了呢？这反映了运营能力也同样重要，有好产品，但缺少运营能力，同样会失败。

行业内之所以说"七分在选品，三分靠运营"，是因为当一个成功的卖家站在大众面前时，首先体现出来的是他的产品销量好。以Anker（安可创新，跨境卖家，A股上市公司）为例，面对其销售业绩节节攀升，大家谈论到它时最常态的表达是"Anker的充电宝（充电设备类）卖得好"。类似于这样的表达，忽略了运营的方法和技巧，把运营的成功等同于产品好，这仅仅是普通大众的一个简单化表达而已。当然，还有一个因素，无论是谁，看一个成功的卖家，一眼就能够看明白对方的产品，但要讲清楚人家的运营方法，这就超出很多人的理解和认知了。这就好比很多人喜欢说学霸聪明，但殊不知再聪明的人，都要有高效的学习方法并付出大量的努力才行。

问：能分享一下选品的方法和技巧吗？或者说，在选品中最重要的事情是什么呢？

答：选品是运营的基础，很多卖家的失败也往往是从选品失败开始的。

在我看来，选品的第一要素是以市场为导向，应尽量避免单纯地以个人偏好、资源为选择依据。我在《增长飞轮：亚马逊跨境电商运营精要》一书的选品章节中讲到的Best Sellers 二阶递进选品法，就是典型的以市场为导向进行选品的策略。因为对于卖家来说，BSR是市场销售数据的反映，可以让我们快速地获取市场上卖得最好的产品。

除了以市场为导向进行选品，在选品中，我们还要特别关注竞品。也就是说，在进行选品的过程中，我们必须分析竞品的表现。关于这一点，我在本书中专门做了讲解和剖析，包括如何选择竞品、如何分析竞品等。当我们对竞品有了全面的了解时，也就大概率地可以预判自己能否接得住市场竞争的压力。如果在竞品分析的过程中已经得出结论：该产品没有足够的利润空间，那么对该产品的推进就应该到此为止，从而避免了把时间、精力和资金浪费在一个竞争激烈且利润微薄的产品上。这也是提高运营效率的关键一步。

除了选品方法和竞品分析，我们还要有基本的选品底层思维，我将其总结为：刚需制胜、田忌赛马、远离侵权。在我看来，选品的方法和技巧只是"术"，而这里总结出的选品底层思维是"道"。"有道无术，术尚可求；有术无道，止于术"。很多卖家选品失败了，不是他们的方法错了，而是不理解这些产品热销的原因及其背后的逻辑，以及这些逻辑是否具有可持续性。选品的"道"（底层思维）就是对逻辑的分析与理解。

亚马逊运营的典型特征是爆款打造模式，而要想成就爆款，刚需是重要的要素，"刚需制胜"理应成为我们选品时重点关注的指标。虽然每个类目节点下都有爆款，但从打造一款产品的难易程度来说，刚需功能性产品的潜在用户群体更聚集，更便于打造爆款。在"田忌赛马"的选品思维下，可以让我们克服过度追求最好质量的执念，培养"刚刚好就好"的思维，因为这才是真实商业世界中的实用生存策略。"田忌赛马"的选品策略可以确保我们在竞争中具备先天的成本优势，因为很多时候，成本优势就是最大的优势。"远离侵权"的思维提醒我们要警惕红线，比如有些卖家正在热卖的产品因为某种原因遭遇侵权投诉，不但导致运营中断，还会造成巨大的损失，得不偿失。所以，在选品过程中一定要规避侵权，凡是存在侵权可能性大的产品，一定要坚决远离。以上三点，我在《增长飞轮：亚马逊跨境电商运营精要》中都有详细讲解。

总结一下，在选品中最重要的事情包括三个层面：在选品思维上，要有"刚需制胜、田忌赛马、远离侵权"的思维；在选品视角上，要坚持以市场为导向，具体来说，可以参考BSR来选品；在选品细节上，要以竞品为老师，要做好详细的竞品分析。把握了以上三层，选品成功的概率就会高很多。

问：亚马逊运营的典型特征是爆款打造模式，那么怎样才能高效地打造出爆款呢？

答：爆款打造应该从选品开始，选出符合市场需求且基于当前市场售价具有利润空间的产品。接下来，我们要做好Listing优化，在网上销售的过程中，卖产品就是卖图片和文案，如果一条Listing的图片没有质感、文案不够好，则必然会影响转化率，影响爆款打造的节奏。流量是订单的基础，在爆款打造的过程中，我们还要配之以适量的站内广告为Listing主动引流。有了流量，要想有更高的转化率和更多的订单，还要确保自己的价格相比同行卖家有竞争优势。以上要素的结合，再配合我在本书中所讲的螺旋式爆款打造的节奏和细节，就可以高效地打造出一个又一个爆款。

问：行业内有卖家通过刷单、测评、"黑科技"手法，或者通过大量的站内广告投放，或者通过站外促销等方法来打造爆款，这些方法和螺旋式爆款打造法相比，它们的优劣之处是什么呢？

答：通过刷单、测评、"黑科技"手法推动一款产品的销量上升，确实见效明显，但关键是，这些操作是违反亚马逊平台规则的，虽然在短时间内可以带来销量上升的快感，但长期来看，很容易导致账号被封。规则之内才自由，在运营中进行违规操作也必然会受到平台的惩罚。此外，这些违规操作并不是免费的，也需要有高昂的成本投入。

通过大量的站内广告投放推动，固然可以带来订单，但需要售价的配合。如果售价在同行竞争中没有优势，则会导致广告转化率低，进而导致Listing权重偏低。如果在打造过程中又因为产品品质问题而收到差评，那么广告的表现就会越来越差，整体投入产出比低，很多单纯依靠广告来推动的卖家都遭遇过"只赚销量不赚钱"的惨痛经历。

通过站外促销其实有悖于选择亚马逊平台的初衷。作为一个亚马逊卖家，我们应该看到亚马逊平台内有足够多的流量，足以承载我们打造爆款的梦想。如果站内流量都没有利用好，产品没有销量或者没有冲到BSR的头部，就想着通过站外促销来拉动爆款打造，则完全是本末倒置。还需要提醒的是，站外流量往往不精准，转化率也偏低，站外促销除了带来暂时的销量增长，对Listing整体权重还会有不利的影响。

相比来说，螺旋式爆款打造法重视运营基本功，重视对站内流量的利用，重视平台规则和消费者实际体验，关注亚马逊算法逻辑和消费者人性逻辑，关注投入产出比，在大量卖家的实践中已经得到验证，是更高效的一种爆款打造方法。

问：能简单介绍一下螺旋式爆款打造法的关键要素和核心逻辑吗？

答：螺旋式爆款打造法是一个系统工程，从选品开始，到打造成爆款结束。

在选品层面上，建议选择刚需功能性产品，同时考虑"田忌赛马"策略，选择"刚刚好"质量的产品，尽量避免"最好"思维带来的成本劣势。在选品的过程中，我们还需要做详细的竞品分析，通过竞品的表现来评估在接下来的打造中可能遇到的各种状况。比如，行业竞争激烈，导致当前的同行卖家已经处于无利润竞争的状态；当前BSR已经处于大卖家霸屏状态，很多坑位被同一个/少数几个卖家霸占，且这些卖家操作生猛，喜欢刷单、测评，对竞品进行习惯性恶意攻击等；产品存在普遍的方案性缺陷，当前卖家中差评率较高，评价星级普遍很低等情况。如果这些状况超出自己的应对能力，那么对于这类产品一定要谨慎选择。

选品之后，要对Listing做好优化，性价比再怎么好的产品，最终都要通过Listing呈现给消费者。Listing是一款产品的显性载体，Listing优化的好坏，直接影响爆款打造的进程。在Listing优化上，一定要用心、认真，确保Listing不拖后腿。

备货是爆款打造的基础，要根据打造预期做好备货——备货太多，可能会造成库存积压、资金周转率低、影响账号的IPI（库存绩效指标）；而备货太少，又会导致断货而伤害Listing权重，造成运营中断。同时，在备货阶段，还要考虑从供应链到物流的成本把控，在成本上多控制一分钱，在爆款打造中就多一分竞争优势。

货物入仓上架后，要根据我在本书中所讲的螺旋式爆款打造的节奏把握，低价启动，广告导流，推动Listing销量一步步上升，朝着爆款的目标前进。螺旋式爆款打造的核心逻辑就是用有竞争力的价格撬动销量上升，而在销量上升的过程中逐步提价。在此过程中要控制广告成本，最终目标是把Listing推到BSR的头部，实现销量和利润的双丰收。

问：在打造过程中，对螺旋式爆款打造影响比较大的因素有哪些呢？该怎样预防和避免？

答：导致爆款打造失败、受挫、节奏缓慢的因素主要有以下几个：①选品错误；②遭遇断货；③收到差评；④遭遇强敌。

为了避免选品错误，在选品的过程中要尽量遵循刚需、偏冷门（小类目Best Seller日出200单以内）、重量轻或适中（参考拿货成本，每10元对应的产品重量尽量控制在100克以内）的原则，同时结合我在本书中讲到的竞品选择与竞品分析的维度，确保竞争不激烈，利润空间足够大。这些都是避免选品错误的必要衡量要素。

断货会导致Listing权重下降，断货造成的广告活动中断还会导致广告的表现变差，最直接的体现就是一款产品断货后，销量大幅下滑甚至腰斩。为了避免断货造成不利影响，我们一定要做好销售预期评估，根据备货周期、发货周期和销售节奏，备足货。

收到差评是导致Listing销量大幅下滑的重要因素，解决之道就是提前预防和收到差评后的应对。在预防层面，做好产品品质把控、品检，做好包装和装箱的安全，在产品说明书和使用指引中做到准确指导与温馨引导，尽量避免客户在产品层面产生不满而留差评。在销售过程中，回复客户的邮件要做到及时、准确、有温度，避免客户因语言上的误解而留差评。在应对层面，收到差评后，可以参考本书相关章节中讲到的差评应对原则，细致分析评价内容，检查产品质量，核对产品描述，有针对性地采取应对策略。

一款好的产品不会只有你一个关注者，为了避免一款产品在打造过程中遭遇强敌，在选品环节就应该尽量选择偏冷门的产品。在竞品分析的过程中，如果发现该产品有实力雄厚且运营手段生猛的竞争对手，则要尽量规避。如果因为选品疏忽与竞品在打造中狭路相逢，则要针对竞品做细致分析，从竞品策略到竞品背景，理解竞品越全面，才越有可能采取针锋相对的应对策略。面对劲敌，既要避免"软柿子"思维，也要避免在没有把握的情况下盲目操作。当然，如果有些产品在竞争中阻力太大，则不妨转战其他产品。毕竟，销售的目的是为了生存和发展，而不是为了直面硬刚，在一款产品上打造失败不应该成为影响我们运营全局的阻碍。

问：对于螺旋式爆款打造过程中的站内广告策略，应该怎样把握才好？

答：站内广告是运营的标配，是爆款打造的必需，但不能单纯地依赖广告求生存。

在螺旋式爆款打造中，我对广告投放的建议有以下几点。

（1）在预算不多、经验不丰富，同时产品竞争也不太激烈的情况下，可以投放一个自动型广告，广告预算设置为每天$30.00~$50.00即可。

（2）在预算足够、有一定的运营经验的基础上，可以结合自己的实际经验，在自动型广告的基础上适当增加手动型广告或品牌广告的投放。

（3）无论怎样的广告投放策略，都要以投入产出比高为目标。如果一个广告活动长期亏损，则不妨将其暂停或关闭，或者向有经验的朋友请教后对其进行优化调整。

（4）当螺旋式爆款打造进入后期，一款产品开始稳定实现盈利，或者BSR排名进入头部时，要有意识地减少对广告的依赖。具体的调整策略，我已经在本书相关章节中进行了详细讲述。

问：一款产品进入BSR的头部，或者成为Best Seller后，我们就可以坐享其成了吗？

答：运营是一个不进则退的过程，每天都有新卖家进入，每天也都有不努力的老卖家出局。当把一款产品打造成Best Seller后，一定要记得，这不是结束，而是开始，是坚守Best Seller阵地的开始。最好的防守是进攻，当一款产品成为Best Seller后，我们应该依然保持着"进攻"的心态，持续关注竞争环境，如果遇到新竞品进入，则要熟知其运营策略，并有针对性地做出应对。

具体来说，包括：

（1）如果有低价竞品进入且冲锋速度很快，我们要根据实际情况，适当调低价格来应对。

（2）如果竞品通过秒杀促销、优惠券或站内广告投放等策略拉升了自己的销量和排名，我们要观察其策略效果，并根据自己的实际情况做出相应的调整，或者采用同样的运营手段。

（3）打造的全过程，我们都要保持多店铺、多坑位布局思维。当一款产品成为Best Seller后，我们要及时规划，将该产品的同款、类似款布局于其他店铺，一步步实现自己的多坑位霸屏。只有在同一类目节点下进行多坑位布局，才能为我们构筑起牢固而宽阔的护城河。

问：经常有人吐槽做亏了，什么样心态的人才能做好亚马逊呢？

答：要想运营好一个亚马逊店铺，必须具备学习的心态、成长型思维和坚定长期主义的价值观才行。

亚马逊运营的方法和技巧需要学习，亚马逊平台政策和功能的更新也需要我们学习一些新的玩法，只有保持学习的心态和姿态，才能掌握这些操作和方法。

成长型思维是指对自己的未来有信心，相信自己可以通过当下的努力一步步变得更好，同时也能够认识到想要变得更好是需要付出专注、学习和努力的，并且愿意为此而付出。没有哪个卖家对亚马逊运营全懂全能，在运营的过程中必然会遇到各种问题——当遇到问题时，用积极的心态寻求解决之道，解决问题的过程，也正是我们的运营技能提升的过程。而要保持这样的姿态，唯有具备成长型思维。

一个亚马逊店铺运营得好坏绝非一日之功，需要积累和沉淀。无论是打造一款产品，还是运营一个店铺，我们都应该抱有长期主义的心态——今天播种，不期望明天就发芽、开花、结果。日日播种，日日浇水施肥，日日精进成长，我们一定可以收获胜利的果实。

问：最后，送给每一位读到本书的读者一句话，你想说什么呢?

答：持续学习，持续精进，日拱一卒无有尽，功不唐捐终入海。让我们一起在亚马逊运营这条路上越来越好!

50

···· 第 50 讲 ····

孵化营课程中的
经典语句集萃

在为期3个月的孵化营课程中，围绕作为一个亚马逊卖家应该掌握的运营技巧，我把课程规划为将近90个模块。在讲课的过程中，我总结出的一些运营提醒语句也被学员传诵成经典金句。

有学员向我反馈，"这些金句不仅影响了我的亚马逊运营，还影响了我对创业和人生的思考"。基于此，我将这些句子整理出来归为一章。为了便于大家理解，我还补充了当时讲课的场景和背景，希望能够给阅读至此的你带来些许启发。

1. 竞争对手是最好的老师。凡是你没有做到和没有想到的，你的竞争对手都替你做到和想到了。

——这是在讲选品模块时我讲到的一句话。我提醒大家，做任何选品，都一定要从多维度做好竞品分析，要反复钻研和学习竞争对手的每个细节，把竞争对手研究透了，自然也就知道该如何打造一款产品了。

2. 胜兵先胜而后求战，败兵先战而后求胜。

——这句话出自《孙子兵法》，我在讲选品模块的竞品分析环节时引用了这句话，和第1条中的提醒意思相同。

3. 有道无术，术尚可求也，有术无道，止于术。

　　——我在讲选品的底层思维时引用了这句话，是想提醒学员，选品的方法固然重要，但选品的逻辑更重要。

4. 销售数据告诉我，客户需要什么；评论数据告诉我，是什么在阻止客户付钱。

　　——在讲到在选品过程中一定要认真查看并分析同类竞品Listing评论中的好评和差评时，我用这句话来提醒学员，做选品，不分析评论，你就不知道客户对产品的真实诉求；不认真分析好评和差评也不行，因为抛开对好评和差评的分析，你同样不可能对产品有深入全面的认知。

5. 功能性产品应该体现出性价比，体验性的产品应该突出差异化，个性化的产品应该体现出专属性和优越感。消费者在面对这三类产品时，对价格的敏感性按顺序逐步降低。

　　——这是我在讲选品时给学员的提醒，在运营中一定要根据自己的产品类别，突出对应的优势。

6. 大量的行动是制胜的关键，数量是最重要的质量。

　　——这是在提醒学员，无论是选品还是阅读运营干货，抑或是关注行业常识，首先都要有量的保证。很多人之所以做什么事情都无法成功，主要原因就是行动力不够，没有突破阈值。一壶水99度以内是烧不开的，必须达到100度才行。

7. 选择大于努力，但前提是自己有足够的努力打底。

　　——努力虽然重要，但选择更重要。如果换一个视角就会发现，没有努力打底，选择就成了空话。做亚马逊运营或者做其他行业是选择，选择产品A或者产品B也是选择，都需要你足够用心和努力，才能做出相对正确的选择。

8. 我们要选择做大概率的事情，小概率的事情大概率不会发生在我们身上。

　　——坚持选择做大概率的事情，避免做小概率的事情，这意味着我们要克服投机心理。人要战胜自己很难，但唯有战胜自己，才能有所进步。

9. 新手只是看到现象，内行才能看到规律。

——这是新卖家和老卖家之间的典型区别。作为新卖家，首先要承认自己的不足，然后要努力学习，多实操练习，充分拓展自己的认知边界，提升自己的认知高度。只有这样，才能实现透过现象发现规律。

10. 你赚到的每一分钱，都是你对这个社会的认知变现；你亏掉的每一分钱，都是因为你对这个世界存在认知缺陷。

——很多卖家之所以亏损，不是因为行业难做，也不是因为平台政策收紧，而是因为他们的认知达不到当下的要求。努力提升自己的认知才是王道。

11. 没有认知就不能推动行动，没有行动的认知都是假认知。

——做一件事情，首先要能够意识到其基本的方向和逻辑，然后在大量的行动中去实践和验证。所谓的认知需要知行合一。

12. 意识觉醒：懂得道理和逻辑但不去执行，不是真正的觉醒。

——这一点和对认知的理解一样，首先是意识到自己要变好，其次是为了让自己变好而立刻行动。行动才是重点。

13. 越无知的人，越不知道自己无知；要想知道自己的无知，是一件需要智慧的事情。

——这还是在说认知，要想理解这一层，需要每次遇到问题时多思考一层：如果我当下的决策是错误的，那么正确的该是什么；如果我当下的决策不够好，那么好一点儿的决策应该是什么。

14. 创业者必须具备的心态，皮糙、肉厚、心憨。

——每当遇到有些敏感而不身体力行的创业者时，我总会把这句话送给他。皮糙、肉厚是指选择创业这条路，你要弯得下腰，弄得脏手，苦活累活你要能干、会干，也愿意干。心憨是指你要有钝感力，不要对别人向你表现出的不屑、看不起过于敏感，你要坦然、淡然地面对当下别人对你的不公和偏见，你需要努力上进，用行动和结果说话。

15. 在创业路上，遇到比自己厉害且愿意为我们提供指引的领路人，我们一定要做到"简单、听话、照着做"。

——创业不易，遇到能够给我们指引的领路人，我们既要保持积极的姿态，又要快速行动：你怎么说，我怎么做。领路人不会给我们挖坑，但会因为我们的不努力或者装睡而抛弃我们。

16. 成年人要追出结果，也要知道在哪里才能追出结果。

——无关痛痒的"我做了"式表达和"我做到了""我做好了""我做出结果了"式表达塑造截然不同的人生。

17. 成年人只能被筛选，不能被教育；成年人都是自己学会的，不是被别人教会的。

——在孵化营的课程中，我经常强调"被教育"和"自己学"是两种截然不同的思维，"自己学"反映出一个人的主动，"被教育"则是被动的。只有主动才能学会，我们的成长不应该仰仗于其他任何人。

18. 如果你对自己不够狠，社会对你就会足够残忍；如果你对自己足够狠，社会对你就会很温柔。

——在付出和努力上，我们太心疼自己了，总是待在舒适区不肯前行，于是我们就要面对更难堪的局面。

19. 苟且红利：只要我们稍加努力就能成功，不是因为我们有多优秀，而是因为很多人在苟且。

——这句话是想提醒大家，要想做好一件事情，首先需要努力才行；其次，我们自己不要成为一个"苟且者"。

20. 心中有信仰，行动才有力量；对未来有信心，对当下才会有耐心。

——在讲到在运营上不要投机取巧，要坚信在规则之内努力提高自己的运营技能，就必然可以取得成绩时，我对学员说了这句话。

21. 抵制诱惑，最有效的方法是远离诱惑。

   ——在提醒大家在运营中不要做刷单、测评、"黑科技"时，我说，"要远离那些总是进行违规操作的人"。从事亚马逊运营这么多年，我没有见到一个单靠违规操作还能长久持续发展的卖家。

22. 你的心在哪里，财富就在哪里。

   ——从决定做亚马逊那一刻开始，我就下定决心，一定要做好，我能够看到自己做出成绩的样子。这里的"我"是指读到此处的每一个人。

23. 很多阻碍我们前进的，都是我们脑子里臆想出来的困难，现实可能和想象截然相反，大概率的，未必有想象的那么糟。

   ——少担心，多行动，行动是化解问题的良药，现实往往没有想象的那么糟。

24. 永远不要给自己设限：非禁止即为可行。

   ——这是创业者应有的心态和姿态，只要不是明令禁止的，不妨迈出一步试试。

25. 避免陷入习得性无助状态，远离那些打击和嘲讽你的人。

   ——创业路上有太多不容易，总是给你嘲讽和挖苦的人，不会真心帮助你，一定要离他们远远的。

26、做生意不能没有道德感，但也不能被道德绑架。

   ——这个度你要把握得刚刚好才行。

27. 人性第一，逻辑第二，技术第三。

   ——商业就是去满足人性中那些未被满足的需求，而要达到这种满足，你还要理顺其中的逻辑，最后要在技术层面能够实现。三者顺序弄反了，则不成立。

28. 让我们痛苦的不是事情本身，而是我们对事情的思考方式。

   ——学会换一个视角看问题，避免自己进入"铁锤人状态"。

29. 将军赶路，不追小兔。

——有学员问我，收到了差评，却又联系不上留差评的客户，该怎么办？我提醒他，努力做销量就是了，销量起来了，差评的影响微乎其微。

30. 简单的系统可以用标准的流程来解决，复杂的系统只能用简单的逻辑来推动。而商业（包括运营一个亚马逊店铺）是一个复杂的系统。

——很多人总想找标准答案，但在亚马逊运营上，真没有。

31. 商业里只有逻辑，没有具体的细节和答案，商业的底层逻辑就是对人性的思考。

——在讲到用低价启动螺旋式爆款打造时，我这样提醒学员。

32. 最好的捷径是一次做对，最大的成本是改错。

——在Listing优化模块中，我给孵化营的学员讲了很多细节，但在让大家做的作业中，总有人在一些非常简单的地方犯错，于是我这样提醒他们。

33. 抽象的问题只能得到抽象的答案，具体的问题才能得到具体的答案，而正确的问题自带答案。

——在上课期间，我提醒大家，要结合学习的内容，学会提出具体的问题和正确的问题，而要避免提出抽象的问题，因为抽象的问题不会给你带来任何有帮助的信息。什么是抽象的问题？比如，"怎么样做亚马逊？"什么是具体的问题？比如，"我的站内广告已经运行了半个月，数据是这样的，你能帮我分析一下是否该对这几个不相关的关键词进行否定吗？"什么是正确的问题？比如，"在螺旋式爆款打造过程中，我发现每次降价后销量都会出现快速上升，但每次涨价之后销量又出现回落。我认真读了你在书中讲述的螺旋式爆款打造模型，感觉是自己操作太急躁了。对于降价和提价的控制，你能给我一些建议吗？"不同的提问背后代表着你思考的深度和视角，自己都没有认真思考，自然得不到有效的答案。

34. 如果一件事可行就持续去做，直到不再可行为止；成功的经验要持续复制，直到失效为止。

　　——成功的经验要持续复制，不要总想着创新，创新是大量行动之后的结果，但往往并不是第二次行动后就出现的结果。

35. 实例优于说明，好处优于特色：如果告诉我你的产品有什么特色，我不一定购买；但如果告诉我买了你的这个产品会带给我什么好处，则更容易说服我购买。

　　——在讲到写Listing文案时，我提醒学员，要凸显自己的产品可以给消费者带来的好处。

36. 满意不叫满意，尖叫才叫满意。

　　——从写文案到处理售后客服，我提醒学员，一定要牢记这句话，学会给消费者创造超出预期的尖叫感。

37. 在错误的方向上，停止前进就是前进。

　　——有卖家疯狂投放广告却持续亏损，向我求助该怎么调整运营策略时，我给了他这个建议。

38. 员工未必会做你期望的，但一定会做你检查和考核的。

　　——在孵化营课程的最后一节团队管理课上，我讲到这个观点。

　　以上，是我在线下课程中讲到的一些观点，你不要像对待真理一样来对待它们，也不需要和我探讨其对错，我提供的仅仅是一个思考的视角。有时候，换一个视角看问题，瞬间海阔天空。

附录 A

亚马逊运营测试题目及解析

1. 一条Listing上架后，开启自动型广告，在广告运行1~2周后，下载广告数据报表，发现数据中只跑出ASIN码，（几乎）没有跑出任何关键词，同时广告转化率很低，ACOS很高。面对这样的广告数据，卖家应该采取的行动是：（　　）（单选）

A. 直接对数据报表中的"二高一低"ASIN码进行否定。

B. 降低广告竞价。

C. 参考竞争对手的Listing，对Listing进行优化，在文案中埋入精准关键词和长尾关键词。在Listing优化之后，让广告再跑1~2周，重新下载广告数据报表，对比优化前后的广告数据。

D. 关闭该广告活动。

答案：C

解析：

（1）广告表现的基础是Listing优化，如果一条Listing 优化没有做好，广告表现一般都会较差。而一个自动型广告跑不出关键词，反映了亚马逊系统没有识别和匹配到Listing的关键词。同时，广告转化不好，ACOS很高，也在一定程度上反映了该Listing的优化做得不够好，同类产品匹配不精准或者没有竞品表现好。由此可知，此时进行Listing优化是必要的。

（2）广告中的"二高一低"是指高曝光、高点击、低转化（或无转化）。

（3）在广告投放中，广告竞价高固然是导致ACOS高的因素之一，但在缺少全面分析的情况下，直接降低广告竞价并不会使ACOS降低。

2. 关于Rating/Review和Feedback，下面说法正确的是：（　　　）（多选）

A. Review是产品评论，Feedback是店铺反馈。

B. Rating/Review的数量多少与星级高低会影响对应Listing的权重和销量，Feedback的好坏会影响店铺绩效。

C. 带有内容的产品评论是Review，而Rating的数量中则包括Review以及不带评论只打星级的客户评论。

D. Feedback是店铺绩效表现ODR指标的其中一项。

E. Review可以匿名发布或留名发布；而Rating我们看不到，查不到具体是哪个客户留的，也无法追踪；Feedback对应于具体的订单。

答案：A、B、C、D、E

解析：以上关于Review和Feedback的内容、对比和细节，是作为卖家应该掌握和铭记的。

3. 一条Listing的销量出现大幅下滑，你需要分析的要素有哪些?（　　　）（多选）

A. 收到差评Review或低星Rating。

B. 遭遇断货后，新一批货物上架，但Listing权重下降了。

C. "买家之声"中有客户投诉，导致"买家之声"表现下降。

D. 竞争环境发生了变化，有低价竞品进入，蚕食了市场份额。

答案：A、B、C、D

解析：以上四个选项都是导致Listing销量下滑的重要因素，也是我们在运营中遭遇销量下滑时需要核查的要素。

当Listing的销量下滑时，我们需要由内及外地评估以上各种因素，并根据分析结果，有针对性地采取应对措施。如果Listing收到差评，则应该参考"差评应对五原则"（详情可查阅《增长飞轮：亚马逊跨境电商运营精要》一书）来做出应对。

如果刚刚经历过断货，则可以在新一批货入仓上架后，降低产品售价，以价格的敏感性提升转化率，拉升销量和BSR排名，进而使Listing的权重快速恢复起来。如果"买家之声"收到差评，则可以根据"买家之声"中反馈的问题，改善产品的品质，或者有针对性地调整Listing文案中表达和产品实物不一致的内容。如果有低价竞品进入，则可以适当降低自己的产品价格，确保自己的竞争优势。同时，还要持续观察该竞品的运营动作及表现，学习竞品也是运营中关键的一项。

4. 购物车（Buy Box）是影响运营的重要因素，Listing没有购物车，销量会减少，也无法开启站内广告。在下面的选项中，哪些可能导致一条Listing没有购物车？（　　）（多选）

A. 新品刚上架不久，Listing在系统中的权重偏低。

B. Listing采用的是FBM（自发货），权重偏低。

C. Listing被其他卖家跟卖，跟卖者凭借低价优势或跟卖账号权重高，抢走了购物车。

D. 卖家对Listing进行优化、调整、换图、增加A+等动作，导致Listing权重下降，或者在短时间内涨价过于频繁或涨价幅度过大等，导致购物车丢失。

E. Listing收到差评，导致权重下降，购物车丢失。

答案：A、B、C、D、E

解析：在亚马逊A9算法体系下，购物车是动态分配的，以上所有情况都会导致购物车丢失。但导致购物车丢失的情况并不局限于上述这些，卖家需要具体情况具体分析。为了防止购物车丢失，卖家需要努力做好维护，确保一条Listing每天有相对稳定的销量是维持其持续拥有购物车的关键要素。

5. 在运营中，由于一条Listing的销量好于预期，导致FBA库存不够，经过粗略地评估，下一批货难以衔接上。现在，产品尚处于正常的销售价格$12.99，每天平均出15单左右，仅有120个库存了，预计下一批货上架需要20天左右。此时，你应该采用的方案包括：（　　　　）（多选）

A. 大幅涨价，把价格提至$24.99，以降低销售速度，避免断货。

B. 以"小步快跑"的方式，每天提价一次或两次，每次提价$1.00，在提价的同时，观察销量和BSR排名的变化，并根据变化来决定是否继续提价。

C. 以自发货的方式，采用比当前FBA价格略低的价格跟卖自己的Listing。

D. 以自发货的方式，采用比当前FBA价格高$5.00左右的价格跟卖自己的Listing。

E. 根据可用仓容数量，核算运费成本和时效，在费用可接受的范围内，采用快递方式补发一批货来救急。

答案：B、D、E

解析：选项A，虽然涨价可以控制销售速度，但大幅涨价容易被亚马逊判定为操纵销量和排名，扰乱市场价格体系，可能导致Listing因高定价错误被停售，或者账号被移除销售权限。所以，不建议在运营中出于任何原因而进行单次大幅涨价的操作。

选项B，"小步快跑"是指单次调价幅度小，根据实际销售情况，一天提价一次或两次。这样的提价方式，既可以避免被系统误判为扰乱市场价格体系，又可以在赚取超额利润的同时适当抑制销售速度，降低断货的可能性，缩短断货时间。

选项C，采用自发货跟卖是有必要的，但如果跟卖价格低于FBA发货的SKU价格，则可能导致自发货的SKU抢走购物车，造成FBA库存没有销量。同时，对于一个平时不采用自发货的卖家来说，出现的自发货订单会增加操作的难度。

选项D，采用高于FBA价格$5.00左右的价格跟卖，一方面，可以确保购物车在FBA发货的SKU上，让订单优先产生于FBA的SKU；另一方面，如果FBA的

SKU断货，自发货的SKU可以接棒确保Listing依然在线，避免该Listing被恶意卖家当作僵尸Listing捡走并篡改。同时，如果跟卖的自发货的SKU产生订单，（假设下一批货入仓上架较快）则还可以通过多渠道配送的方式，调用新一批的FBA库存为该订单发货，而高出的\$5.00可以用来抵扣多渠道配送所产生的配送费。当然，对于此种情况所产生的自发货订单，也可以在发货期内采用自发货给客户发货。

选项E，根据下一批货大概的到货时间，安排快递补货。如果采用快递补货到货的时间早于其他批次以海运等方式补的货，则可以避免断货，或者减少断货时间，降低因为断货而对Listing造成的权重影响。当然，采用快递补货可能会稀释原有的利润，降低利润率，甚至有少量的不赚钱。所以，对于暂时性的补货，要评估的要素包括：可用库存仓容、补货时间周期、补货成本等。若合适并可承受，则补货。

6. 关于"创建多渠道配送订单"和"创建移除订单"，下面说法正确的有哪些? （   ）（多选）

A. 对于FBA库存中的"不可售"库存，可以采用"创建移除订单"的方式移除，以避免放置时间太长而产生高额的长期仓储费。

B. 若有已购买的客户发消息说产品破损，则可以通过"创建移除订单"的方式给客户补货。

C. 若有已购买的客户发消息说产品破损，则可以通过"创建多渠道配送订单"的方式给客户补货。如果通过"创建移除订单"的方式给客户补货，则可能会被系统判定为滥用"创建移除订单"规则。

D. 若有B2B客户索样，或其他电商平台客户的订单，则可以通过"创建移除订单"的方式调用FBA库存给客户发货。

E. 若有B2B客户索样，或其他电商平台客户的订单，则可以通过"创建多渠道配送订单"的方式调用FBA库存给客户发货。

F. 若有一批货因为包装时漏掉了某个配件或贴错产品标，则可以通过"创建移除订单"的方式，将所有库存一次性移到与自己合作的海外仓进行重新包装和换标。

答案：A、C、E、F

解析：按照亚马逊平台的规定，对于"不可售"库存，可以通过"创建移除订单"的方式，弃置或者撤仓至卖家指定的某个地址。所以，选项A是正确的。

如果给客户补货，考虑到补货时效，则有必要采用"创建多渠道配送订单"的方式。根据"创建移除订单"的规定，单个产品零散地以"创建移除订单"的方式被发往多个不同的地址是违规的，是钻亚马逊平台规则的漏洞，轻则该订单会被取消，情节严重的，可能会导致账号受限。所以，选项C和选项E是正确的。

选项F，一批货出现了失误，可以采用"创建移除订单"的方式撤仓到与自己合作的海外仓进行处理。所以，选项F是正确的。

7. 关于"创建多渠道配送订单"和"创建移除订单"，下面说法正确的是：（　　）（多选）

A. "创建多渠道配送订单"的时效快于"创建移除订单"。

B. "创建多渠道配送订单"比"创建移除订单"费用多。

C. 给客户补货时，如果客户对时效要求不高，而自己又想节约成本，则可以选择"创建移除订单"。

D. 针对不同的订单类型和库存状况，一定要区别对待，在符合平台规则的前提下选择"创建多渠道配送订单"或"创建移除订单"。

答案：A、B、D

解析：当选择"创建移除订单"时，亚马逊只是收取少许的移除费用。但对于移除类订单，亚马逊平台的解释是，处理时效在10~30天之内，甚至可能会因为仓库忙等情况，时效更慢。所以，选项A和选项B是正确的。

对于"创建移除订单"，亚马逊的要求是对不可售产品集中处理撤仓的一种选择，但对于补货订单或其他平台订单的处理，选择"创建移除订单"是违反平台规则的。所以，选项C是错误的。

当选择"创建多渠道配送订单"时，亚马逊会收取正常的订单处理费用，也会将该订单按照标准的订单来处理，处理时效和发货时效都与平台上正常接到的订单一样。虽然费用较高，但处理时效比较快。

作为亚马逊卖家，我们所有的操作都应该在不违反平台规则的前提下进行，因此选项A、B、D是正确的。

8. 在运营过程中，亚马逊卖家往往会通过参加站内站外的秒杀促销活动来短时间拉升销量，推动运营更进一步。下面属于亚马逊站内秒杀的是：（　　　）（多选）

A. Today's Deals

B. Limited Time Deals

C. Best Deals

D. Slick Deals

答案：A、B、C

解析：选项A、B、C都是亚马逊站内秒杀活动的形式，卖家可以通过卖家中心促销页面查看自己是否有符合参加这些秒杀活动条件的Listing。不同类型的秒杀活动展示时间不同，亚马逊平台收取的费用也不同，秒杀效果也会因产品、Listing表现、秒杀时段、竞争激烈程度、秒杀折扣大小等要素而不同。

选项D的Slick Deals是一个专门的秒杀活动平台，属于站外，卖家需要在该平台注册账号发帖子，或者找服务商，付费给服务商让其协助将自己要推的Listing发布到Slick Deals平台上。

9. 关于站内广告的ACOS，正确且全面的理解应该是：（　　　）（多选）

A. 所选定时间周期内的广告花费和广告带来的直接收入的百分比。

B. ACOS数据具有滞后性，并没有完整地体现出广告所带来的全部订单和销售额。

C. 面对一个广告，ACOS值越小，代表投入产出比越高。所以，对于一个广告来说，ACOS值越小越好。

D. 虽然ACOS值越小代表投入产出比越高，但运营还需要考虑到总销量和总利润额的情况。所以，ACOS值不是越小越好，而是应该结合运营实际，合适即可。

答案：A、B、D

解析：

（1）关于站内广告的ACOS，我们需要知道以下数据。

亚马逊ACOS计算公式如下：

ACOS = 广告投入/销售额

ACOS=（点击单价×点击量）/产生的销售额，销售额=客单价×销售数量

ACOS=（点击单价×点击量）/（客单价×销售数量），销售数量=转化率×点击量

ACOS=（点击单价×点击量）/（客单价×转化率×点击量）

ACOS=点击单价/（客单价×转化率）=CPC/（客单价×CR）

ACOS值越小，说明广告投入所产生的效益越好。

（2）按照亚马逊官方说明，广告数据的更新可能会滞后12个小时。所以，一般来说，我们看到的ACOS数据并不精准。

（3）虽然ACOS反映了投入产出比，ACOS值小说明投入产出比高，但如果一味地控制ACOS，则可能导致广告带来的订单数量减少，总销量变少，进而总利润额也跟着变小。同时，这也会造成把一部分市场让给了竞争对手。所以，广告投放不应该一味地追求ACOS值越小越好，而是应该根据自己的整个打造诉求，在运营前期ACOS可以高一点，到运营中后期，能够把ACOS控制在小于毛利率，同时确保该Listing的销量高、BSR排名靠前就是比较好的状态。

10. 下面关于站内广告的ACOS的说法，正确的是：（　　）（多选）

A. ACOS反映了投入产出比，对于卖家来说，ACOS值越小越好。

B. 对于一个毛利率为30%的产品来说，其ACOS保持在小于30%的水平，这个

广告活动可以持续开着，维持不动即可。

C. 对于一个ACOS大于200%的广告活动，应该立即关闭以减少广告浪费。

D. 对于一个广告活动，当ACOS高于毛利率时，我们可以尝试通过降低竞价、分时段竞价、设置否定关键词、优化Listing等方面的调整，实现ACOS的逐步降低。

答案：B、D

解析：选项A，虽然ACOS能够低一点儿是卖家所期望的，但如果一味地追求ACOS值越小越好，则会导致出现竞价太低、否定太多等情况，可能造成ACOS值是变小了，但广告花费太少，广告带来的订单也很少，总订单数量变少了，订单总利润额变小了。这不是运营的最优解，也不是广告优化要追求的目标。

对于广告优化，我们期望的是选项B中的情况，ACOS最好能够小于或等于毛利率，但同时广告能够带来一定数量的订单，通过广告订单和自然订单合力推动BSR排名往前冲，形成一个销量逐步上升、排名逐步靠前的增长飞轮。

运营的目的就是要增加订单数量，扩大市场份额，然后在此基础上维持一定的利润率和较大的利润总额。

选项C，ACOS大于200%甚至更高，往往出现在广告活动刚开启不久，以及产品售价太低、广告竞价偏高等情况下。对于这种情况，我们要理解的是，广告活动刚开启不久，ACOS偏高，此时，我们应该有耐心维持广告并在广告运行过程中根据广告数据对其进行优化，只要广告效果在运行中一步步变好，就值得持续投放广告一段时间。

在产品售价太低、广告竞价太高的情况下，广告往往只是作为短期内快速推动销量和BSR排名上升的工具，阶段性投放广告，在销量稳定之后，需要调低广告竞价，减少对广告的依赖。

选项D中的几种调整策略都是在不同情况下让广告效果变好的必要动作，对于卖家来说，要根据具体情况进行具体调整。

11. 以下是关于商标注册的知识，请填空：

在运营中，我们经常说，正式商标下来之前是TM状态，TM是（　　　）的缩写；我们还会把注册下来的商标称为R标，R是（　　　）的缩写。

答案：Trademark；Register

解析：根据当前亚马逊平台的规则，注册商标几乎成为每个卖家发布产品和长期稳定经营的标配。一般来说，账号下来之后，卖家可以根据自己想经营的类目方向注册站点本地商标。以美国为例，从提交商标到拿到商标受理书（即商标进入TM状态）需要10天左右，拿到商标受理书之后，即可在卖家中心后台进行品牌备案；备案之后，即可申请UPC豁免和为Listing创建A+页面。

12. 问答题：按照亚马逊官方规定，对于标准件产品，采用FBA发货时，单箱的重量和尺寸分别应该控制为多少？如果超重、超尺寸，则可能导致什么样的结果？

答：按照亚马逊官方规定，采用FBA发货时，单箱的重量不应超过50磅（约22.7公斤），箱子的单边长度不应超过63厘米。

如果卖家发货时不小心，单箱超重或者超尺寸，则可能导致如下几个结果：①FBA仓库拒绝上架，并下达警告通知书，要求说明超重情况，且可能收取超重处理费（$50.00/箱）；②整批货物被收取超重费，$50.00/箱；③延时上架，影响上架的速度，可能导致库存断货，或者断货时间被拉长。

基于以上几种情况，提醒卖家在每次FBA发货前，都一定要确认清楚自己的货物总重量、单箱重量、箱子最长边长度等变量，确保每次发货时单箱不超重、不超尺寸，整批次的箱子数量和发货计划中的一致，以避免造成不必要的麻烦。

13. 问答题：采用FBA发货时，如果所创建的发货计划是4箱，而实际的发货数量是5箱，该怎么办？

答：采用FBA发货时，系统会根据发货计划中填写的箱数生成外箱标签。如果发货计划是4箱，那么系统生成的外箱标签只有4个；而实际的发货数量是5箱，就会有一箱没有对应的外箱标签。亚马逊是通过扫描外箱标签来识别货物是卖家的，并将其对应匹配上架的。在这种情况下，很容易造成货物的丢失。所以，建议将该发货计划取消，重新创建匹配一致的发货计划。

另外，需要提醒的是，采用FBA发货时，必须确保外箱标签和产品标签是正确的，是和实物匹配一致的；否则，会造成后期运营的混乱，浪费钱，影响打造的节奏，客户不满意率上升，收到差评和纠纷等。

14. 问答题：亚马逊的AC标识是什么？如何才能获取AC标识？可以持续维持AC标识状态吗？

答：AC是Amazon's Choice的缩写，往往展示在搜索结果页中Listing主图的右上角或产品详情页的标题下面，展示格式是"Amazon's Choice for XXX（产品品名关键词）"。

同一类型的不同Listing往往会有多个带有AC标识，只不过不同Listing的"Amazon's Choice for"后面的关键词会不同，有些会指向精准关键词，有些会指向长尾关键词。相对来说，指向精准关键词的权重会更高一些，在一定程度上意味着该Listing有更多的流量和流量入口；而指向长尾关键词的权重会低一些，流量也会较少。

一般情况下，当一条Listing表现良好、销量上升、BSR排名冲到小类目下的头部但不是Best Seller（第1名）时，它往往会被系统赋予AC标识。但AC标识不是恒定不变的，当Listing的销量下降、权重下降时，AC标识会丢失；当Listing的销量上升，冲到了Best Seller时，AC标识也会被Best Seller标识所替代。

所以，要想获取AC标识，最好的方法就是努力做运营，推动Listing的销量增长、BSR排名上升。

15. 问答题：一款产品的FBA库存接近断货，在断货前卖家应该做出什么运营动作呢？

答：在断货之前，卖家可以以"小步快跑"（单次提价幅度要小为"小步"，每天提一次价或每天提两次价为"快跑"）的方式适当提价，同时采取自发货高价跟卖。

提价的目的是，既然断货已是必然，那么就尽量在断货前赚取超额利润。

采取自发货高价跟卖是为了避免断货后Listing被别的卖家当作僵尸Listing捡走并篡改。同时，高价跟卖，如果产生订单，则还可以额外赚取一些利润。

对于高价跟卖的"高价"，我的建议是，如果是$10.00左右的标准件/小标准件产品，则可以在原FBA价格的基础上加价$5.00左右；如果是$20.00左右的产品，则可以在原FBA价格的基础上加价$7.00左右；其他价格段，可以酌情加价。

如果自发货跟卖的SKU产生订单，则可以将订单确认为发货状态，等FBA入仓上架后，调用FBA库存，创建多渠道配送订单，高价跟卖时高出的价格部分可以用来抵消多渠道配送费。

需要提醒的一点是，对于自发货的订单，在确认发货时，因为没有追踪单号，可以空着不填单号，而随后通过多渠道配送时，也不用补填单号。因为补填单号可能会被系统判定为超前发货，而超前发货会被系统认为是诚信问题，进而导致账号受限。

自发货的订单确认发货而不填写单号会影响账号的有效订单追踪率，但只要不是大批量的情况，此指标对账号的影响不大，所以可以忽略不计。

补充：关于僵尸Listing，是指市面上某些卖家通过软件爬虫把一些没有在售但有Review的Listing当作僵尸Listing，他们往往会通过爬虫发现这些Listing，然后通过VC账号的高权限对其进行篡改，修改类目节点、标题、品牌名、图片等内容，最后将其合并到自己想要打造的Listing中，利用原Listing中的Review为自己的Listing打造增加权重。

Listing一旦被别人当作僵尸Listing捡走并篡改，想要改回来需要大费周折。而采用自发货跟卖的方式，可以避免自己的Listing被软件判定为僵尸Listing，进而可以避免后续一系列无良操作的扰乱和破坏。

16. 问答题：一条Listing的销量大幅下降时，应该从哪些方面思考和分析呢?

答：导致一条Listing销量下降的因素主要有五个，分别是Listing收到差评（Rating/Review）、"买家之声"收到差评、产品遭遇断货、反复高频修改/优化Listing和Listing涨价。所以，当销量下降时，卖家应该针对这五个因素进行分析。具体如下。

Listing 收到差评（Rating/Review），差的Rating体现为在Rating数量增长的

同时星级下降，最好的应对方法是针对每条Listing做记录（参考"每日销量统计表"）。如果收到低星级的Review，则要看是否能够联系到留评人，与其进行沟通，给以补偿，争取得到对方的谅解，协助修改差评（具体可参考《增长飞轮：亚马逊跨境电商运营精要》中的"差评应对五原则"）。

"买家之声"收到差评时，需要卖家根据差评内容采取行动，要么对Listing内容进行调整，以匹配产品实物；要么改善产品品质，以达到客户的期望。同时，需要注意的是，如果"卖家之声"的表现为"一般"或"差"，那么，为了避免Listing被亚马逊系统删除，卖家可以通过降价、增加广告投放等方式，提高销量，增加订单量，从而降低"买家之声"中的客户不满意率，降低Listing被系统删除的风险。

产品遭遇断货也是导致Listing销量大幅下降的一个主要因素。其原因在于，产品断货后，Listing权重会大幅下降，即便下一批货补上了，其权重在短期内也难以快速恢复。当遇到产品断货时，应对策略是在断货前涨价（涨价的节奏是"小步快跑"，即单次涨价幅度小，但要根据销量和库存的变化，每天提价一次，或者两次、三次），同时采取自发货高价跟卖（自发货跟卖是为了避免Listing被别人当作僵尸Listing捡走并篡改，高价跟卖是为了确保跟卖的Listing刚好出单，这些订单可以采取调用下一批FBA库存，以多渠道配送的方式为客户发货）。当新一批货到货后，要采取降价+站内广告的方式来拉升转化率和销量，推高BSR排名，从而达到一步步恢复Listing权重的目的。断货前提价赚取的超额利润，正好可以用来平衡此阶段降价时造成的损失。

所谓的Listing优化，其实不过是Listing调整而已，调整之后Listing的表现变好了，我们就欣喜地称之为优化。但如果调整之后Listing的表现无变化甚至变差了，那么也只是Listing调整而已。而Listing优化要讲究策略和时机，根据经验，我将Listing优化总结为"二不优化三优化"原则：两种不优化的情况是销量达到自己的预期且销量稳定，以及销量处于稳中有升的增长态势中。三种优化的情况是Listing文案中的参数写错了，要立刻修改；Listing长期没有销量，要通过Listing内容文案的优化调整来激活权重；Listing销量出现较大幅度的下滑，要通过Listing的优化调整来拉升Listing权重。除此之外，在进行Listing优化时，还有以下注意事项：①Listing文案要存档，每次优化要记录；②每次优化之后，都要给3~7天的观察期，在观察期内，Listing销量经历下滑之后再上升，就说明优化是正确的；③每次优化之后，一个标配的动作是适当降价，因为Listing的优化调整可能导致Listing权重下降，而降价则可以在一定程度上用价格的敏感性来拉升Listing的销量，进而较高的转化率、较多的订单数量、快速上升的BSR排名都可以推动Listing权重上升。

Listing涨价也是导致销量下降的一个因素。一般来说，如果一条Listing的库存不足，根据当前的销量评估，必然遭遇断货，那么就要在断货前适当涨价；同时，如果观察到竞争对手断货了，而自己的销量增长较快，库存可能不够，此时也要随行就市，适当涨价。当然，伴随涨价而来的就是销量可能会有所下滑。

17. 问答题：一款产品断货了，因为FBA仓容限制，暂时补不了货，该怎么做才好呢？

答：断货几乎是所有卖家在运营中都会遇到的事情，我的建议是在断货前后，可以进行如下操作。

在断货前，根据当前FBA库存数量、日销量、备货时间（订货时间、发货所需时间、FBA仓库从签收到上架的时间）等要素，适当提价，赚取超额利润。

但如果单次提价幅度过大或者在短时间内提价频次过多，则可能导致被亚马逊系统误判为操纵销量和排名，以及被系统判定为高定价错误等。所以，在断货前要避免一次性提价过多，可以采取"小步快跑"的提价策略，即每次涨价幅度要小，可以每天涨价一次，或者每天早晚各涨价一次。

在涨价过程中，依然可能卖断货。如果遭遇断货，则可以采取把原ASIN从FBA发货状态转成自发货状态，或者采取自发货跟卖原SKU，避免Listing变成不可售状态（不可售时，Listing页面上会显示红色提示"Currently Unavailable"）。此时，自发货状态下的Listing，其售价可被设置为FBA发货的高一些（一般建议高$5.00或以上）。

如果自发货的SKU产生了订单，并且卖家自己有自发货渠道，则要及时发货并填写追踪单号；如果没有自发货渠道，或者出现暂时没有库存的情况，则可以在发货期限内（一般是订单产生后72小时内）先将该自发货订单确认为发货状态，避免账号的延迟发货率超标。同时，可以等下一批货入仓上架后，以创建多渠道配送订单的方式为客户发货。

当然，在这个过程中，如果在自己的其他店铺中该产品有库存，则也可以通过在有库存的店铺中创建多渠道配送订单的方式为客户发货。一般来说，不会单纯地因为此情况导致账号关联。

18. 问答题：在运营过程中，如果产生库存冗余，该怎样应对呢？

答：库存冗余，是店铺中对应的产品库存周转率低所致。

按照亚马逊仓容规则，如果产生库存冗余，则会导致店铺的IPI分数下降，影响店铺的FBA仓容。同时，库存冗余的产品还会产生长期仓储费和超容费。所以，针对店铺产生库存冗余的情况，卖家可以通过分析，对那些卖不动的和动销率低的产品，采用低价、设置优惠券、报秒杀活动、开启站内广告等运营手法，以价格优势和开拓更多流量的方式提高动销率。

需要注意的是，在采取上述行动之前，卖家非常有必要进行全面的市场调研和竞品分析。如果是市场问题，比如季节性产品过季了，那么可以在核算成本后，采用撤仓、弃置、站外渠道清货等方式处理冗余库存；但如果当前该产品的市场机会依然存在，只是因为自己的Listing表现差而导致销量下滑、没销量，那么就要在全面分析竞争对手的前提下，结合使用上述运营手法，推动Listing的销量上升，提高动销率，减少库存冗余。

在此番操作中，卖家需要培养商业思维，掌握基本的市场分析能力，同时了解经济学中的沉没成本、机会成本、边际成本等概念及其逻辑，做出当下的最佳选择，而不应该患得患失，贻误战机。

19. 材料分析题：根据你所掌握的亚马逊站内广告知识，核算如下广告活动的ACOS值。

产品售价：$20.00

广告竞价：$1.20

广告日预算：$100.00

CPC价格：$1.00

曝光量：2000次

广告订单转化率：22%

请问，在广告被点爆的情况下，该广告活动的ACOS值是多少？

答案：22.72%

解析：亚马逊ACOS计算公式如下。

ACOS = 广告投入/销售额

ACOS=（点击单价×点击量）/产生的销售额，销售额=客单价×销售数量

ACOS=（点击单价×点击量）/（客单价×销售数量），销售数量=转化率×点击量

ACOS=（点击单价×点击量）/（客单价×转化率×点击量）

ACOS=点击单价/（客单价×转化率）=CPC/（客单价×CR）

在该案例中，广告被点爆，广告花费是$100.00，CPC价格是$1.00，所以带来100次点击。根据题目，广告订单转化率是22%，100次点击可以带来22个订单，每个订单的金额是$20.00。所以，广告带来的销售额是$440.00。根据ACOS公式，计算出ACOS值为100/440×100%=22.72%。

题目中有些数据是干扰项，但也确实是我们在查看广告数据时会看到的数据。对于一个运营人员来说，要能够了解运营中的各种数据及其意义，同时也要具备提取出与运营精准相关的数据进行分析的能力，这样才能成为一个好的运营者。

20. 材料分析题：某公司发出处罚通知，开除负责店铺运营的员工，同时处罚了运营组长等人。原因是员工在运营中操作失误，重复设置优惠券和折扣，导致产品被低价卖空，给公司造成25万元的损失。而公司之所以要做出如此严厉的处罚，是因为公司内部曾有人犯过类似的错误，给公司造成巨额损失，公司也为此做了专题内训，并让运营部员工签署了责任状，同样的问题，谁出错，谁负责。

请结合这一案例，简要分析优惠券设置和促销设置中的注意事项。

解析：针对一条Listing设置优惠券和促销确实是运营中常用的手段，但在设置的过程中必须小心谨慎，因为一个错误的设置可能会造成重大损失。

具体来说，在设置过程中：

（1）要避免站内和站外的促销被叠加使用。尽量避免在设置站内促销的同时又开启了站外促销秒杀活动，尤其是在设置高折扣的促销活动时，无论是站内还是站外，都要仔细检查卖家中心后台正处于运行中的其他促销活动，看是否有交叉和重叠的现象。

（2）要避免站内促销和站内优惠券被重叠使用。在设置站内促销和站内优惠券时，一定要检查看是否有正处于运行中的其他促销活动或优惠券活动。尤其要注意的是，在设置一个优惠券或促销活动的过程中，不要被外界因素所干扰，要集中精力设置完，并确保在设置的该优惠券（或促销活动）开始的时间点，进入对应的页面进行检查，看是否有因为不小心而重叠设置的多个活动在运行，如果有，则要及时停止以止损。

（3）要尽量避免设置高折扣的优惠券或促销活动，所有超过50%的优惠和促销都最好由第二责任人进行检查核对。需要明确的概念是，打8折应该被设置为20% off。

（4）所有的运营团队都应该对新人进行优惠券/促销活动设置的专项培训，以避免在运营中犯"无知之错"或马虎出错。